CHINA' S GIANT ECONOMY

THE NEXT WAY OUT

大国经济

中国如何走好下一程

张军 著

浙江人民出版社

◎ 代 序*

1981年，张军考入复旦大学经济系。在思想碰撞的20世纪80年代，思想开放，学界活跃。中国学者多有机会留英访美，为校园带来开阔的学术视野。张军身处其间，日夕呼吸领会，受益良多。人在一室之内，却能开阔视野，与国际接轨。常有中国社科院或北大、人大的学者来复旦开设讲座，张军见到了陶大镛、苏绍智先生，两位先生讲座之时，议论英爽，为后辈启蒙解惑，举重若轻。张军每每回忆，便生出感慨："受到这么多优秀学者的影响，我觉得做学问真是件特别有意思的事。"

张军直言，虽然他从事的是中国经济增长的实证研究，但归于根本，无非是寻求解释。那来自理念的美与和谐，如此打动他，以致多年之后，张军仍记忆犹新。在老师张薰华的课堂上，厚厚三卷《资本论》融会贯通成一百来页的册子，繁难复杂的经济世界以简练清晰的方式展开，诉说着经济学的优美与深邃。由此启发张军，治学之道需脉络清晰，论证严密，以逻辑的美与和谐征服现实。

经济学之所以令张军着迷，除以上原因外，便是其现实层面的关怀。当时有一群走在一线的年轻人到复旦做报告，张军放下了课本，随

---

* 本文原载于《新京报》2017年10月14日，由张舒婷采写，原标题为《关注当下，是为了更好地理解未来》。

他们投眼于真实世界。这些年轻人，如周其仁、朱嘉明，从象牙塔来，到农村去，扎身现实，举出一个个深具痛感的数字，说明中国经济面临的问题。在书斋与现实中往返自如，成为张军的愿望。

多年后，当张军在伦敦海格特公墓的马克思墓前，看到墓碑上的一句话，他心有戚戚："以往的哲学家只是解释世界，而问题在于改变世界。"

经济学家眼中的经济世界

虽然经济学因专业性强，与公众距离较远，但每个人都无法与之脱离。张军出版的对话集《顶级对话：理解变化中的经济世界》（以下简称《顶级对话》），便是为了帮助普通读者理解变化中的经济世界。被访谈者都是世界杰出的经济学家，如诺贝尔经济学奖得主诺思、蒙代尔、希勒，《21世纪资本论》作者皮凯蒂，曾经应对2008年金融危机的美联储主席伯南克等，但对话中少见术语与模型，而是贴近现实的和平易有趣的。他们关注区块链、物联网和当下如火如荼的共享经济，关心比特币是否能走向虚拟世界的无政府主义。

张军和他们的对话中既有对理论深入浅出的解读，也有对未来经济世界的展望，站在中西之间，内容深入而联系世界现实，其中更谈到了中国经济发展的前景与挑战。1997年诺贝尔经济学奖得主斯科尔斯关注的其实是期权定价，却对互联网表现出极大兴趣，他便与张军讨论：技术变革之后，自学尤为重要，大学已不太可能教育个体，真正重要的是自学能力，需要主动吸收知识。张军也认为，在千变万化的经济世界中，没有人能独善其身，关注当下是为了更好地理解未来。

即使是具备极高经济素养的这10位经济学家，他们仍保持着高度的注意力，紧跟变化中的世界。张军有时溜到教室后排听课，看到一些学生低头玩手机，不禁想到若取消大学课堂也不见得对学生有多大影响。世界变化得太快，放下手机一分钟便好像会被世界淘汰。但他与这些经济学家们，仍孜孜不倦，希望在逻辑与现实间，开辟相通的空间。

在《顶级对话》中，张军与多位经济学者都讨论到了中国经济放缓的问题。2012年后中国经济下行，虽然宏观指标上表现较好，也无通货膨胀，但有些地方政府捉襟见肘、小企业发展较为艰难，从家庭来讲，追求安全资产也变为第一位。因此，越来越多的年轻人投入经济领域寻找工作，背后动机多出于利益化的驱动而非意义化的选择，而这一就业趋势并非经济学科的荣耀，热潮肯定会消退，因为当就业压力过大时，“会产生资源错配，对人力资源是极大浪费”。

诺贝尔经济学奖得主皮萨里德斯，曾因家乡塞浦路斯遭遇严重经济危机而回乡两三年，协助政府解决危机。张军认为经济学家在社会中的介入是不可避免的，面对复杂的经济现象，即使不能参与决策，也会高度关注，这是一种诱惑，也是一种义务。在张军看来，经济学家可以尽心研究，为政府献策，提供多种方案，让政府在决策时可以从中全面权衡，从而选择出最适合现实条件的政策，有所广益。

“经济人”的感性时刻

经济学科中将每个人都假定为理性的“经济人”，他会自发地趋利避害，实现自我利益的最大化，但面对真实的生活，做决策时很难完全剔除感性的因素，受过专业训练的经济学家也不能免俗。若事实如此，便不必一味以绝对理性来隔绝人性，理查德·塞勒就因其行为经济学理论获2017年诺贝尔经济学奖。他将心理学引入经济学，接纳人的“有限理性”及偏好等影响决策的人类特质，从而探寻这一机制下的经济样貌。

经济学科的特殊性在于，它虽与理论息息相关，却需要与现实直接对话。经济发展将导致一系列结构性的变化，这一结果不可逆，因此经济学家对现象的评析和解释尤为重要，如何平衡逻辑与现实的关系，需要每一个“经济人”深思熟虑。经济学家不仅需要对现实保持高度的关注，同时还需有自己独立的研究领域，从而不受干扰地在书斋与现实间转移。例如，2013年诺贝尔经济学奖得主罗伯特·希勒会与出租车司机讨论当地的房地产市场问题，因为通过他们，可以了解到来自现实层面的微观经济信息，即使难免片面与感性，却能很好地补充进他的逻辑体系，从而验证、完善理论模型，再反作用于经济政策。

当逻辑与现实出现偏离，经济学家的作用尤为关键，如何不被理论局限，深入研究现实，是经济学家需要自省的问题。比如中国经济的增长模式前无参照，外国学者对中国实际情况了解较少，认为中国经济放缓再正常不过，像美国经济学家诺顿就认为中国经济的未来转型会很艰难，而张军则认为在评估发展前景时需区分经济发展的长期与短期趋势，并结合中国经济复杂的地方多样性。

经济学是一门在理论与现实之间打通道路的学科，需要保持足够的敏锐，与日新月异的现实世界接轨。社会责任与学术研究并非相互抵触，而是平衡与互促。除学者身份之外，经济学家还不可避免地兼任社会加之于身的其他职务。英国经济学家大卫·格里纳韦就有三重身份：英国诺丁汉大学的校长、教师、《世界经济》主编。张军于2015年亦出任了复旦大学经济学院院长一职，他借助在国际上的学术交流，将各地机构的信息内化为行政管理的经验，作用于学院的管理与发展。

2009年，张军曾得过一场急病，预后很差，康复过程复杂。谈起得病前后的不同心境，张军说好像从地面升起，从前疲于奔命，一面如参与赛跑，一程一程朝目标奔进；一面又在自设的思维围墙中处处碰壁。何时发表论文？何处开展研究？何年出人头地？而当一切放慢，重新关注生命的健康与愉悦时，他恍然感觉站在高墙之上，超越思维的藩篱，看到从前未曾窥见的问题。他说自己并不是真正站在某个制高的地理位置，而是“风物长宜放眼量”。遇事冷静，先自我提醒，“每天保持激情，保持放松的心态”。

目 录
CONTENTS

第一篇

畅通双循环：

加快构建新发展格局

◎ 关键时刻，中国经济如何破局*

2021年底的中央经济工作会议已经预判，2022年中国经济面临需求收缩、供给冲击、预期转弱三重压力。

2022年3月以来，在疫情的冲击下，三重压力没有得到缓解，甚至更大了。5月25日，李克强总理在全国稳住经济大盘电视电话会议上说，3月份尤其是4月份以来，一些经济指标明显走低，困难在某些方面和一定程度上比2020年疫情严重冲击时还大。此次会议之后，“经济保卫战”全面打响。5月的最后一天，国务院印发《扎实稳住经济的一揽子政策措施》，推出六个方面33项措施，努力推动经济回归正常轨道、确保运行在合理区间。

与此同时，各地也高效推出相关具体政策，上海“50条”、北京“45条”、浙江“38条”……稳经济成为当下各级政府和公众最关注的议题。

2022年，中国宏观经济的走势如何？救经济的重点应该从投资还是消费下手，抑或是双管齐下？当下中小微企业最需要的是什么？房地产业在这一轮“稳经济”的大盘中，又将扮演什么角色？在失业率高企、经济下行压力又大增的日子里，如何化解失业难题？个人和企业在2022年下半年应该做好哪些准备？

---

* 本文原载于“观察者网”2022年6月8日。

观察者网：您如何看待我国经济当前面临的挑战？您认为造成我国短期经济下行压力的原因有哪些？

张军：2022年中国经济本身就面临很大的下行压力，雪上加霜的是，3月以来国内多地新冠肺炎疫情反复，在各地严格的疫情防控政策下，经济进一步受到冲击。比如说，香港、深圳和广州的疫情对珠三角的经济复苏造成比较大的冲击，上海的疫情则主要涉及长三角，而长三角的经济总量约占全国GDP的1/4。

受到疫情冲击的不仅仅是一个城市或区域，而是一整条产业链。以汽车产业为例，上海在汽车零部件领域集中着博世、采埃孚、麦格纳等国际巨头，还有特斯拉、上汽集团这些整车制造商。因此，上海封控期间，长三角乃至全国的汽车供应链承压，影响甚至波及全球。

解封之后，地方一般会在短期内将非药物干预措施级别提高，比如说进出许多场所都要求出示48小时或72小时核酸阴性证明。在这种情况下，疫情对经济的全面影响虽然没有那么大了，但是各行各业的恢复还是会受到这些限制性措施的束缚。

2022年3月以来的这轮疫情反扑影响了国内多个城市，所以二季度的经济状况很可能比2020年疫情严重冲击时还要严峻。

观察者网：关于2022年中国宏观经济的走势，您觉得将会是什么样的？

张军：一季度中国经济同比增长4.8%，这个表现是有些超出预期的；二季度的数字现在还不知道，但因疫情对经济影响比较大，比较乐观的估计是在2%左右，也不排除1%的可能；三季度受常态化核酸检测的影响，增长率可能也会低于预期；但是与二季度相比，三四季度的数字会有所回升，回升力度如何还是要看二季度出台的那些经济政策能否发挥效力，而这又跟地方的疫情防控情况有关。

如果三四季度疫情多点反复，多个省市执行严格封控政策，这对经济的影响会比较负面。如果疫情总体上没有很大的反复，再加上中央出台了一揽子稳经济的政策，三四季度或许会有比较好的表现，但若要有7%以上的增速，我判断可能性不大。

世界银行将中国2022年的经济增速下调至4.3%，从现在的情况来看，我认为今年我国完成5.5%的增长目标是很有压力的，能达到4.5%—5%就可以说非常了得了。

观察者网：今年，在“5·25”会议之后，国务院极其高效地于5月31日印发了《扎实稳住经济的一揽子政策措施》，推出六个方面33项措施。您对这套政策组合拳有何解读？

张军：这些政策大概可以分为两类：一类政策有助于解决预期转弱的问题，因为即便没有疫情，我们的经济这些年也承受着预期转弱给投资活动带来的压力，这类政策要解决的是改善预期；另一类政策当然和疫情冲击有关，即在“动态清零”的政策框架里，希望能帮助实现既要防住疫情、又要稳住经济的目标。对地方政府来说，这个要求当然很高。

假如我们的经济是在一个平稳轨道上，现在只受到疫情的冲击，用上这些政策应该可以把它矫正到之前的轨道上去。但是，由于各种原因，比如说债务的问题、去杠杆造成的恐慌、针对互联网公司的监管新政以及民营企业的顾虑等，经济本身就处于持续放缓的压力之下，现在又碰上疫情和严格的防控政策，这两种情况叠加自然是雪上加霜。在这种境况下，这些刺激政策的效果估计会弱一些。

坦率地讲，现在疫情扰动的不仅是经济本身，还干扰了市场和政府之间的信任关系，而市场和政府的关系影响着投资者的预期。从这层意义上讲，要想让处于下行压力和疫情冲击下的经济有一个比较大力度的反弹，我觉得单单这些政策是不够的，因为这些政策还没有触及那些深层次的问题。除了这些政策之外，可能还需要在近期出台一些重磅的结构改革政策，大胆纠错，重振市场和企业家的信心。

比如说，上海的疫情防控给个人、家庭、企业、外资等都带来很大影响，如果我们可以借此机会顺水推舟，推进市场化改革，就能转危为机，重塑上海在国内外投资者心中的形象和信誉。首先，让因这次疫情而出台的一些政策保持永久化，比如对中小微企业的纾困政策，可以沿着这个框架调整保留；除此之外，在封控结束之后，还应该考虑出台几个重磅的有助于改善上海在投资者心中形象的改革举措，给市场和企业松绑，在法律上提供保障，减少不必要的政府干预，找回市场对政府的信心。

观察者网：国家推出的33项措施着力稳市场主体，尤其加强了对中小微企业的支持和帮扶力度。当下市场主体最需要的是什么？这套组合拳强调稳市场主体才能稳增长、保就业、保民生，为什么？

张军：我认为，对中小微企业来讲，最重要的是让它们能够尽快恢复正常营业和自由。虽然给了这么多政策，但我估计很多中小微企业可能会觉得，满足这些条件需要太复杂的手续，还要填各种材料，而它们当中很多根本没有能力做到这些。这么说吧，要这些政策落地变现，肯定需要填很多表，跟很多部门打交道，企业会觉得很复杂、很烦琐，也就懒得去搭理了。它们不像上市公司那样有个董秘办，一天到晚跟证监会打交道。很多中小微企业根本没有这样的人去填表，更别说去跟街道、区政府打交道，还得跑银行、跑税务、跑工商，等等。

所以，对中小微企业来说，最重要的就是政府能想办法让企业恢复营业这件事变得超级容易。所谓容易，就是有关部门对它们要管得少，而且要管到点子上。比如，想要恢复营业，就需要员工能复工、物流能恢复、资金能周转、欠账能解决，这些都是很实际的问题，政府要主动帮助解决这些问题，而不是去管住、卡住。目前因为疫情防控需要不断进行核酸检测，使得一些地方的员工想要安心工作也不容易，这方面就需要简化流程。总之，要让复工复产变得更简单和容易，而不是相反。

现在很多企业心有余悸，比如今天开业了但不知道明天能不能开。我觉得政府一定要给这些中小微企业吃定心丸，减少不确定性，并且上级政府对下级政府的行为要能够容错而不是一味追责，这样才能让基层政府更灵活应变和更人性化处理企业的困难和需求。

这里说的容错，就是在特殊和紧急时期，上级要敢于为下级部门和地方担责，要给下级一定的自由处置权，责任由上面兜，不要动不动就追责下级。否则，雷声大雨点小，上面政策有了，到了下面却被打折扣了，这样起不到立竿见影的效果。

我们的经济活力就来自上亿的市场主体，市场主体怎么看待政府的政策、怎么看待未来的经济就是市场预期。我认为，在制定宏观经济政策时，打法要改变，要真正把预期管理放在决策的中心位置，而不只是紧盯如何化解风险。由于我们在出台政策时总是首先考虑化解风险而不是稳定预期，结果必然造成政策短期化、政策多变。稳定预期的最好方式是保持政策在时间上的一致性、连续性，降低政策的不确定性。

过去两年来，我一直在呼吁这个问题。我国经济政策层面上的一个大问题就是政策多变、时间不连续。一个政策常常不是管5年、10年，而是一两年之后下一个政策可能就把前一个政策给推翻了。金融政策就是这样的，一会儿鼓励支持，一会儿限制。对于包括房地产在内的很多行业，由于其项目周期很长，金融政策的多变会造成很大的问题，会使市场主体很难形成一个一致的预期，或者说导致预期紊乱，经济学家把这称为政策的时间不一致性。我觉得，现在需要从根本上来反思或解决这个问题了。

观察者网：我们注意到，“5·25”会议之后，不仅中央高效地推出相关具体政策，各地的响应同样高效，比如，上海“50条”、北京“45条”、浙江“38条”等，从中央到地方的稳经济政策来看，投资尤其是基础设施投资发挥着重要作用。您如何看待投资在2022年中国经济中的作用？您认为，救经济的重点应该从投资还是消费下手，抑或是双管齐下？

张军：我们已经习惯了一旦经济承受压力，就马上想到投资，想到启动基建，依靠政府投资拉动经济。基建项目肯定是要的，但我个人认为，今天确实已经不具备之前那样“大干快上”的条件了。

基础设施本身有一个积累的过程，从存量来看，很多地方基础设施的缺口已经不多了。在过去20年里，能看到的缺口很多都已补上。再加上项目可行性、财务平衡等各方面的综合考量，我认为现在大规模搞基建是心有余而力不足，以后的基建项目更多是要细水长流。比如说，很多大城市的地下管网改造建设是巨大的工程，需要10年8年的工程周期。这类项目对经济的拉动短期内是不大的，可能是杯水车薪。

我认为，现在不管从投资还是从消费的角度考虑经济拉动都没有实质性的意义，因为这样会进入一个死循环。简单来说，现在要刺激消费，消费需要钱，钱来自就业收入，要有收入就要就业，要想提高就业率，经济本身就要维持增长，而现在的问题正是经济增长放缓造成的，这样就陷入了死循环。

“三驾马车”是一个循环论证，不知其中谁是因谁是果，所以我们的宏观政策应该跳出“三驾马车”的框架，换个思路来找出路。

我认为，只有一个解可以走出死循环：向地方放权、向企业松绑，这样才能解决中国经济的困局。中央在经济领域要放更多的权力给地方，地方政府向下层层放权，因时制宜、因地制宜。只有这样，才能大大减少各种无谓的管制和干预，才能为市场主体营造一个更好的、可预期的营商环境。正如习近平总书记多次强调，要让市场在资源配置中起决定性作用。这样既能激发市场活力，还有助于盘活存量，许多问题可能就迎刃而解了。

观察者网：国务院33项措施中的促消费措施主要是指增加汽车、家电等大宗消费。您认为中央为什么如此重视汽车消费？

张军：在中国，汽车普及率还是比较高的，汽车产业约占我国GDP的10%，且对上下游产业链拉动明显。

这次针对汽车的政策设计是很巧妙的，它不是简单地发钱或购物券，而是把汽车升级和刺激消费联系起来。国家给你一个优惠，但前提是你要去买车，这跟我们之前的家电“以旧换新”政策如出一辙。

汽车、家电都属于耐用品，在经济不好的时候，大家会推迟这类耐用品的升级。比如说，有人本来今年想换个新车，但因经济下行压力大，预期不好，他就不换了。现在这个政策可谓一举两得，通过优惠去刺激大家换车，既拉动消费，又拉动汽车产业。

观察者网：我们还发现，不少地方也已经开始了新一轮的土地拍卖，房地产业在这一轮“稳经济”的大盘中，又将扮演什么角色？

张军：房地产业受到青睐跟这个行业的特性有关，因为它的反应比较快。地在政府手上，只要银行给钱、政府拍地、开发商愿意开发，这个行业可以很快动起来，它一动又可以拉动二三十个行业的产能，所以很多人觉得通过房地产业拉动经济好像是一举多得的事。

虽然现在很多地方开始了新一轮拍地，但是目前来看，对房地产业总的调控框架是没有变的。所以我认为，从全国来看，房地产市场不会像之前那样过热，因为当前中国整个住房市场的供求平衡问题不一样了。

之前是供不应求，而现在除了一些大城市可能还有空间之外，其他城市从总量上看已经不太可能出现供不应求的情况了，这些地方要炒房也炒不起来，受“房住不炒”影响最大的还是北上广深。

观察者网：老百姓很关心的一个问题就是，每次消费刺激政策一出，就会有发钱还是发券的讨论，对此您怎么看？深圳前不久推出了一个具体政策，对购买新能源汽车、部分电子设备和家用电器等给予数额不等的补贴，您觉得类似政策在其他地方推行的可能性如何？这对刺激消费和稳定经济大盘会有怎样的帮助？

张军：如果从刺激消费这个角度来看，发钱不如发券，因为发了钱以后，可能会有人存起来不消费。发券的话，大家要用券去抵消费支出，但前提是老百姓要有消费能力和意愿。

现在大家讨论比较多的是：怎么发券？发给谁？比如说，全国都发还是在某些地方发？具体到某个城市的话，就要考虑是人人有份还是发给特定群体，比如那些失去收入来源的人。还有一个很重要的问题就是这笔钱从哪里来，这些都是需要考虑的，比较复杂。

不管是消费券还是补贴，对经济的短期影响肯定是正面的，至于这一影响的大小和持续时间，不同的行业有不同的情况。深圳的财政状况比较好，它有条件推出一系列补贴政策，至于国内其他城市，它们当然会结合地方的实际情况，不能一概而论。

但是，在当前经济状况下，我对发消费券能产生的效果持谨慎态度。这样做确实会在短期内增加消费支出，但是这种消费支出的增加多半是一次性的，持续能力有限。要想想怎么让现在的就业状况好起来，才是更重要的。

观察者网：最近，国内外的媒体都十分关注中国的失业率，官方发布的统计表明：4月全国城镇失业率升至6.1%，青年失业率更是达到了改革开放以来从未有过的18.2%。在失业率高企、经济下行压力又大增的阶段，如何化解失业难题？个人和企业在2022年下半年应该作好哪些准备？您有什么具体建议？

张军：我认为，16—24岁的青年失业率比全部劳动力的失业率更能反映经济状况。很可能现在这个数字还不是峰值，到6月数据或许会更高，因为那时候高校毕业生的就业问题就会暴露出来。

人社部数据显示，2022年我国高校毕业生人数达到1076万，规模创新高，毕业生的就业压力比较大，青年失业率不断走高，超过20%是大概率事件。

不过，青年的失业率本身就会相对高一些，因为青年人的就业观念有比较大的变化。过去我们所理解的就业往往是所谓的全日制就业、正规就业，现在灵活就业、零工就业、兼职就业和慢就业的年轻人变多了，就业观念的改变是青年失业率在正常情况下也相对较高的原因。

如果要降低青年失业率或者缓解就业压力，短期内我们可以想出很多办法。比如说，国企可以担起重任，给出更多岗位；高校可以提供更多的读研机会，扩招研究助理，让毕业之后找不到工作的学生先暂时留下来；等等。

但这些都是临时举措，要让青年失业率回到一个正常水平，发展经济才是根本之道。让中小微企业动起来并正常运作是最重要的，因为量大面广的中小微企业和个体工商户提供了85%以上的城镇就业岗位。

宏观经济是市场上每一个主体经济活动的加总。对于个人和企业来说，如果对未来没有信心，那么他们在决策上就会倾向于秉持谨慎的、预防为主的原则。而经济最大的特点就是相互影响和传染。比如说，如果企业只有60%的信心，它就只能干60%的事，这样加总起来，经济也只能恢复60%。这样的话，经济就会陷入一个死循环。

另外，我们需要好的政策，但在政策出台之前，政府既要想好未来如何让政策退出，又要和市场主体双向互动，形成前瞻性指引，让市场在充分了解政策用意的情况下形成稳定预期，这样经济才能持续繁荣向好。

我现在比较担心中国的经济会进入一个恶性循环，而唯一能够打破这个循环的，还是要抓住时机，推进更深层次的结构改革，彻底理顺政府与市场的关系。正如习近平总书记在2021年12月17日召开的中央全面深化改革委员会第二十三次会议上所强调的，发展社会主义市场经济是我们党的一个伟大创造，关键是处理好政府和市场的关系，使市场在资源配置中起决定性作用，更好发挥政府作用。

◎ 怎样才叫形成了国内大循环*

“国内大循环”是个新提法，也是第一次出现在中央的决定中。不过，此前我是知道“国际大循环”这个提法的，也依稀记得时任国家计委经济研究所副研究员王建向政府提出的这个建议在当时是如何受到关注和讨论的。说白了，国际大循环是对当时流行的“两头在外”的加工出口战略的形象概括。它是有意义的，毕竟那时候起点低，我们设法利用发达国家技术转移的机会，通过扩大加工出口来推进经济发展，这确实是个捷径。

我想这个建议与当时领导人的想法也不谋而合，因为邓小平同志就有类似的设想。邓小平同志在1979年10月的一次讲话中说：

> 我到新加坡去，了解他们利用外资的一些情况。外国人在新加坡设厂，新加坡得到几个好处，一个是外资企业利润的百分之三十五要用来交税，这一部分国家得了；一个是劳务收入，工人得了；还有一个是带动了它的服务行业，这都是收入……我认为，现在研究财经问题，有一个立足点要放在充分利用、善于利用外资上，不

* 本文原载于“网易研究局”2020年8月24日。

利用太可惜了。[1]

邓小平同志访问新加坡是在1978年11月。在此之前，原国家计划委员会和外贸部联合组织考察团到香港和澳门考察，之后撰写了《港澳经济考察报告》。报告建议把靠近香港的宝安县（即后来的深圳）和靠近澳门的珠海县划为出口基地，力争三五年里把它们建设成为对外生产加工基地以加强内地与港澳的经贸联系。提出这个建议的理由很简单，香港的地价和劳动力价格都太昂贵，如果能在珠海和宝安建立一些与出口加工和航运有关的工业区，既可以充分发挥广东在土地和劳动力上的比较优势，又可以利用香港和澳门的资金和技术来发展当地经济，可谓一举两得。

在得知《港澳经济考察报告》的建议和中央领导人的初步想法之后，1978年6月，广东省便着手研究关于迅速开展对外加工装配业务和建设发展宝安、珠海两县的问题。与广东省该项研究不谋而合的，还有香港招商局集团所提出的要在宝安蛇口建立工业区的方案。时任香港招商局集团常务副董事长袁庚建议，在靠近香港的蛇口建立工业区，利用其廉价的土地和劳动力，加上香港的资金和技术，此处可以发展加工出口。1979年7月，蛇口工业区破土动工，它也成了中国第一个出口加工区。

与此同时，受亚洲四小龙（指韩国、中国台湾地区、中国香港地区和新加坡）利用外资和外国技术加快经济发展的影响，广东省希望中央向广东放权，让广东抓住先行者产业转移的机会，充分发挥自己的后来者优势，先行一步。广东希望在与香港和澳门接壤的汕头、宝安、珠海三个地方搞出口加工试验，利用外资，引进先进技术设备，搞补偿贸易

1 《邓小平文选》第二卷，人民出版社1994年版，第199页。

和加工装配，开展合作经营。

除了广东，与台湾岛隔海相望的福建省也提出在厦门建立出口加工区的要求，希望利用侨乡优势，积极吸收侨资侨汇，大力发展加工出口。因此，1979年7月，中央最终决定在广东的深圳、珠海、汕头和福建的厦门，划出一部分区域试办出口特区，给地方更多的自主权，发挥比较优势，吸引外资，把经济搞上去，还特别强调把深圳的出口特区办好。

1980年9月，时任国家进出口管理委员会副主任江泽民带领由国务院有关部门，广东、福建两省，深圳、厦门两个特区的负责干部组成的小组，到斯里兰卡、马来西亚、新加坡、菲律宾、墨西哥、爱尔兰六国的出口加工区、自由贸易区进行考察，为特区建设提供国际经验的支持。他们的基本看法也是：无论国家穷富、无论实行何种经济制度，用建立经济特区的特殊办法来利用外资、引进技术和进口设备、促进经济繁荣、提高国际竞争力，是一条十分重要的途径。

以上这些细节在我2019年出版的著作《改变中国：经济学家的改革记述》里都有记载。王建在1987年把这些早期的经验概括为参与国际大循环的战略，建议中国要坚持走国际大循环的道路，认为这是值得肯定的战略选择。当时也有外部有利条件，特别是经济全球化已见端倪，发达经济体也都遇到了成本上升和通货膨胀的困扰，有转移投资和技术的需要。中国在这个时候提出开放实验战略，通过兴办特区鼓励发展加工出口，正好与经济全球化不谋而合，尤其对香港和台湾地区而言也是个机遇。

所以，在改革开放初期，我们很快就走上了一条能很好利用经济全球化机遇的追赶道路。2018年，我和林毅夫教授合作，为一本在牛津大学出版社出版的书*How Nations Learn*撰写了一章，我们撰写的这章题目为"China: Learning to Catch-up in a Globalized World"，讨论的内容正是关于中国如何学会利用后来者优势来实现快速经济追赶的经验。我们在文中写道：

> 把中国取得的经济成就归因于改革开放当然是对的。但是，作为工业化的后来者，它真正的成功之处在于从一开始就把握住了向先行工业化国家和先进经济体学习的机会，并能够利用这些机会充分发挥其作为后来者的优势，快速推动了本土的工业化和经济转型，最终得以恰当地融入全球经济，成为全球经济和贸易增长的最重要贡献者。作为大国，中国毫无疑问是战后最成功的学习者。

这个评价隐晦地指出了中国能够成为全球化的最大受益者，是因为中国学会了利用来自发达国家的外资和技术，积极发展加工出口和贸易部门以实现经济追赶的东亚经验。不仅如此，中国人口规模大，起点更低，可以在很多方面比东亚新兴工业化经济体走得更远。还记得中国沿海地区的出口企业被人称为“血汗工厂”吧？是的，这不夸张。正因为此，麻省理工学院（MIT）的黄亚生教授曾经写出那本在西方很受关注的书*Selling China : Foreign Direct Investment during the Reform Era*（《改革时期的外国直接投资》）。香港中文大学的宋恩荣教授曾经在一篇文章中说得很清楚，加工出口其实是大多数后进国家或地区促进出口的一种常用方式，它通过豁免进口中间品和零部件的关税来促进出口增长。但是，看看那时候的中国，情况还真不太一样，因为在东亚新兴工业化经济体中，加工出口的流行形式是本土企业的“进料加工”，而在中国，由于早期本土企业技术装备落后并缺乏足够的人力资本，包括深圳在内的整个珠江三角洲地区的加工出口至少在20世纪80年代多为“来料加工”，甚至设备也由外商提供，本土企业仅赚取微薄的加工费。差不多一直到20世纪90年代初，进料加工在中国制成品出口中的比重才超过来料加工。

这说明，80年代的时候底子太薄，技术水平太差。通过血汗工厂，我们不仅可以挣点加工费，还可以实现干中学，获得进步。就这样，中国一步一步走了过来，直到今天成为世界第二大经济体，可以生产并出口大量技术复杂的高科技产品。

然而，现在情况不同了，全球的局面在变化，问题也就来了。全球化遇到了些问题，主要是美国带头反悔，对包括世界贸易组织（WTO）在内的一些国际组织和自由贸易协定不满。这对全球经济而言并不是好事。特别是特朗普上台后，他觉得中国从全球化中获得的利益比美国多，决定要改变美国的对华政策，要限制美国企业与中国的往来和合作，也要阻止中国企业在美国的投资和经营。他还利用新冠肺炎疫情大做文章，对中国企业实行歇斯底里的打压和制裁。有些人说，特朗普干的事情在后特朗普时代也不会有大的改变，也就是说美国视中国为强大竞争对手的认识不会轻易改变。这没有错，毕竟美国对华态度的改变多半是中美经济实力变化的结果。出于这样的逻辑，中国当然也不会假设碰上特朗普是个意外和不幸，虽仍坚持和努力促进中美关系的改善，但同时肯定会有更长期的心理准备，尤其是在科技产业和金融领域做好应对举措，切实把自己的事办好，避免因美国制裁或技术合作终止而陷入被动。

我认为，无论全球化遭遇什么阻力，也不管中美关系的恶化能到什么程度，现在不是苏联撕毁合同、撤走专家的那个年代，我们也不可能再回到闭关锁国的年代。在这种情况下，我们需要有调整发展战略的意识，更需要有进一步推动国门开放的意识。仔细想想，中国经济总量位居第二了，但在对外经贸和投资政策上很多不还是停留在早期的思维方式吗？不能说两个大国的贸易摩擦完全是因为意识形态和价值观的冲突，毕竟它在过去40年也是一直存在的，主要原因可以打个比方来解释：你太小的时候，出门搭大人的便车，别人不在意，也不会认为你占了便宜，不会认为不公平；当你长大了，块头大了，别人的看法就会不一样，你出门就得自己打车或自己开车，至少你需要付出代价，这样才显得公平。以经济学家的眼光来看，改变出门的旧习惯不是坏事，其实对自己是好事，不然就走不远了。

所以，我们今天提出要形成国内大循环，不是说我们拥有别人没有的巨大国内市场，也不是说我们依赖自己的国内市场就能很好地发展经济。我们要明白，一个市场如果做不到高度开放、安全和自由流动，对经济发展是没有意义的。中国要更大程度地开放行业准入并能提供安全和自由的市场给包括美国在内的全球投资者，才能让我们的国内市场服务于我们的经济发展。在过去，情况是反过来的，因为非常落后，我们是利用国外开放、安全和自由的产品与要素市场来发展我们的经济。

美国和欧洲一直抱怨我们之前谈判时承诺的市场开放没有兑现，也没有做好。什么原因？旧思维在作祟。很多人说，形成国内大循环就是我们的经济发展要依靠国内巨大的市场。这个说法不准确，重要的不是国内市场规模，而是国内市场能否“循环”起来。美国的经济是典型的大国经济，其巨大的国内市场不完全是因为美国有3亿多人，更是因为美国的国内市场是一个高度开放、安全和自由流动的市场，全世界的生产要素（包括人才、资本、金融）都愿意去那里。若要说美国是一个立足国内大循环、国际和国内两个循环相互促进的经济体，似乎也很恰当。

2020年7月，我在英文世界的意见领袖平台——世界报业辛迪加（Project Syndicate）上发表过一篇文章，其中说道，应该把中国最近提出的要尽快形成并将经济发展立足于国内大循环的说法看成一个加快向全球更大开放中国国内市场准入的信号。有人问我：你为什么会这么说？我说：你可以想想，中国过去几十年的经验和教训告诉我们，那些反复在讲的国内市场或行业所存在的问题，都不容易克服，但是一旦这个领域开放了，很多问题就能迎刃而解。中国依托国内市场来发展经济的说法也讲了很久了，但要转变这个重心谈何容易。原因是什么？不是因为我们热衷于国际大循环，而是因为我们还在保护自己落后的市场和行业。在这些方面，我相信外国投资者的感受比我们强烈多了。

所以，中央提出的国内大循环，核心要义应该是高度开放大多数行业和市场准入，使中国巨大的国内市场真正实现很高的开放度、安全性和流动性，假以时日，中国才能真正成为使全球最具创造性的生产要素得以在中国这个巨大的市场上“循环”起来的沃土，也只有这样，中国14亿人口的国内市场才能真正成为我们经济发展可以依赖的国内力量。

科技和金融，是美国给我们施压和试图脱钩的两个领域。我们自己当然要有准备。不过，必须想明白，我们不可能因为美国封锁而单打独斗，有智慧的做法一定是在科技和金融两大领域上更大程度地推进开放和全球合作，用双赢的策略来应对可能的脱钩挑战。

关于扩大内需的说法也提了至少20年了，但国内市场和行业准入还是铁板一块，各种限制依旧很多，那么如何来创造更大需求呢？即便眼下，我们在通信、信息、金融、保险、医疗、教育、文化以及康养等领域潜力巨大，可是又由谁来激活巨大的需求市场呢？

中国人做事历来有两个特点：第一，自己说要干个什么事，不见得真当回事，但是如果受人欺压或遇到外部危机了，便会特别当回事，动真格；第二，做事总喜欢讲求策略，事要做，但要做得巧妙，有里有面。若能在我上面所谈的国内大循环问题上做好文章，真的一举两得。

◎ “立足国内大循环”如何影响中国经济的发展*

“十四五”规划对新发展格局有了比较详细的表述，对于中国在全球经济中的现状也有一些判断，并且明确地提出要走“双循环”发展的道路。我们作为学者，应该客观地评价当前中国在全球经济中的地位和国际关系。同时，我们要对未来经济发展过程中应该避免的一些趋势和倾向有一个清醒认识。这是今天我希望跟各位做分享的背景。

全球业已形成的经贸关系其实对中国更有利

以我自己的判断，我觉得在中国加入世界贸易组织后的近20年时间里，全球形成的经贸关系其实对中国更有利，而不像现在有些人认为的对我们很不利。

有充分证据使得我们在这个问题上自信。2019年，麦肯锡有一个报告，报告明确提出中国对世界经济的依赖在降低，同时世界对中国经济的依赖在增加，这反映出中国作为一个市场，作为一个生产的供应国，作为一个资本的重要输出国，它的影响力、重要性都在上升。

比较客观地看，现在美国等一些国家对中国可能是有抱怨的。然

* 本文为作者在2020年11月28日杭州举行的“2020新华网思客年会”上所做的演讲。

而，这种全球化生产链、供应链相互交织的局面，不是一个国家单边可以改变的。2020年，美国发布了一个报告，报告提出美国要跟中国的供应链脱节。最近，我国外交部发言人提到过的“五眼联盟”（包括美国、英国、加拿大、澳大利亚和新西兰）认为，现在中国是它们最大的威胁。这次疫情让“五眼联盟”更加担心，它们过去几十年当中对中国依赖太多而不是太少。但这个很难改变。

2007年以后，中国的对外需求对于经济总量的重要性在下降。换句话说，中国经济的增长开始更多地转向自己的内部需求。但即使是在这个趋势下，中国的经济增长也在下降。这值得我们反思。

西方也有一些新的说法，他们用一个很严格的标准来衡量全球究竟对中国经济的哪些方面比较依赖。有人提出了所谓的“关键的11个产业”，这分为两位数代码、四位数代码、六位数代码三个方面。如果看两位数代码，美国大概有两个产业符合所谓的关键产业标准。这个标准是指某产业在进口上超出了一半的份额，就是说这个行业当中有一半的供应来自中国，且中国所占的全球份额不小于30%。这两个标准的筛选是很严格的。在六位数代码中，澳大利亚有167个行业符合这个标准，即这些行业完全依赖中国，而且中国在这个行业的全球份额也是最大的。

最近，我们用经济合作与发展组织（OECD）附加值贸易数据库做了计算：中国出口到美国的制成品中，按照附加值来看，里面包含了“五眼联盟”乃至七国集团（简称G7，包括美国、英国、法国、德国、日本、意大利和加拿大）的附加值，而且最有意思的是这些附加值中，美国自己占10%，在七国集团中是所占比例最高的。也就是说，美国的公司在中国投资，成为中国供应链中非常重要的供应商，中国再把这些产品加工出口到美国。所以中国出口到美国的东西并不都是中国的东西，因为这当中有大量的中间品来自发达国家，尤其是美国。

在这种情况下，有任何一个国家能够跟中国脱钩吗？显然不能，也没办法脱钩，这是一个客观的形势。有些国家似乎觉得中国跟全球的关系很简单，他们说不跟中国玩了就可以不跟中国玩，可这是很难做到的。

正确理解“双循环”战略，避免形成经济的“内卷化”

现在有一个说法叫：大国经济的优势就是内部可循环。这说得没错，但是要看历史的话，大国因为内部可循环，所以往往会形成经济的内卷化。“内卷化”这个词最近在网上特别流行，它的意思是指“低水平的均衡”。因为大国自己跟自己玩似乎也很好。中国有足够的国内市场，就像我刚才开头讲的，一个系统如果跟全球系统完全隔离，也可以过日子，但会出现一个很大的问题，就是内卷化的后果——低水平的均衡，这意味着它就不再有创新的压力了。

中国历史上这种时期很多，那时候的日子虽很好过，但慢慢地就没有了进步的动力。大国容易形成内循环，而一个小的开放经济体没办法内循环，因为自己内部市场很小。所以这点要正反两面来看。印度人写了一本书叫《印度均衡》，里面也讲了这个道理。因为印度是大国，人口多，所以不跟世界发生任何关系也可以循环下去，但是发展的水平很低。

20世纪80年代时有一些学者讨论过：为何中国历史上能维持长期稳定，以至于形成所谓的超稳定结构？其实这很大程度上也是由一个大国的内卷化所造成的。从这个意义上讲，相对于一个小型开放经济体而言，大国反而得更加开放才可以。因为如果大国不开放，它就无法跟外部世界交流，也就形成了另外一个循环系统，这是一个很大的问题。

我觉得在理解“双循环”战略时，需充分理解：为什么要提“两个循环”？为什么要提“两个循环相互促进”？为什么领导人要强调中国不可能闭关锁国？即便我们现在的国内市场已成为中国经济发展的重要源泉，我们也不会自己跟自己玩。我觉得这一点非常重要。

如果技术完全自力更生，会放慢技术进步的速度

我想说的最后一点是，如果我们自己是一个系统，即便能够内循环，技术要完全立足于所谓的自力更生，那其实也会放慢技术进步的速度。当然这个话要看怎么理解，并不是说我们愿意这么干。大家一定要有清醒的认识：中国目前还不是全球经济体中处于技术前沿的国家，我们跟发达国家之间在技术层面上还有很大的差距。

过去三四十年里，中国通过开放、双边的贸易投资，实现了快速的技术进步。我们做过测算，如果用“全要素生产率”度量，中国是平均每年增长3%左右，最近10年虽有所下降，但应该也超过2.5%。拿美国来做比较，它每年的全要素生产率也就增长1个多百分点，因为美国处在技术最前沿，它的技术进步只会更慢。我们可以向它学，中国有空间，可以引进技术，可以开展合作、投资、贸易，所以进步得很快。而如果在技术有差距的情况下自力更生，就会放慢技术进步的速度。

前不久，我跟一个同事有过讨论，他是某微电子学院院长，主要是搞芯片的。我问他：“中国现在自己做芯片、自己搞攻关的话，能解决多大的问题？”他说尽管我们过去可以把原子弹、氢弹、卫星都做出来，但这跟今天讲的做芯片不一样。5纳米的芯片和20纳米、30纳米的芯片在经济上有着完全不同的含义。我们现在刚能实现量产的只是15纳米的芯片，可人家已经有4纳米、5纳米的芯片了，这个差距可谓巨大。这跟“你有原子弹，我也有原子弹”的情况是两个概念。

所以说我们并不是不可以自力更生、自强自立，但这意味着处在技术追赶的重要阶段时发展速度会更慢。对于这点，我们需要非常清醒、明确。

◎ 稳经济要扩大有效投资而不是一味上大项目*

观察者网：我国经济目前面临三重压力，2022年我们把稳增长放在突出位置。开年以来，从各地各部门的情况来看，投资尤其是扩大有效投资，成了拉动经济增长的“关键一招”。在“三驾马车”中，2022年为何格外重视投资对经济增长的托底作用？

张军：基本建设是指对生产能力进行扩大，包括推出一些新的生产项目，比如建一个特斯拉汽车厂；也包括对基础设施的建设和更新，比如修建新机场、新铁路；还包括5G基站、数据中心等新经济领域的建设。

这么多年来，一讲固定资产投资，大家就习惯性地理解为政府安排的基建投资这类大项目。但实际上，经济中大量的投资活动其实是企业层面的投资。

企业的投资包括企业的基本建设投资，也包括企业在现有基础上去扩大产能的投资。比如说，一个汽车厂若要扩大投资，它可以去并购别的企业，可以在别的地方建一个新的汽车厂，也可以在现有汽车厂基础上直接扩大自身的产能规模，这些都是投资。

因此，当谈到“稳增长”的时候，大家习惯于把它理解为用政府的

---

* 本文原载于“观察者网”2022年3月26日。

投资来稳定增长，这是失之偏颇的。

假如我们遭遇像2020年新冠肺炎疫情那样的巨大危机或者外部冲击，经济突然“停摆”，为了在短期内尽快地稳住经济，防止经济进一步走向衰退趋势，就需要靠政府的公共投资拉一把。这时候需要政府的公共投资，主要是因为大量的市场主体受到了冲击，它们无法正常进行投资。

但是从现在中国的经济状况来看，我们已经接近恢复到一个正常发展和增长的状态，虽然可能还没完全达到。在这种情况下，当我们谈到“稳增长”时，就不能完全把投资理解为政府的公共投资。

现在几乎在所有场合，大家只要一讨论到投资，好像就是发改委要批准更多地方政府的大基建项目，包括基础设施的项目。如果一个省规划了几万亿元的投资项目，那么从全国来讲可能就是几十万亿元。

对于这种公共投资，我们要非常谨慎。我认为目前中国经济面临下行压力，很大程度上不是因为公共投资不够，而是民间投资缺乏足够的动力。这是由于政策变化过于频繁，再加上地方政府在执行中的偏误，私人企业和民间投资者有一些预期上的转弱。

就总量和结构来说，经济活动当中绝大多数还是民间经济。无论是那些头部民营企业，还是我们整个经济底层的数千万中小企业，它们才是经济中的主力军。

我们要稳经济，不是说不需要公共投资。如果经济发展确实需要这些投资，那么政府就要及时去跟进。但我觉得，现在的重心还是应该放在如何稳定民间投资方面。然而，很多地方政府考虑的问题是如何布局和落实大的公共投资项目，这就有些隐患了。

我们应该经常问问自己：为什么需要那些投资项目？为什么要上马一些大的基建项目？到底是为了稳住今年的经济，还是因为当地的经济发展需要这些投资项目？

这就回到了一个非常核心的问题——有效投资。这两年中央对有效投资的问题非常关注。

投资必须是有效的，它才会对经济有持久的贡献。当下我们所做的投资，不管是来自政府还是来自企业，但凡能成为有效投资的，一定是经济发展所需要的投资项目。因为只有“有需要”的投资，将来才会带来可观的回报，否则这个投资就变成了闲置的产能。

在中国目前的宏观经济形势下，债务规模那么大，很多领域的产能过剩实际上非常严重。所以，我觉得首先要转变习惯性的思维，不要把投资简单地等同于政府投资，等同于大项目，等同于基础设施投资。其次，投资要从经济发展的需求出发。只有这样，投资才可能是有效投资，才有可能获得回报，有了回报，这些投资项目就不会变成债务。

观察者网：您认为现在哪些方向的投资才是有效投资？要实现有效投资，我们应该怎么做？

张军：坦率地讲，因为有效投资是经济活动中所需要的投资，这些投资是否值得，在大多数情况下只有企业才知道。如果一个汽车厂认为它的产品有非常好的未来市场和大量的用户需求，那么它就需要尽快地扩大企业产能，就像特斯拉宣布在中国扩建工厂一样。

应该说，即便是基础设施的投资项目，在大多数情况下也是因为地方经济活动的发展遇到了瓶颈而产生了需求。

观察者网：2022年1月召开的国务院常务会议强调，要加快推进“十四五”规划《纲要》和专项规划确定的重大项目，扩大有效投资。这属于政府投资的一部分。您认为，政府投资怎样才能扩大其有效性？怎样的投资才能算政府的“有效投资”？

张军：前面我谈到，公共投资的合理性原理基本是一样的。政府的公共投资要想成为有效的投资，就一定要能够回应经济活动的需求，或者说要能够对日后的民间投资有“挤入”效应，而不是“挤出”。

所谓挤入效应，是指政府在基建上的投资能够在未来若干年内有助于民间投资的扩张。这是因为按照合理性原则，政府投资的方向应该是经济中那些外溢性很强的领域，且这些领域往往正遭遇瓶颈，而一旦政府的投资缓解了卡脖子的现象，就会产生巨大的外溢效应，企业、家庭和民间投资者都会从中获益，改善的基础设施会为投资者带来便利、降低商务成本、提高预期的投资回报率，这样就会引入更多的民间投资。

所以说，如果政府的投资可以在未来若干年里拉动更多的民间投资，从而促进经济的发展，政府的这些公共投资就是有效的。

那么，政府的这些投资怎么收回？怎么获得合理的回报？

一方面，政府的很多公共投资项目，特别是基础设施项目，是可以直接收费的，比如高速公路，政府可以通过收费获得现金流。有了现金流，还可以通过资产证券化来获得固定收益，最后收回成本。

另一方面，在一些不容易收费、看上去也没有资产证券化机会的项目中，政府可以通过间接方式收回成本并获得相应回报，特别是政府在融资方式和手段上有很多选择机会。我们熟悉的地方融资平台或城投公司就是这种手段之一。

还有其他的一些方式。比如某个城市的政府修了一条地铁，穿过了这个城市的很多地方，附近的地价会因此上升，并带动当地的经济发展。开发商入驻后，商业设施也会建起来，更多的人口会流入。等到经济发展以后，政府税收就增加了。在这种情况下，政府就可以考虑用组建项目开发公司的方式来解决修建地铁的筹资和回报问题。上海早期的轨道交通建设就是用了这个方式。这些做法都利用了金融手段和市场机制的思维。

观察者网：中央经济工作会议以及全国发展和改革工作会议都提到，要适度超前开展基础设施投资。虎年伊始，各地重大项目纷纷上马，其中很多都是基建项目。是否可以理解为，2022年政府将基建投资作为其扩大有效投资的重要抓手？

张军：中央强调了有效投资对稳定经济的重要性，因此在中国的体制下，各个地方政府当然都会去安排更多的重大投资项目。

不过我想提醒的是，在这个过程中，地方政府不仅要贯彻投资有效的精神，也要对这些投资的融资成本有很好的事前估计。也就是说，每个地方政府在准备投资项目时都得想一想怎么收回这些钱。很多钱都是专项债，它是有成本的，是需要偿还的。地方政府将来不仅要收回成本，还要有能力给债权人支付回报。

当下，各个地方都比较关心怎样启动更多的投资项目，我认为，地方政府的官员不仅要关注“投入端”，即给这些项目投多少钱，还要关注这些项目的“产出”。毕竟基建或者基础设施投资的产出不太容易度量，它不像是一个汽车厂，其产出就是生产的汽车。

所以，地方基建投资最重要的底线是能实现财务平衡。哪个地方政府在财务平衡上动了更多脑筋，将来它在有效投资上就会做得更好。地方政府发行5年或10年的专项债去投项目，不仅要关注最后能不能收回成本，还要能获得一些正常的回报。这些都要有事前的科学论证和预估。

即使是纯公益的投资项目，地方政府也要盘算一下，这些项目到底对当地经济有多大的拉动，有没有可能使地方政府通过增加税基的方式间接地得到补偿。

观察者网：2022年1月的国务院常务会议还提到，要按照资金跟着项目走的要求，尽快将2021年四季度发行的1.2万亿元地方政府专项债券资金落到具体项目上。抓紧发行2022年已下达的专项债，用好中央预算内投资，重点安排在建和能够尽快开工的项目，撬动更多社会投资，力争在一季度形成更多实物工作量。我们能否把这认为是“政策发力适当靠前”的体现？在2021年一季度经济高速增长的情况下，2022年一季度稳增长压力较大，这样做是否有助于缓解压力？

张军：它能缓解压力，也是因为在数字上能够好看一点。对于政府投资项目，特别是很多大的投资项目，国家和地方统计局一般会采取“形象进度法”去测算项目的进度。所谓“形象进度法”，就是统计员要到现场去看，比如说这里要盖个房子，或者那里要建个厂房，他们要到现场去看这个项目建到什么程度，大概占整个工期的百分之几，以此来测算投资的规模。所以很多地方政府都关注这个事情，希望一季度能有很多项目用眼睛就可以看得见进度。

“政策发力”主要是针对我们的财政和央行，比如说，专项债要尽早安排，尽早落地；央行的信贷政策对今年的有效投资要能够给予更多支持；央行加强对各个商业银行窗口指导；等等。这样逐步在金融系统里形成一个能够有力支持这些投资项目的氛围。

观察者网：我们注意到，在全国各地的基建投资当中，水利工程建设是重要投资领域。会议也特别提到，要推动抓紧实施已论证多年的重大水利项目。那么，2022年是不是一个水利工程建设的大年？水利工程投资对拉动经济增长能起到哪些作用？

张军：农田水利工程作为基建投资范畴的一项内容，过去很多年来几乎没有断过。如果是比较特殊的年份，比如说遇到金融危机或者经济比较萧条的时期，一般我们会采取扩大投资的办法来稳定经济，这时农田水利的基本建设往往冲在最前面。2008年出台“四万亿”刺激计划时也是这样的。

从某种意义上讲，农田水利在中国像是一个永久的话题。中国这么大，各个地方的气候条件差别也很大，时不时就这里旱了、那里涝了。因此，有大量的农田水利基础设施需要新建、更新、改造。

虽然不能说这部分钱花下去对短期的经济稳定没什么影响，但影响相对来说还是比较小的，长期的影响应该会更大些。

观察者网：除了传统的基建项目之外，“新基建”成为多地政府工作报告中的热词，全国多地都在加码布局。为什么新基建2022年如此受关注？在后疫情时代，它对我国的数字经济、新发展格局有怎样的作用？

张军：传统基建在中西部地区、边缘地区、老少边穷地区可能还有大量的空间，但在经济比较发达的地方，特别是像北上广深这些地方，它其实已经接近饱和了。因此，经济发达的地区必然会更多地关注新基建，把钱花在这上面。

新基建跟信息产业、互联网、人工智能、大数据等都有相关性，而这又是发达地区经济中最活跃的部分。以5G基站为例，目前全球一半以上的5G基站在中国，而在“十四五”规划中，未来我们的5G基站规模还要翻好几番。

但我想说，即便是新基建，它也不是为了“稳经济”的目的才去投的。新基建的需求来自经济结构的转型和数字经济的扩张。与数据、人工智能、互联网有关的一些新的经济活动，统计部门说大概有40万亿元的规模。数字经济在很多地方已经成为经济当中最活跃的部分，随之而来就会产生突破这些新经济活动所遇瓶颈的需求。可以说，地方有这个需求，才会有这样的投资。而且新基建肯定不都是政府的投资，其中有相当多的投资来自企业，企业还占大头。

无论是政府的投资，还是企业的投资，只要它是有需求的，那就是有效的投资。

其实，虽然我们的经济遭遇了2020年疫情突发事件的冲击，但为了稳定经济，政府也没有不计成本地扩大投资，政府出台的政策反而更多是为中小企业和个体工商户提供补贴与减税降费。

所以，即使经济有一定的下行压力，我们也不要不计成本地把投资当成救命稻草，否则，又会造成很多的资源浪费和日后的债务负担，最后拖累经济的增长。

观察者网：有学者认为，从2021年消费、出口和投资对经济增长的贡献率来看，投资是最低的，这说明当年投资对经济增长有所拖累，因此提振2022年的经济增长需要从扩大有效投资上寻找突破口。您怎么看这种观点？

张军： 前两年的出口大幅增长是受到新冠肺炎疫情影响的一种偶然情况，不是必然，不能把它视为常态。如果恢复到正常情况，中国的出口增长率可能只有个位数。这是我们经济发展和收入提高后的必然趋势。

如果看投资跟消费，其实看不出有什么特别的地方，也不能说投资相对更差了。这些年投资也好，消费也好，其实总体上就是这样一个状况，它们的份额都是相对的。“三驾马车”中若有一驾跑得快，它的份额就会上去，那么其他的份额就会相应地降低。

就消费而言，我们要看到，近年中国在家庭消费开支上不可能有大的变化，基本上能稳住当前的局面就很好了。

透过需求侧去想中国经济，这还不是最根本的，应该去思考其背后更基本的问题。现在靠稳投资也好，稳消费也好，稳外贸也好，其实都是解决短期问题的。中国经济有更长期的问题，而那些问题难以靠宏观政策轻松解决。

◎ 中国经济承压时，为何总是呼吁基建刺激*

伴随新冠肺炎疫情防控转入下半场，关于疫情后经济如何恢复的话题备受关注，其中对是否应该启动新型基础设施建设（即“新基建”）的讨论变得火热起来。支持的一方认为新基建势在必行，尤其对稳定和提升疫情后经济的需求水平至关重要。反对的一方认为不应该重蹈2008年“四万亿”刺激计划的覆辙，疫情后经济恢复并不需要用大规模的基建投资来刺激需求，因为大水漫灌式的冲击政策不仅起不到太大作用，还会再次拖累经济的后续增长。

首先需要说明的是，“新基建”这个词并非是这次争议首次提出来的，它在几年前就作为一个新的提法进入过最高决策层。2018年底召开的中央经济工作会议就提出要推动5G、人工智能、工业互联网、物联网等“新型基础设施建设”。2019年的政府工作报告中也有“加强新一代信息基础设施建设”的提法。2020年1月3日召开的国务院常务会议更是明确提到“新基建”这个词。近日，中央政治局常委会开会研究当前新冠肺炎疫情防控和稳定经济社会运行的重点工作，继续提出“加快5G网络、数据中心等新型基础设施建设进度”，为新基建按下快进键。

虽然都是基础设施，但从新基建所涵盖的内容来看，它与传统的基

* 本文原载于“澎湃新闻”2020年3月17日。

础设施建设（所谓“旧基建”）还是有很大的不同，比如虽然新基建仍需要很大的资金投入，但两者在物理层面差别巨大。新基建更多的是指数据平台、大数据中心、云计算中心，以及移动通信、工业互联网、物联网等数字网络系统。当我们说5G网络的基础设施时，更多的是说基站系统，包括天线、小型基站、网络架构等。即便是基站建设，也更像盖厂房，而不像修地铁。这显然不是传统意义上的基础设施概念，传统的基础设施需要大量的建设用地和钢铁水泥等，而新型基础设施更多的是科技、网络、数据平台、频率资源等。

所以，反对用新基建来稳增长的一方显然有些反应过度，他们以为新基建还是基建，再搞基建特别是再靠大规模的基建拉动需求，既无太大必要，也得不偿失。而支持用新基建来稳增长的一方也有模糊之处，他们一味从需求方力挺新基建，主张大搞新基建恰好可成为疫情后拉动经济增长的不二法宝。但其实新冠肺炎疫情对供给打击较大，疫情后经济的恢复主要还得靠稳定供给。可以肯定，新基建会搞，也一定要搞，而且一直在搞。但“新基建”这个概念突然进入经济学家讨论疫情后经济恢复的视野并引起这么大的争议，让我诧异，想来想去，恐怕还是“基建”二字惹的祸。

说到“基建”二字，不管是旧基建还是新基建，我们经常在国外听到外国同行称赞中国的基础设施建设得如何完善和发达。但为什么现在“基础设施建设”这个词在国内会变得如此敏感，如此不受待见呢？我认为大概有这么几个直接原因：

第一，基础设施建设项目多为地方政府规划和投资，有成为形象政绩工程之嫌，也不乏过度建设的现象，投资常常缺乏效率，资源浪费多，还滋生腐败，形象不佳。

第二，曾几何时，大规模基础设施建设在经济遇到外部冲击时常被政府用来拉动短期需求，对冲宏观经济波动。尤其是2008—2010年紧急出台的“四万亿”刺激计划中，追加基础设施建设投资被认为严重过度，给后来的经济造成债务拖累问题，更使得基建名声大跌。

第三，基建需要巨量的资金投入，特别是银行信贷支持。过量投资搞基建造成地方政府的显性和隐性债务居高不下，也使得中国经济的信贷密度过高，隐藏巨大金融风险。

第四，基建项目往往被当作与民生对立的概念出现，尽管长期而言很多基建项目也是服务民生的。在短期，政府投到铁路、公路和机场等基础设施项目的钱越多，那么直接用在教育、医疗和环保上的钱就越少。现在，对民生支出的呼声高过基建，尤其这次疫情之后更会如此。

总之，在很多人那里，基建似乎留下了坏名声。不过这并非说基建可有可无或不重要，而是隐晦地抱怨过去我们搞基建过了头、过猛了，它造成了资源配置扭曲，也威胁了金融稳定，影响了其他同等重要的民生支出。这可以理解。

我想追问的一个问题是：当需求受到冲击而收缩的时候，刺激总需求的办法其实是很多的，教科书上也从来没有指明基建投资是优先的选项，可为什么我们总会首先想到基建呢?

基建在过去40年的中国经济增长中确实扮演了非常重要的角色。我们曾多次经历了基建的高潮，也确实在经济不景气时启动基建，它对稳定需求发挥过积极的作用，但也带来了经济过热或更大的波动。从历史上看，似乎只有在经济出现大萧条的时期，大规模的基建投资才可能会作为选项，成为政府出手提振经济的救命稻草。大多数情况下，启用大规模的基建项目或公共投资来对付宏观经济波动的案例在国际上并不多，什么原因呢? 恐怕在于它们不容易做到，不具备搞基建的优势条件。

试想一下：如果很多国家都能做到这一点，在应对危机或需求冲击时靠增加基建投资来对冲，这岂不成为一举两得的良策？它既能在短期拉动更多的需求，也能在长期扩大瓶颈，助推经济增长。多数发展中国家至今仍然面临基础设施的严重缺口，基建投资严重滞后，成为妨碍经济发展的严重约束。一些国际机构指出，基础设施不足几乎是多数国家面临的共同问题和挑战。所以，过去10年来，世界银行或国际上的一些开发银行都认识到，用基建投资的办法来应对全球大危机是个良策，但它并不能改变搞基建在很多国家仍是知易行难的这一事实。

得益于独特的治理体制和投融资条件，搞基建在中国相对容易，这一点使中国与大多数国家区别开来。中国在过去40年对基建有足够的投资，基础设施的存量获得倍增。以交通运输为例，40年来铁路、公路和水路的总里程大约翻了5倍，港口和机场的数量翻了3倍，这对我们过去的经济增长功不可没。正因为基建在中国容易做到，所以政府在经济下行时常常会有扩大基建投资的想法。

不过，在宏观稳定方面巧用基建虽然可能一箭双雕，但它也是一把双刃剑。若短期搞基建过多过猛，会反过来威胁宏观经济的稳定。我们过去的基建投资虽然对刺激需求发挥了正面作用，但多数情况下也制造了经济过热和宏观不稳定。我想这是今天很多经济学家对“基建”二字还心有余悸的根源。

所以，政府采用通过大规模基建投资来稳定宏观经济波动的处方也不是没有条件的。作为公共资本，基建投资不仅是高度资本密集和土地密集的，具有很高的机会成本，它也受制于边际报酬递减的规律。当基础设施存量不断扩大之后，持续新增同类基建投资对GDP的边际贡献就会快速下降。

另外，考虑到基建项目通常要耗费较多的土地和资金，而且随着土地变得越来越贵，信贷的生产率越来越高，基建投资面临越来越高的机会成本。所以，基建在拉动短期需求和促进经济长期增长方面，必然面临越来越艰难的选择。

这就提醒我们，在稳增长方面，若能更好地在短期与长期之间权衡，在需求冲击之下谨慎地选择和推出那些日后对推动整个经济的生产率增长可发挥更大作用的基建项目，不失为一箭双雕的聪明做法。因此，对当前的发展阶段而言，仍不可否认基建对于持续的经济发展依然是重要的，但此一时彼一时，应与早期的做法有所不同，我们现在更多地需要立足可持续发展的原则来考虑基建投资的重点和方向，为此需要遵循效率与财务双重约束原则并且事前要做好充分的成本—收益分析，以免造成中长期的拖累。

所谓效率原则，就是指基建投资要符合资源配置的效率原理。基础设施有正面的外部性，所以经济回报率的高低取决于它能“挤入”多大的生产性投资活动。一般而言，相对于市场经济活动的需求，在基础设施越是不足的地方，政府投资基建对生产部门的挤入效应也越强，基建投资的经济回报也就越高。而“拥挤”的地方一定是经济活动比较密集的地方，这些地方除了需要不断更新现有的基础设施存量，也需要新增投资来扩大存量。所以不难理解，更多的基建投资需求往往来自经济最发达的东部地区，特别是广东和长三角地区。如果为了对冲短期的需求震荡而过多地在那些偏远落后地区搞大规模基建投资，往往得不偿失。

除了经济回报的考虑之外，基建投资也要遵循财务回报原则。虽说基础设施投资的短期财务回报率不高是不争的事实，但这并不意味着基础设施投资项目不能收回成本或不能实现财务的（跨期）平衡。即便大多数项目有强烈的正外部性，也应该尽量基于市场原则来考虑其收回成本和财务平衡的可能性。以轨道交通为例，考虑到地铁通车对周围土地价格有正面影响，如能以某种方式将该影响内部化，则有助于在项目的投资过程中实现财务平衡。上海的地铁投资就是通过沿途基层政府以土地入股组建项目公司的方式来间接实现财务平衡的。地铁通车后，周边土地升值，带动房地产市场，基层政府获得土地批租收益，实现投资回报和财务平衡。至于那些可以产生收入流量的收费型基建项目，例如收费公路和桥梁等，现有的金融手段包括资产组合证券化也都是可以通过市场来满足短期财务平衡和长期盈利目标的。

最后也要说到，不管新旧，基础设施投资的特点是周期长、投资大、财务回报率低，而且往往需要超前规划，它的不确定性大，因而事后风险也大。从这个意义上说，基建项目与整体经济发展规划的协调变得特别重要。关于这方面，我们的教训不少。即使这次新冠肺炎疫情暴露出的在医疗和抗灾基础设施领域中的短板需要加以弥补与改善，也还是需要有整体的考虑，并与地方经济社会的发展目标和规划相协调，要科学估计（潜在）需求的分布，不宜一刀切和一窝蜂，更要防止搞成形象工程与政绩工程。一旦违背经济和财务原则而仓促上马各种项目，就可能因闲置设施而浪费资源，也会产生新的债务负担，拖累经济发展。

总而言之，基建是个好东西，因为它常常不够，搞得好则一箭双雕。对于不容易搞的国家，要把基建搞起来还是很难，而容易搞的国家又容易搞过头。短期与长期，公共与私人，成本与收益，这些都要权衡抉择，但知易行难，难免顾此失彼。对中国而言，不管怎么说，我们已有较高水平的基建存量，不到万不得已，基建投资节奏无须绷得太紧，这样可以留出更多的时间做更周密的考虑，尽量减少失误，有利于长远发展。

◎ 中国是如何通过国际大循环实现经济追赶的*

中国是极少数战后能成功实现较长时期高速增长的经济体之一。结合人口规模来看，中国的增长堪称奇迹。以出口品的技术复杂度和科技进步的速度来衡量，中国也是后来者中技术学习最快的国家之一。考虑到40年前极低的起点和普遍贫困的状况，中国今天的成功经验对其他后来者是具有参考价值的。

中国所实现的快速的技术进步及经济发展的成功来自它在1978年作出的发展战略上的根本转变。它放弃了教条主义和不切实际的赶超思想，在给予原有的不符合比较优势的产业必要的保护补贴以维持稳定的前提下，通过市场化的改革和开放政策，积极创造条件让符合比较优势的产业快速变成竞争优势，并通过资本的快速积累和符合比较优势的部门的快速扩张，不断矫正不符合自身优势的经济结构，为消除转型期的各种扭曲创造条件，在稳定和快速发展中过渡到完善的市场经济体系。在此过程中，中国努力改革其管理经济的体制去适应这些变化，并制定

---

* 本文为牛津大学出版社于2019年出版的*How Nations Learn*（Arkebe Oqubay和Kenichi Ohno主编）一书的第八章，作者为北京大学新结构经济学研究院院长林毅夫和复旦大学经济学院院长张军，原标题为“China: Learning to Catch-up in a Globalized World”。原文为英文，中文文本于2020年8月23日发表于“澎湃新闻”，文章由石烁翻译，张军修订。

一系列行之有效的工业化政策，把中国从一个相对封闭的经济体变成在制造业上具有全球竞争优势的世界工厂。

中国的经验也指出了战后延续至今的发展经济学的缺陷。已有的发展经济学对后来者的赶超战略的建议没能遵循产业结构演变的内生逻辑，忽视了资源和要素禀赋的结构在成功的工业化战略中的决定性影响。由林毅夫倡导的发展经济学的第三波理论，即新结构经济学，它基于战后那些包括中国在内的成功实现追赶的高成长经济体的经验，强调了基于要素禀赋结构的动态比较优势原理在实现工业化和快速经济增长中的重要性。根据新结构经济学，后来者在工业化中务必摈弃现成的教条，尊重和正视自身的初始条件、要素禀赋结构和经济制度等制约条件，从实际出发，用看上去是次优的方式，逐步克服各种约束条件，在学习中不断积累物质资本和人力资本，小步快跑，实现从技术模仿到技术创新的转变。

一、导言

虽然这些年经济增速有些放慢，但从1978年开始，中国经济在过去40多年里还是保持了年均9%以上的增长率。这使得中国的人均GDP从1978年的不足200美元提高到2017年的约8700美元。考虑到中国有将近14亿的人口，8700美元的人均水平让中国的GDP总量约为12万亿美元，中国占世界经济的比重从1978年的1.8%提高到2017年的15%左右，成为仅次于美国的世界第二大经济体。2010年，中国的货物出口超过德国，成为世界第一大出口国，而且97%以上的出口产品是制造业产品，中国也因此成为18世纪工业革命以来继英国、美国、日本、德国之后的世界工厂。不仅如此，中国的技术进步和出口产品的技术复杂性提高迅速，与发达经济体的差距大幅度缩小。作为全球重要的制造大国，中国在全球生产链中的地位持续上升，不仅出口的附加值显著提高，技术进步加快，而且正在从技术模仿者向创新者转型。

由于经济快速发展，中国的城镇化进程在加速推进，城市化率从1978年的18%上升至2016年的57%，保持了年均一个百分点左右的增长速度，这也意味着平均每年新增了1000多万的城市人口。正是得益于快速的经济增长，中国也为世界的减贫工作作出了贡献。

这一切来之不易。中国在20世纪50—80年代实行了计划经济并推行重工业优先发展的进口替代战略，放弃了后来者的优势，试图借助自力更生的工业化战略实现对发达经济的追赶。这一违背比较优势原理的发展战略让中国丧失了其作为后来者可以学习先行者技术的机会。在将近30年的时间里，中国并没有摆脱全面的贫困。到1978年，中国的人均收入水平连撒哈拉沙漠以南非洲国家平均收入的1/3都没有达到。此外，有81%的人口生活在农村，84%的人口生活在每天1.25美元的国际贫困线之下。

在这期间，不断的政治运动，特别是经历长达10年的激进的“文化大革命”运动之后，中国经济几乎到了崩溃边缘。1977年12月，据时任国务院副总理李先念在全国计划会议上的估计，“文化大革命”造成的国民收入损失约为5000亿元。这个数字相当于新中国成立30年全部基本建设投资的80%，超过了新中国成立30年全国固定资产的总和。

在这么一个初始条件下，1978—2017年，得益于不切实际的发展思想向务实的发展范式的转变，加之推行市场化的改革和对外开放，中国经济实现了连续40年平均每年9.5%的增长，并且中国的对外贸易保持着平均每年14.5%的增长速度。在人类经济史上，不曾有任何国家或地区能以这么高的速度持续这么长时间的增长，也没有任何一个国家能够这么快速地从封闭经济体变成开放经济体。

把中国取得的经济成就归因于改革开放当然是对的。但是，作为工业化的后来者，它真正的成功之处在于从一开始就把握住了向先行工业化国家和先进经济体学习的机会，并能够利用这些机会充分发挥其作为后来者的优势，快速推动了本土的工业化和经济转型，最终得以恰当地融入全球经济，成为全球经济和贸易增长的最重要贡献者。作为大国，中国毫无疑问是战后最成功的学习者。

那么，40年前，中国是如何转变其思想并开始其学习之旅的呢？为了回答这个问题，我们将首先回顾和讨论1978年以来中国在发展战略上所发生的重大转变以及促成这些转变的触发因素。其次，我们将讨论20世纪80年代中国是如何从自力更生的工业化转向基于其后来者优势的工业化的。在这里我们把注意力转向华南的经济特区在政策学习和技术学习中所扮演的重要角色，以及珠江三角洲作为出口加工区的崛起。由于放弃了自计划经济时期以来执行的违背比较优势原理的工业化战略，中国就需要顺势对原有计划管理体制进行改革以推动计划经济向市场经济的转型。我们将看到，中国谨慎地在制度改革和向市场经济的转轨中使用了双轨制策略，这确保了转型进程的平稳，避免了东欧转型时出现的动荡和L型增长。

在第三部分，我们将目光转向以上海为中心的长江三角洲。作为中国相对最发达的地区，这里成为20世纪90年代之后向外资开放和加快制造业参与全球生产链的规模更大的试验区。该地区的崛起除了得益于早期珠江三角洲加工出口的发展以及人力资本和物质资本的快速积累，更因为中国在90年代决定开发上海浦东，由此推出一系列市场化的改革政策，并开始实行关于外国直接投资（FDI）的更加开放的政策。长江三角洲的崛起不仅加快了中国与全球经济的一体化，更是让中国通过鼓励与FDI组建合资企业和独资企业而获得技术和管理上的巨大进步。

中国今天已经是全球第二大经济体和第一大货物贸易国。中国过去几十年在技术学习和小步快跑的工业化战略上取得的成功，有很多值得总结的经验，并对其他后来者有借鉴的价值。我们将在最后部分从理论上回答为什么过去40年中国会成为好学生。

二、 发展范式转变的起点：先行者的试验

（1） 他山之石，可以攻玉

2018年，中国迎来改革开放40周年。1978年，74岁的邓小平同志在被政治运动打倒三次之后，刚刚回到领导岗位不久。由于其资历和影响力，尽管并不担任最高领导职务，邓小平同志仍被公认为党和国家的实际领导人。我们并不知道1978年最高层发生了什么，但是这一年看上去非同寻常。1978年12月18—22日在北京召开了著名的中共十一届三中全会，会议决定终止“文化大革命”，将注意力转向经济发展和对外开放。但是在这个会议召开之前，中共领导人在更大范围内秘密召开了长达36天的工作会议，邓小平同志在会上希望并劝说党和国家的领导人能够就转向经济发展和对外开放的建议达成共识，同时呼吁党内人士解放思想，摈弃让中国深受其害的乌托邦和教条主义，转向务实主义的发展战略。

据说有多个重要的报告在工作会议上被分发学习，其中一些报告是基于一些领导人和政府部门对外部世界的考察写出的。是的，中国封闭自己已经超过20年之久。而就在1978年，邓小平同志鼓励领导人出国考察。由于安排了13位领导人到欧洲和亚洲的多个国家考察，这一年后来被称为出国年。邓小平同志本人去了日本和新加坡，看到了发达国家的先进技术和更高的生活水平。他坐上了日本的新干线高速列车，参观了松下电器公司，对中国的落后感慨不已，更对新加坡如何利用外资发展出口表现出极大的兴趣。

1978年4月，国家计划委员会和外贸部也曾组织了“港澳经济贸易考察团”去香港和澳门考察。回到北京后，考察团向国务院提交了一份《港澳经济考察报告》，报告建议把靠近香港的宝安县（即后来的深圳）

和靠近澳门的珠海县划为出口基地，力争三五年里建设成为对外生产加工基地以加强内地与香港和澳门的经贸联系。这个建议的理由很简单，香港的地价和劳动力价格都太昂贵，如果能在珠海和宝安建立一些与出口加工和航运有关的工业区，既可以充分发挥广东的土地和劳动力的比较优势，又可以利用香港、澳门的资金和技术，可谓一举两得。

以时任国务院副总理谷牧为团长的代表团在1978年5月访问了欧洲，特别是联邦德国，历时36天。访问期间，欧洲经济的自动化、现代化、高效率给考察团成员留下了深刻印象。他们看到：联邦德国一个年产5000万吨褐煤的露天煤矿只用2000名工人，而中国生产相同数量的煤需要16万名工人，是前者的80倍；瑞士一个水力发电站的装机容量为2.5万千瓦，职工只有12人，而当时我国江西省江口水电站的装机容量为2.6万千瓦，职工却有298人，高出20多倍；法国马赛索尔梅尔钢厂年产350万吨钢，只需7000名工人，而中国武钢年产230万吨钢，却需要67000名工人；法国戴高乐机场1分钟起落1架飞机，1小时起落60架，而北京首都国际机场30分钟起落1架，1小时起落2架，还搞得手忙脚乱。

1978年6月回国后，谷牧副总理向邓小平同志和其他领导人汇报了出访情况。领导人在3个月里连续20多次召开会议听取和研究这些国外的考察报告，形成了中国应抓住机遇发展经济的基本想法。1978年9月12日，邓小平同志在访问朝鲜时同金日成说："我们一定要以国际上先进的技术作为我们搞现代化的出发点。"[1]

（2）　让部分地区先行一步

得知港澳考察报告的建议和中央领导人的初步想法之后，1978年6月20日，宝安和珠海所在的广东省便着手研究关于迅速开展对外加工装

1　中共中央文献研究室：《邓小平思想年谱（1975—1997）》，中央文献出版社1998年版，第76页。

配业务和建设宝安、珠海两县的问题。10月23日，广东省向国务院上报了关于宝安、珠海两县出口基地建设和市政规划的设想。1979年3月5日，国务院同意两县改设为市并明确提出要吸收港澳同胞和华侨的资金，合建工厂。

与广东省该项提议不谋而合的，还有香港招商局集团提出的要在宝安蛇口建立工业区的方案。招商局是清朝北洋大臣李鸿章于1872年创办的，已有100多年的历史。时任香港招商局集团常务副董事长袁庚建议，在靠近香港的蛇口建立工业区，利用其廉价的土地和劳动力，加上香港的资金和技术，此处可以发展加工出口。1979年1月6日，蛇口工业区的方案报送至国务院，中央同意划出2.14平方千米来建设工业区并确定特殊政策，在税收、关税等方面给予优惠。1979年7月20日，蛇口工业区破土动工，成为中国第一个出口加工区。

受亚洲四小龙利用外资和外国技术加快经济发展的影响，广东省希望中央向广东放权，抓住先行者产业转移的机会，让广东充分发挥自己的后来者优势，先行一步。除了蛇口工业区之外，考虑到与香港毗邻的地理优势和潮汕地区众多华侨的力量，广东希望也能在汕头搞出口加工试验。也就是说，广东希望在与香港和澳门接壤的汕头、宝安、珠海三个地方搞出口加工试验，利用外资，引进先进技术设备，搞补偿贸易和加工装配，进行合作经营。为此，广东向中央提出在深圳、珠海、汕头根据国际惯例划出一块地方，对其单独进行管理，将其作为华侨、港澳同胞和外商的投资场所，并按照国际市场的需要组织生产。名称初步定为“贸易合作区”。

除了广东，靠近台湾岛的福建省也提出在厦门建立出口加工区的要求，希望利用侨乡优势，积极吸收侨资侨汇，大力发展加工出口。1979年7月15日，中央决定在广东的深圳、珠海、汕头和福建的厦门，划出一部分区域试办出口特区，给地方更多的自主权，发挥比较优势，吸引外资，把经济搞上去。同时建议先在深圳和珠海试验，取得经验后再考虑汕头和厦门。此外，特别强调把深圳的出口特区办好。[1]

四个经济特区的面积数深圳特区的最大，达327.5平方千米。此前经国务院批准，香港招商局集团投资兴办的蛇口工业区也划为深圳经济特区的一部分。珠海经济特区面积为6.81平方千米，汕头经济特区面积为1.6平方千米，厦门经济特区面积为2.5平方千米。最初批准划定四个特区的面积总共为338.41平方千米。之后，珠海、汕头、厦门经济特区的区域范围有所扩大，到1990年底，四个特区的面积扩大到632.1平方千米。

1980年9月，时任国家进出口管理委员会副主任江泽民，带领由国务院有关部门，广东、福建两省，深圳、厦门两个特区的负责干部组成的小组，到斯里兰卡、马来西亚、新加坡、菲律宾、墨西哥、爱尔兰六国的出口加工区、自由贸易区进行考察，为特区建设提供了国际经验的支持。他们的基本看法是：无论国家穷富、无论实行何种经济制度，用建立经济特区的特殊办法来利用外资、引进技术和进口设备、促进经济繁荣、提高国际竞争力，是一条十分重要的途径。

设立经济特区的直接目的是划出特别区域作为桥梁和窗口，实行特殊和优惠的政策，以吸引外资、技术、知识和管理技巧（management know-how）。经济特区作为发展范式转变的一个推手，是中国开启向外部世界学习政策和技术之旅的起点。由于中国长期处于封闭的计划经济和大量的制度扭曲中，在20世纪70年代末，中国要全面开放去融入全球经济是不现实的。在靠近香港、澳门和台湾的地方设立特区，显然是一个务实而理性的决策。更重要的是，广东和福建两省不在计划经济时期的

1　1979年2月，国务院正式下达了38号文件，明确提出在宝安建立出口基地和新型的边防城市。为了凸显宝安的重要性，1979年3月中央和广东省委决定将宝安县改成深圳市并在后来改为省辖市。

核心地带，所以跟上海、天津和东北那些重工业化地区不同，包括深圳在内的这四个特区并不面临计划管理体制的严重束缚，可能更容易适应与香港和外部的联系。这可以帮助我们回答为什么中国一开始没有在上海、天津这些条件相对更好的城市建立经济特区的疑问。

（3） 深圳特区的加工出口

从1980年下半年起，四个经济特区相继开发建设。为了解除开发之初的财务约束，特区突破了国家规定的土地不能有偿转让给外国投资者这一法律禁区，尝试收取土地使用费，以地生财。深圳特区率先尝试了有偿使用国家土地的制度。1982年，深圳起草颁布了《深圳经济特区土地管理暂行规定》，率先对划拨土地进行了有偿、有期使用的改革。该规定还说明了各类划拨用地的使用年限及土地使用费的标准。其中，工业用地最长年限为30年，商业用地20年，商品住宅用地50年，教育、科技、医疗卫生用地50年。[1]1987年之后开始出现土地出让或者批租的尝试。在这个制度下，取得土地的投资者或开发商，为了获得一定年限的使用权，需要缴纳一笔出让金。1987年的下半年，深圳特区曾分别将三块土地先后以协议、招标和拍卖的方式出让使用权，并获得地价款2000余万元。[2]

在总结土地有偿使用和土地出让试验的经验基础上，《深圳经济特区土地管理条例》于1988年1月3日正式实施。该条例明确规定土地使用权和所有权相分离。政府拥有土地的所有权，而土地的使用权不但可以出让，还可以转让、抵押、出租。就在同年4月，中国将“土地使用权可以转让”写入了《宪法》，等于追认了深圳土地制度改革的合法性。在1992

1 暨南大学经济学院经济研究所和深圳市科学技术协会合作编写的《中国经济特区研究》（1984）提供了详细的介绍。

2 这个数据来自陈善哲（2004）在《21世纪经济报道》发表的《深圳个案凸现土地使用权与房产权的“时差”困局：土地到期“空中楼阁”告急》一文。

年邓小平南方谈话之后，地方政府的土地批租制度开始在特区之外被广为采用，极大克服了地方政府在公共资本支出中的融资约束。

另外，借助国家给予的税收优惠等政策，积极吸收和利用来自香港、澳门和台湾的资本，从国际金融市场等借贷款，通过中外合资和合作经营建设基础设施等，以上形式帮助解决了基础设施投资所需要的资本。

深圳等经济特区也获得了中央和广东省给予的财政分权和一系列其他的特殊政策，如允许在基础设施开发建设、经济管理体制、引进外资和技术、劳动和工资、外汇、引进外资银行等方面制定不同于中国其他地方的特殊政策，允许突破特区所在省的计划经济管理体制和行政管理模式，建立包括劳动力、土地和资本的要素市场。

深圳关于劳动就业制度的试验是1980年左右在蛇口的外资和合资企业中开始的，之后推广到整个深圳特区。1982年，深圳根据蛇口的经验，把劳动合同制作为特区的主要用工形式。企业高级管理人员、政府部门主管的任命在蛇口工业区改革为聘任制度，同时取消职务终身制度，任期一般为两年。这样的改革试验显然加快了管理部门的人力资本的更新速度，为职业经理人市场的建立和后来向公司治理模式的转型奠定了基础。

深圳率先在全国建立起了由劳动保险公司统筹办理的“社会劳动保险基金”。这个基金负责解决劳动合同执行中因解雇和辞退等原因导致的职工困难补贴和退休金的来源问题。基金由企业和职工按月缴纳。在这个制度的试验中，深圳采取了“老人老办法，新人新办法”的双轨过渡方式，以避免因就业体制转轨而引起的社会成本过高的问题。实际上，这个试验对其他地区改革劳动就业制度提供了重要的经验。

从1980年起，一批投资先行者开始进入经济特区。到1983年，累计批准外国直接投资项目522个，协议利用外商投资金额29.1亿美元，外商

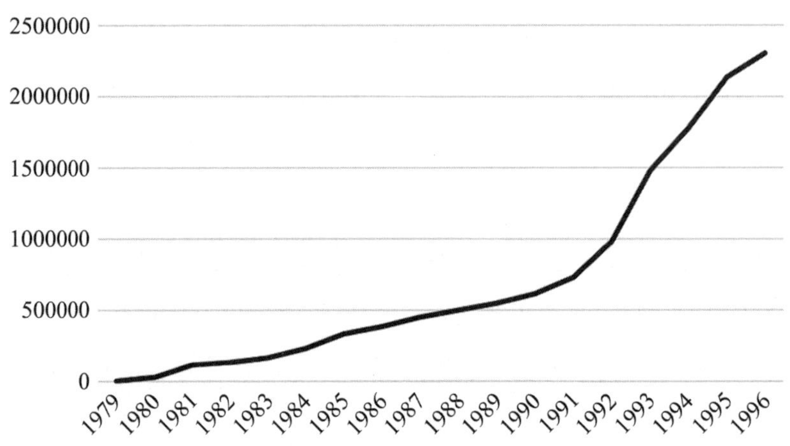

图1　1979—1996年深圳特区协议利用外资的累计金额

数据来源：根据历年《深圳统计年鉴》整理。

实际投入3.99亿美元，平均每年实际吸收外资近1亿美元。其中深圳特区最为突出，仅1985年一年协议利用外资就超过10亿美元，批准各种外商投资企业超过500家。外资大多投向资金少、风险小、周转快的项目，主要是加工装配生产，也包括房地产项目。图1显示了深圳特区协议利用外资累计金额的变化曲线。20世纪90年代之后，随着中国承诺更深度的开放并加快了向市场经济的转型，深圳对外资的吸引力明显提高。

在深圳经济特区成立的最初几年，由于缺乏技术设备和熟练工人，加之基础设施差，基本建设投资很少，深圳只能因地制宜以“来料加工”的方式承接来自香港的小规模订单。这种简单的组装加工涉及服装、金属和塑料制品。当时的香港正经历严重的通货膨胀，实际工资与地价都在上升。这极大地增加了香港制造业的生产成本，而制造业正是当时香港经济的基石。同时，组装加工工作对技术要求不高。香港本地生产成本高，而组装加工技术门槛低，这促使香港将组装加工工作转移

表1　1987—1996年深圳特区出口货物情况

单位：万美元

年份	1987	1988	1989	1990	1991
出口货物总值	203520	332167	433845	505152	559565
1.一般贸易出口	68898	117416	137394	139613	113790
2.进料加工贸易出口	n.a.	91847	156525	222488	291094
3.易货贸易出口	n.a.	76	112	137	66
4.补偿贸易出口	947	901	788	597	218
5.来料加工装配成品出口	78803	116483	136153	140085	152954
6.出料加工出口	n.a.	361	370	2228	1437
7.其他出口	n.a.	5056	2511	4	6
年份	1992	1993	1994	1995	1996
出口货物总值	628362	648271	888175	894089	910352
1.一般贸易出口	141932	116648	235170	185756	122589
2.进料加工贸易出口	333948	398497	519561	583177	645535
3.易货贸易出口	25	917	1375	24	169
4.补偿贸易出口	88	555	2	346	713
5.来料加工装配成品出口	151661	131205	130992	109239	94462
6.出料加工出口	703	382	169	96	169
7.其他出口	5	67	906	15451	46715

注：1. 1993年起，易货贸易取代了之前的边境小额贸易。2. 1987年的数据不完整，n.a.表示无此数据。

数据来源：根据历年《深圳统计年鉴》整理。

到了深圳，并且不需要太高的资本支出。表1给出了1987—1996年这10年间深圳特区出口货物的详细构成，其中来料加工装配成品出口和进料加工贸易出口成为加工出口的主要形式。实际上，从深圳等四地开启特区试验到21世纪头几年，加工出口（processing exports）始终成为中国出口的主要贡献者。在20世纪80年代早期，由于深圳特区的存在，广东省的加工出口占据了中国的半壁江山。

加工出口也是大多数后进国家促进出口的一种常用方式，它通过豁免进口中间品和零部件的关税来促进出口增长。在东亚新兴工业化经济体中，加工出口的流行形式是本土企业的“进料加工”（processing with imported materials，PIM）。而在中国，由于早期本土企业技术装备落后并缺乏足够的人力资本，在深圳甚至整个珠江三角洲地区的加工出口至少在20世纪80年代多为“来料加工”（processing and assembling, P&A），甚至设备也由外商提供，本土企业仅赚取微薄的加工费（Lardy, 1994; Sung, 2001）。

进入90年代以后，随着上海浦东的开发和长江三角洲地区的开放，中国在政策和法律上加大了对外国直接投资的鼓励，本土企业特别是私人企业被鼓励与外国公司组建合资企业。这一做法不仅促进了加工出口，而且得益于来自香港地区、台湾地区、日本、韩国和欧美发达国家持续的在华投资，中国更快地参与到了全球生产链中。正是由于外商企业在长三角地区的不断增加，尽管加工出口依然占据中国出口的半壁江山，但进料加工开始逐步取代来料加工的地位。以1992年为例，这一年进料加工在中国出口货物总值中的比重已经上升到了28.6%，比来料加工高出10.6个百分点（Sung, 2007）。

今天，深圳特区以及广东省的东莞、佛山、中山等一跃成为中国最具创新活力的地方，聚集了一大批中国最有国际竞争力的公司如华为、腾讯、比亚迪、大疆等，深圳也成为当今中国的一线大都市。这些成就在20世纪80年代初是根本无法想象的。公允地看，在80年代初，深圳等特区所提供的示范效应、创业活力以及其利用更灵活的政策促进经济发展的能力，毫无疑问对之后中国经济改革的影响都是有益的。

三、长三角的崛起和参与全球化

（1）上海和长三角的开放

在深圳特区成立10年后，上海浦东的开发和上海的全面开放才提上议事日程。把浦东和上海的开放视为推广经济特区先行者经验的结果再恰当不过。目前，以上海为中心的长江三角洲是中国经济最为发达的地区，跟广东一起称为中国的制造业中心。尽管上海的开放比经济特区迟了10年，但基于广东在开放和经济改革中先行的经验，上海和以上海为龙头的整个长三角地区被中央政府赋予经济转型和实现与世界经济融为一体的更高使命。

长三角的工业崛起以上海浦东新区的开发为标志。作为后来者，浦东（上海的母亲河黄浦江的东岸）于1990年4月被中国政府批准获得以超越经济特区的待遇向外资开放。基于深圳特区的经验，上海决定向深圳学习，首先在浦东新区实施“三为主”的政策，即以三资企业（合资、独资和合作企业）为主、以出口为主、以参与国际市场竞争为主。另外，同样基于深圳特区的经验，上海意识到必须培育要素市场体系，建立包括证券、资金、技术、房地产、劳务、生产资料等在内的要素市场，要使生产要素在浦东能够聚集，产生巨大的市场能量。

上海也意识到，能否突破融资约束决定了浦东开发能否成功。浦东开发的资金需求量很大，如何解决融资问题非常重要。于是，上海政府代表团决定去深圳经济特区取经。对深圳的考察让上海认识到，需建立更多的地方非银行金融机构进行投融资，同时要允许和鼓励各商业银行在浦东设立分行，把金融做大。

为此，浦东出台了一系列的政策，包括对区内生产性的三资企业减免所得税，对进口必要的机器设备、车辆、中间品、建材等免征关税。鼓励并允许外商在区内投资兴建机场、港口、铁路、公路、电站等能源交通项目，从获利年度起，对其所得税实行前5年内免征，后5年内减半征收。允许外商在上海（包括在浦东新区）增设外资银行，先批准开办财务公司，再根据开发浦东的实际需要，允许若干家外国银行设立分行。同时，在浦东新区设立保税区，允许外商贸易机构从事转口贸易，以及为区内外商投资企业代理本企业生产用原材料、零配件进口和产品出口业务。在区内实行土地使用权有偿转让的政策，使用权限50—70年，外商可成片承包土地进行开发。

为了更好地推动土地批租的试点，上海率先成立了土地管理局，而且还成立了批租办公室。上海的市、区两级土地管理机构开始组织城乡土地普查、勘丈、确权、登记和发放土地证的工作，建立了较为完整的地籍档案和规范的地籍管理系统，成为上海开展土地批租试点及大规模推行土地有偿使用制度改革的基础。

另外，为了更好地学习香港土地批租的经验，早在1986年8月，上海就派出考察团赴香港考察，进一步了解香港土地批租的特点、房地产市场发展的经验教训以及听取香港方面关于上海试行土地批租需要具备的条件、如何吸引外商来上海租地经营的建议等。后来上海还聘请了梁振英（在2012—2017年间担任香港特别行政区行政长官）等7位香港专业人士担任上海土地批租的咨询顾问。[1]

上海在土地批租试点的方向上提出以向国际出让为主要方向，以国际招标为试点起步方式，通过外汇收取出让金，尽可能参照国际惯例进行试点。1988年8月8日，上海虹桥经济技术开发区（26号地块）通过国际招标，以2805万美元的中标价成功转让使用权50年，在海内外引起剧烈反响。之后土地批租试点很快扩大到了虹桥28-C地块并协议出让了第

1　张军在《不为公众所知的改革：一位经济学家的改革记述》（修订版）里提供了对这段历史的回顾。

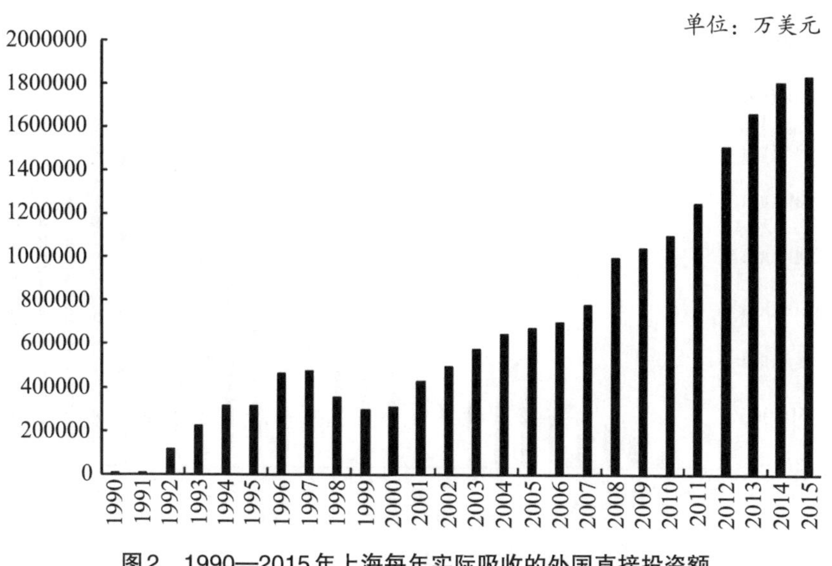

图2　1990—2015年上海每年实际吸收的外国直接投资额

一块工业用地，即上海漕河泾齐来工业城。

上海还制定了中国第一个允许国有土地使用权转让的地方法规。在这部地方法规试行4个多月后，即1988年4月12日，第七届全国人大一次会议通过了《中华人民共和国宪法（修正案）》，第十条第四款“任何组织或者个人不得侵占、买卖、出租或者以其他形式非法转让土地”修改为“任何组织或者个人不得侵占、买卖或者以其他形式非法转让土地。土地的使用权可以依照法律的规定转让”。自此以后，“土地批租”逐步成为地方政府财政收入的重要补充来源。更重要的是，土地批租强化了地方政府对地方发展规划、基础设施建设与更新的管理，对房地产市场以及地方政府招商引资的横向竞争发挥了巨大作用。

由于上海浦东的开发和上海的开放带来的辐射效应，整个长三角地区（包括江苏省和浙江省）加快了产业升级与全球生产链融合的步伐。江苏和浙江两个省的政府积极对接上海的开放和优惠政策，实施了以招商引资推动和提升本土工业化的战略。一个很好的例证是1993年新加坡总理李光耀最终决定在江苏省的苏州市建立工业园区。尽管苏州被李光

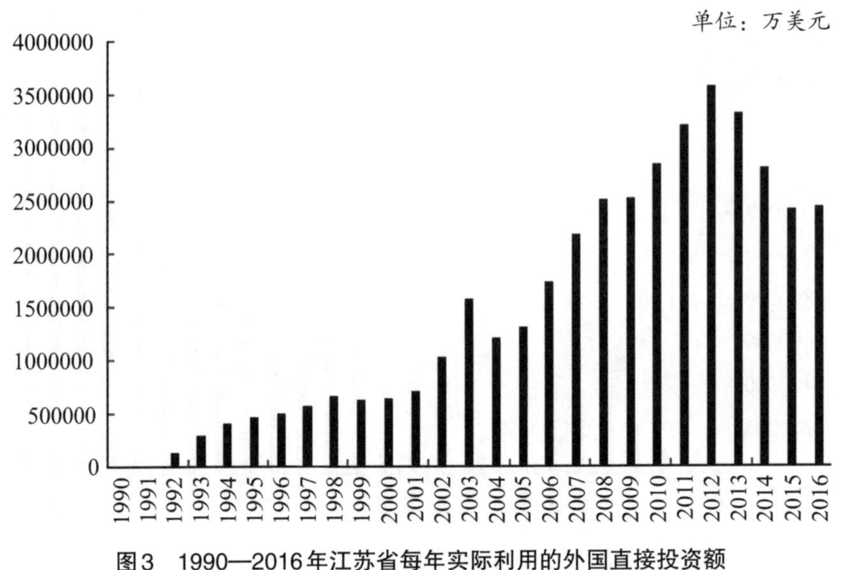

图3　1990—2016年江苏省每年实际利用的外国直接投资额

耀选中有多个原因，但最重要的原因是浦东新区的开发和上海的开放，使得邻近上海的苏州预计在未来发展中将享有上海巨大的外溢效应。在1993年，新加坡工业园的备选城市还包括山东省的青岛、烟台等，那里的基础设施好于苏州，但考虑到上海要规划建设浦东国际机场并向外资全面开放，加上上海到江苏省省会城市南京的高速公路将于1996年建成通车，苏州将会与上海产生更紧密的经济联系。

事实上，如图3所示，得益于上海的外溢效应，加上当地早期受上海影响而发展起来的制造业基础，苏南地区很快成为外国直接投资的主要目的地，实际利用外国直接投资额持续增加。如今世界500强中有接近400家公司落户江苏省，包括美国、欧洲、日本、中国台湾和韩国的企业。苏州管辖的昆山县和苏州的新加坡工业园也成为台资电子企业和包括韩国三星在内的著名外企进行电子消费品生产的集聚地。

自90年代中以来，依托与上海的联系，浙江省同样获得加速升级工业化和对接全球生产链的机会。由于以村镇为中心的私人经济和基于专业市场发展起来的更广泛的国际市场网络，浙江的私人制造企业早在20

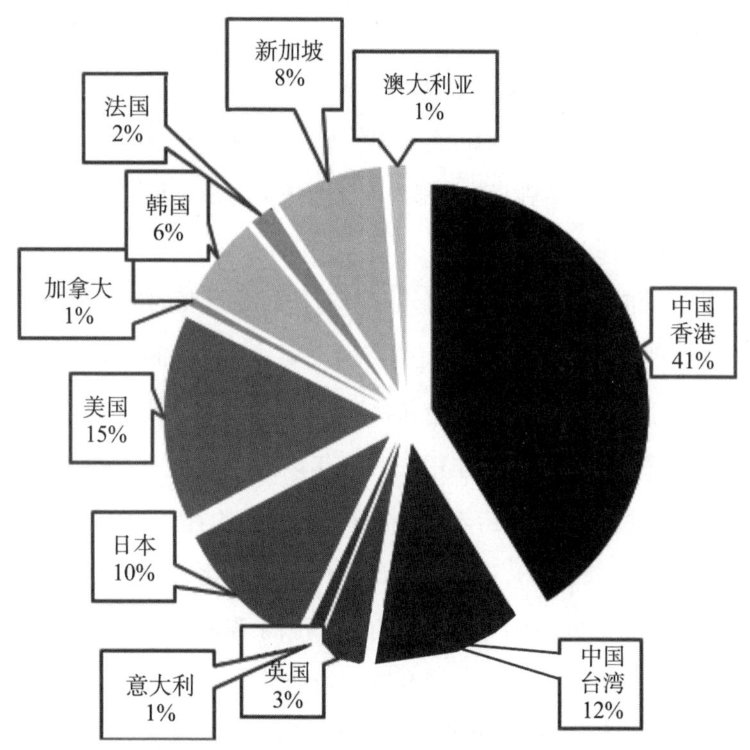

图4　浙江省2000年外国直接投资的来源地分布

世纪80年代就形成了很好的加工产业链。90年代后，随着上海的开放，浙江的产业升级加快，嘉兴、杭州和宁波均因靠近上海的区位优势而成为外商和跨国公司的目的地。浙江也成为中国当下许多著名的互联网公司（如阿里巴巴、网易等）的诞生地和集聚地。

无论上海还是江苏和浙江，在外国直接投资的来源中，除中国香港、中国台湾和新加坡外，日本、韩国、美国和欧洲的跨国公司在长三角的投资中占有重要地位。与中国本土企业组建合资企业或建立外商独资企业成为这种投资的主要形式。图4显示了2000年各主要国家和地区在浙江省实际吸收的外国直接投资中所占的份额，这种情形跟上海和江苏非常类似，从一个侧面反映了外国直接投资对于引导中国制造业参与全球生产所发挥的重要作用。

Whalley和Xin（2006）的研究显示，2002年以前，来自中国香港、中国澳门和中国台湾的投资占据中国大陆FDI的主要地位。1979—1992年，来自港澳台的投资占FDI流入额的66%，1993—2001年这一比例为55%。2002年之后，尽管FDI的来源地分布更为分散，但来自港澳台的资本仍稳定地维持在40%左右。

为什么香港在中国大陆吸引外资中占据如此重要的地位？不少学者都强调了地理与文化联系对招商引资的重要作用。Naughton（1996）指出，由于地理和文化联系，香港和台湾在中国大陆特别是广东和福建的外国直接投资中发挥了关键作用。1991年以前，FDI在中国GDP中所占的比重从未超过1%，而在广东和福建，FDI占各省GDP的比例分别为40%和10%。Gao（2005）进一步指出，地理与文化纽带影响着FDI的流向。流入中国80%以上的FDI都来源于亚洲国家和地区，而来自与中国大陆有文化联系的中国香港、中国台湾与新加坡的投资占了60%。这些粗略的估计表明，中国吸引FDI的能力大部分源于其天然优势，而这些都是其他发展中国家难以复制的。

尽管不排除华人文化的影响，但对于FDI落户真正起到决定作用的还是制度、政府治理以及良好的基础设施。以基础设施为例，Cheng和Kwan（2000）通过分析1985—1995年间落户中国29个省的FDI数据发现，地区基础设施状况是外国投资者选址决策的重要决定因素之一。基础设施越完善，对FDI的吸引作用越强。陈建军和胡晨光（2007）以长三角地区1981—2005年的数据为样本，也发现无论是短期还是长期，该地区基础设施投资都是吸引FDI流入的原因。刘琳和赵博（2015）基于1997—2010年中国30个省的实际FDI和协议FDI数据研究发现，基础设施建设与外资到位率呈显著正相关关系。

总体而言，基础设施作为东道国的基础条件之一，有助于提升私人投资效率，对FDI区位选择具有显著的正向效应。1990年之后，中国在

表2　2016年中国实际利用外资在第二产业各行业分布情况

单位：亿美元

第二产业行业	实际利用外资金额	比重
采矿业	0.96	0.24%
制造业	354.92	88.26%
电力、燃气及水的生产和供应业	21.47	5.34%
建筑业	24.77	6.16%
合计	402.13	100%

数据来源：商务部外资统计。

基础设施建设方面取得跨越式提升，为FDI的流入提供了强大的推动力。至于如何解释中国拥有良好的基础设施，根据张军等人（2007）的研究，必须从中国地方政府面临的自上而下的政治激励中寻求答案。自上而下的政绩考核与官员晋升挂钩，使得地方政府官员被激励致力于更新和投资城市内部以及城市之间的基础设施，从而吸引外资，促进当地的经济发展。为了在吸引外资落户中胜出，原有的其他政策和管理制度在横向竞争条件下也需要调整和改革，官僚主义作风因此被压缩到最低限度。

（2）90年代后的外资进入与参与全球化

在广东、福建设立经济特区的起步阶段，利用外资的规模相对还是较小。但随着上海和长三角地区的开放以及中国在法律和政策上对外资进入制造业的承诺，外资流入显著加快。1992—1998年，每年实际利用外资金额快速上升。尽管受亚洲金融危机的影响，外国直接投资在1999—2000年间略有回落，但2001年起，随着中国加入世界贸易组织，实际利用外资金额再次进入快速上升的阶段。

而外国直接投资（FDI）始终在中国利用外资中占绝对多数。毫无疑问，外国直接投资为中国在90年代之后的工业化和推动中国成为世界工厂立下了汗马功劳。根据国际货币基金组织（IMF）的统计，中国FDI存量占中国利用外资存量的比例多处于60%上下，在个别年份（如2009年）

表3 1979—2016年中国外资的地区分布情况

单位：亿美元

地区	实际使用外资金额	比重
东部地区	20331.25	72.36%
中部地区	5348.09	19.03%
西部地区	1874.46	8.61%
合计	28097.88	100%

数据来源：商务部外资统计。

甚至接近70%。而且，如表2所示，差不多90%的外资进入了中国的制造业部门。

表3显示，1979—2016年，接近3/4即72.36%的外资集中在东部地区。外国直接投资更多地分布在中国沿海地区并不奇怪。一方面加工出口需要接近港口的便利，另一方面在出口加工和深度开放上，中国采取了分步走的发展战略，允许靠近香港、澳门和台湾的广东、福建先行一步，并在90年代才决定开放长三角的龙头——上海。

可以预料，由于外国直接投资的角色，中国的贸易增长在大多数时间高于名义GDP的增长，使得中国经济外贸依存度也逐年提高。图5显示，自中国改革开放以来到2007年，外贸依存度不断提高，从1978年的10%提高至1990年的30%，再到2007年超过60%。根据世界银行的统计，在1975—1979年间，中国外贸依存度是有记载的120个经济体中最低的，而到1990—1994年，由于对外贸易的速度超过GDP增速，这一比例上升至36%，中国已成为世界第三的贸易大国。

中国较高的外贸依存度反映了加工贸易比重较高的事实。在90年代的大多数时间里，加工贸易占了中国整个贸易额的一半以上。而加工贸易正是在华外国直接投资企业引导的。Yasheng Huang和Yun-Wing Sung发现，由于中国的加工出口以在华的FDI为主导，至少在1984年之后的20年里，中国的出口中加工出口的比例很大，而且“过度”（unduly）地

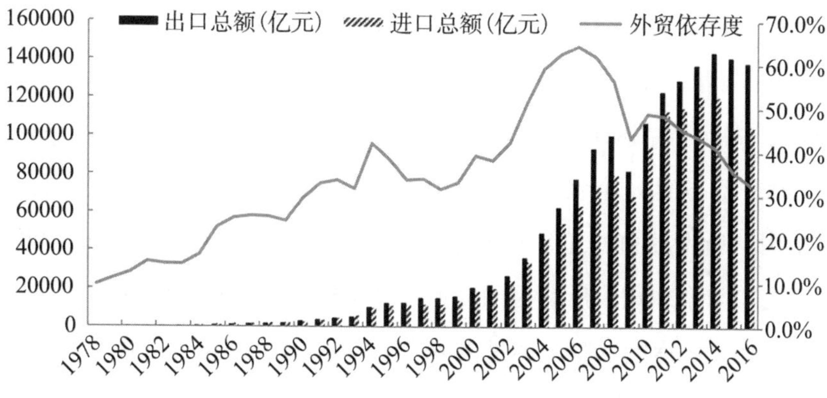

图5　中国的外贸依存度

依赖了在华的FDI（Sung, 2000; Huang, 2003）。这个现象在印度和东亚其他高成长经济体中未曾有过。

实际上，对在华FDI的出口在中国加工出口中份额过高应该做这样的解释，它是下列事实的一个合理现象：第一，相对于先行者的日本和亚洲四小龙经济，在20世纪80年代才开放的中国是一个后来者。后来者有机会并且需要主动去利用先行者的资本和技术，发展加工贸易。这是合理的选择。第二，在设立经济特区以及开放上海的20世纪八九十年代，中国多半还是由国有企业和行政控制主导的计划经济。在这个体制下，依然存在着诸多制度扭曲和对私人企业的金融歧视，这在很大程度上限制了中国本土企业参与国际生产的能力。如果不是"过度"利用外资，在计划管理制度依然僵化的情况下，中国不可能迅速克服这一障碍而参与到生产的全球化链条中。所以也许应该把中国过度利用外资视为中国参与全球化的一个次优解（Sung, 2001）。

（3）　技术进步

广东和长江三角洲的经验显示，中国对国外技术的学习是一个典型的小步快跑的方式。从早期的来料加工出口转变到进料加工出口，中国的本土企业也在其中获得成长机会。如此，中国国内的企业在进料加工中获得技术学习的机会，快速积累了经验和技术，加工能力不断提升，中国的出口结构不断优化（江小涓，2002；付朝阳，2003；文东伟、冼国明和马静，2009），出口产品质量持续提升（李坤望和王有鑫，2013）。并且，中国出口品的技术复杂程度也持续提升（Xu, 2007; Xu and Lu, 2009），这从一个侧面反映了中国制造业的技术进步和产业升级，因而中国从所谓的血汗工厂快速走向了全球的制造业中心（Sung, 2007）。中国在参与全球化中所获得的快速的技术进步和产业升级这一事实还可从以下变化中得到反映，即过去10年，中国的制造业出口对外资的依赖已经显著减弱。

四、 经济转型的策略

1949年新中国成立后，便开始以苏联为模板并在苏联的技术支持下建设社会主义国家，实行计划经济的管理模式。这也是一个典型的政策学习和技术学习的大规模试验。在完成基于苏联技术和资金援助的156个大型工业化项目之后，中国开始了激进的发展模式，这个模式以进口替代和自给自足为目标，推行大干快上的重工业化战略。为了实现大跃进式的追赶目标，中国很快决定引入中央计划经济的管理体制，关闭自由市场，由中央计划机关（国家计划委员会）等政府机构控制资源分配，包括安排劳动力就业。为了加快工业化，中国必须像苏联一样，在农业上实行集体化运动，剥夺农民的土地和选择自由，政府以极低的价格收购农产品以补贴城市居民的生活，并借助于这个价格剪刀差转移利润来支持工业化。在那时候的工业化战略中，中国实行了严格的城乡分类管理制度，农民无法自由进入城市就业和生活，资本价格则被国有化运动人为压低。这一做法严重背离了中国当初的要素禀赋结构。由于跟世界经济脱节，在封闭条件下，劳动供给充裕而资本短缺的组合不能够充分接近全球生产链，相对优势潜力得不到释放，生产率无法获得改善。

在计划经济体制里，中国的沿海地区尽管拥有得天独厚的条件——

广东和福建有大量的华侨，战前的上海则跟香港和欧美存在着商业联系——这些在计划经济模式和平衡发展战略中无法成为经济发展的引擎和先行者。相反，重工业化和60年代开始的以国防为目标的三线建设都将重点放在内陆省份和山区，沿海很少获得中央的支持。考虑到中国地理意义上的海岸线在东部和南部，存在着东西部的空间不平衡，这种支持平衡的内向发展战略无疑是一种损失效率的发展模式。

进入20世纪70年代，特别是在1972年美国总统尼克松访问中国以后，中国领导人对外部环境的看法慢慢发生了改变。1972年，周恩来决定从美国进口大量的机器。与中国从苏联引进的机器大部分被送往内陆省份的做法不同，这批从美国进口的机器中，有一半是去了东部地区，而东部地区由于其自身特有的地理和资源禀赋条件，更加适合于发展工业经济。在这种情况下，中央政府的经济政策开始从追求平衡优先的发展转向效率优先的发展。

1978年，邓小平同志就坚持认为应该考虑让一部分地区先行发展起来，并把视野转向东部和东南沿海的广东和福建。在对日本和新加坡访问后，他更加坚定了让沿海一部分地区先行一步，发展补偿贸易和利用外资的信念。对于兴办广东和福建经济特区的这个建议，他非常支持。为了抵御党内对经济特区的批评意见，他两次去深圳经济特区考察并为其背书，成为深圳建设的支持者。

在建设深圳、厦门等四个特区的时候，广东和福建两省就成为全国的先行者，率先获得中央许可，实行与全国其他地区不同的经济管理体制和利用外资的优惠政策。这包括中央向省级的财政分权、贸易由进出口管理委员会单独管理，同时在立法和政策上给予高度授权，根据需要可以在税收、土地和外汇管理等方面制定不同于其他地区的政策。这种让一部分地区先行、而后向其他具备条件的地区推广的“分步走”战略，体现了中国领导人对国情的深刻理解。邓小平同志曾经说，搞深圳特区的目的是为了扩散先行者的经验，为全国的经济发展和改革作出示范。的确，在广东和福建先行之后，开放和利用外资的范围才陆续扩大到东部沿海的其他城市，特别是上海，后来再覆盖到主要的省会和经济中心城市。

尽管先行的试验区对于改变之前的发展模式和推动中国与世界经济的融合发挥着重要作用，但发展模式的转变需要改革原来的计划经济体制和管理模式以让市场在资源配置中发挥决定性作用。在深圳经济特区成立5年后的1984年，中央作出了对整体的计划管理体制进行改革的决定。不过，出于社会稳定的需要和慎重的考虑，改革的决定在表述上格外谨慎。在农业部门，尽管允许土地由农户承包耕种，但依然保留了计划配额，只是允许计划外的产出可以高出计划价格出售。这个“双轨制”的做法也被用于对城市国有企业部门的改革。企业只允许在计划配额之外寻求市场交易的机会，而不是一开始就推行国有企业的大规模私有化运动。在很多其他的计划经济领域，如就业制度、住房制度等，均采取了“老人老办法，新人新办法”的做法，对改革的受损者进行一次性补贴作为补偿，从而使改革的阻力降到最小。[1]

在整个80年代，要素价格包括资本的价格，并没有一次性放开，而是采取价格调整与小步放开相结合的方式，依据重要性和市场供求条件分批、逐步地推动要素价格的市场化。这种做法的一个优点是，私人企业利用局部市场的开放而开始快速发展了起来，与此同时，国有企业继续得到计划的支持。但是随着时间的推移和私人企业部门的扩大，国有企业必然开始面临来自私人企业的竞争，这种竞争压力不断挑战和改变国有企业的生存环境和盈利条件，以至于80年代末和90年代初，国有企

1　林毅夫等人在《中国的奇迹：发展战略与经济改革》中很好地描述与分析了中国如何推进对计划经济体制的改革。

业整体上出现大面积的亏损，从而引发并加快了国家在90年代中后期对整个国有企业部门的重组与分类改革。

这种双轨制的改革方式在计划经济下为农户和企业追求计划外的更多产出提供了激励，导致资源配置效率和劳动生产率在边际上获得显著改善。不断缩小计划内比重而扩大计划外比重的双轨过渡的方式整体上是一个皆大欢喜的改革（reform without losers）（Lau and Qian, 1998）。

双轨制的改革方式，显然是为了避免激进的改革以及大规模的私有化和市场化改革而造成的经济混乱和社会不稳定。这么做的最终目的不是继续保护国有经济和既得利益，而是为了实现计划经济向市场经济的平稳转型。

是的，在维持了多年经济的双轨制之后，随着条件变得可行，进入90年代，中国及时地推动了对国有企业和银行的结构重组与改革，仅保留了战略性行业的国有企业，使得大多数国有企业从竞争性领域退出。90年代以来，中国也在立法和政策上鼓励了私人企业的扩张，同时在外汇、价格、劳动力市场以及资本生产等方面加快了自由化的步伐。在中央的坚持之下，1994年中央与地方政府放弃了之前的收入分成而改为税收分成，将增值税作为主要税种，保障了中央在稳定宏观经济中所需要的收入稳定性，也实现了之后超过10年的宏观稳定，为中国在吸引外资和加快上海及长三角地区参与全球生产链等方面创造了有利条件。

经过艰苦的谈判，以及在美国等主要发达经济体的理解和支持下，2001年中国最终被世界贸易组织接纳。按照加入WTO的承诺和WTO的自由贸易原则，中国在知识产权保护、国民待遇、环保以及市场准入等多方面做了很大努力，不仅推动了经济改革，而且也开始对政府部门管理经济的方式和治理结构进行大幅度的改革。2013年中国决定在上海实行自由贸易区的试验，并随后在多个地区设立了12个自由贸易区（当前中国自贸区已扩容至18个），继续探索自由贸易和资本账户开放的可行模式，推动国内金融、外汇和贸易等更大幅度的改革和更深层次的对外开放。

五、 中国经济追赶的经验与理论反思

按照世界银行的统计指标，1978年中国人均GDP只有156美元，比撒哈拉沙漠以南的非洲国家人均GDP 490美元还要低。与世界上其他贫穷国家一样，中国当时有81%的人口生活在农村，84%的人口生活在每天1.25美元的国际贫困线之下。

在20世纪50—70年代，中国也是非常内向的经济，出口只占国内生产总值的4.1%，进口仅占5.6%，两项加起来仅为9.7%。而且，出口的产品中75%以上是农产品或农业加工品。

在这么薄弱的基础和起点上，1978—2017年，中国经济实现了连续40年平均每年9.5%的增长，在人类经济史上不曾有任何国家或地区能以这么高的速度持续这么长时间的增长，并且中国对外贸易每年增长的平均速度达到14.5%，在人类经济史上也没有任何一个国家能够这么快速地从封闭经济变成开放经济。在这样的增长速度下，2009年中国经济规模超过日本，成为世界第二大经济体，2010年中国货物出口额超过德国，成为世界最大货物出口国，并且97%以上的出口产品是制造业产品，中国也因此被称为“世界工厂”。2017年中国人均GDP达到8640美元，成为中等偏上收入国家。

在此过程中，7亿多人口摆脱国际贫困线标准，中国对过去40年世界减贫事业的贡献率超过70%。在这段时间内，虽然中国经济“崩溃论”此起彼伏，但是，改革开放至今，中国是世界上唯一没有出现严重经济危机的国家。

中国在过去40年的经济发展表现给经济学家提出了很多需要回答的问题。第一，为什么中国经济在40年间能够取得这样高速的增长？第

二，为什么在改革开放之前，中国那么贫穷？第三，中国不是唯一一个从计划经济向市场经济转型的国家，为什么其他转型国家的经济崩溃、停滞、危机不断，中国却是稳定和快速地发展？第四，总结中国改革开放40年的经验，对现代经济学有什么意义？

要回答第一个问题，我们必须先了解经济增长的本质是什么。表面上看，增长是人均收入水平不断提高，但人均收入提高的前提是劳动生产率的不断提高。要知道，提高劳动生产率主要有两种方式：一种方式是在现有的产业基础上进行技术创新，让单位劳动者生产出越来越多的好产品；另一种方式是产业升级，将资源从附加值较低的产业部门配置到附加值较高的产业部门。对发达国家和发展中国家而言，这两种方式是一样的。但是，作为后来者，发展中国家有通过引进、消化、吸收、再创新而实现技术进步和产业升级的可能性，这就是所谓的后来者优势。利用这一优势，发展中国家可以以较低的成本和较小的风险，实现技术进步和产业升级，取得比发达国家更快的经济增长。这是因为，发达国家的技术和产业处于世界前沿，只有发明新技术、新产业，才能实现技术进步和产业升级。而对于发展中国家而言，只要下一期生产活动采用的技术优于本期，就是技术进步；只要下一期进入的新产业附加值高于本期，就是产业升级。由于技术先进程度和产业附加值水平有差距，发展中国家可以对发达国家的成熟技术进行引进、消化、吸收、再创新，通过进入那些附加值比现有水平高且在发达国家已经成熟的产业，实现产业升级。

如果把改革开放后中国经济快速增长的主要原因归结为它所拥有的后发优势，那么，为什么它在改革开放前没能利用后发优势呢？这就引出了上面提到的第二个问题。

我们认为，利用后发优势只是一种理论上的可能性，并不是所有发展中国家都能利用后发优势实现快速发展。第二次世界大战后，只有13

个经济体利用后发优势实现了年均7%甚至更高、持续25年甚至更长时间的经济增长。改革开放后的中国便是这13个经济体中表现最为抢眼的一个，也是赶超速度最快的一个。

1949年新中国成立后，领导人也希望民富国强。50年代，中国领导人提出的发展目标是“超英赶美”，在当时贫困的起点上迅速建立与发达国家一样先进的产业，希望以此尽快缩小与发达国家在劳动生产率上的差距，但那些最先进的产业、最先进的技术不仅都有专利保护，而且与发达国家的国家安全有关，所以不可能通过引进这些产业和技术来实现目标。在此状况下，要发展与发达国家一样先进的产业，只能自力更生，这就等于放弃了后来者优势。

那些先进的产业资本非常密集，中国又是一个资本严重稀缺的农业国家，模仿这些产业根本没有比较优势，这类产业中的企业在开放竞争的市场中也必然没有自生能力，必须依靠政府保护和补贴才能生存。因此，在计划经济时期为了保证重工业发展，中国就只能依靠国家能力扭曲资源和要素价格来降低重工业投资的成本，牺牲农业和轻工业来补贴重工业的发展。同时，由政府直接按计划配置资源来保证重工业发展所需要的资源，采用国有制和对企业微观经营进行直接干预的方式以保证企业按政府计划生产。

然而，计划经济体制虽然让中国快速建立起独立的比较完整的工业体系，却导致经济发展效率低下，在1978年时中国人均收入水平连撒哈拉沙漠以南非洲国家平均收入的1/3都没有达到。这样的发展显然不可持续，既实现不了民富的目标，也实现不了对发达国家的真正赶超。

直到1978年邓小平同志复出、再次走上领导岗位并大胆放弃不切实际的发展战略之后，中国才真正从自己的初始条件出发，摈弃教条主义，转变发展范式，确立了符合国情的发展战略和目标，决定实行改革和对外开放，有意识地发展那些能更好利用丰富劳动力的比较优势的产业，推进出口导向的工业化，充分创造就业机会，吸纳农村大量富余劳动力转向劳动密集型产业，实现劳动生产率的快速增长。在改革中推行“老人老办法，新人新办法”，在转型期间对于资本密集、规模大、与就业和国家安全有关的产业继续给予必要的保护补贴，以维持转型期的经济和社会稳定；对过去受到抑制的、劳动密集型的且符合中国比较优势的产业，放开准入，积极招商引资，并以务实的方式设立经济特区、工业园区和加工出口区等，大力吸引外资和技术，对接全球生产链，将后来者优势变成全球的竞争力。

由于物质资本和人力资本得到快速积累，随着时间推移，中国的比较优势也就逐步发生变化，原来不符合比较优势的产业变成了有比较优势的产业，原来缺乏自生能力的企业变成了有自生能力的企业。进入21世纪后，除了少数战略性行业的大企业之外，大多数竞争性领域的国有企业也有条件分门别类地实行股权多元化和民营化，原有的保护和补贴被终止和取消，由此成功实现了经济的转型。

20世纪80年代，在中国推动改革开放时，绝大多数社会主义国家和其他社会性质的发展中国家也在向市场经济转型。国际学术界的主流观点认为，实现经济转型必须实施“休克疗法”，按照“华盛顿共识”的主张把政府的各种干预同时地、一次性地取消掉。受这种观点影响，不少国家采取了“休克疗法”，其中既有社会主义国家，也有非社会主义国家。但“华盛顿共识”的主张忽视了一点，即原体制中的政府干预是为了保护和补贴那些不具备比较优势的重工业，如果把保护和补贴都取消掉，重工业会迅速垮台，造成大量失业，短期内就会对社会和政治稳定带来巨大冲击，遑论实现经济发展。而且，那些重工业中有不少产业与国防安全有关，即使私有化了，国家也不能放弃，必须继续给予保护和补贴，而私人企业主要求政府提供保护和补贴的积极性只会比国有企业更高。大量实证研究表明，这正是苏联、东欧国家转型以后的实际情形。

而中国经济改革并没有套用任何现成理论，而是从自身实际情况出发，以对经济社会冲击较小的渐进转型方式启动，按“老人老办法，新人新办法”维持经济社会稳定，提高各种所有制经济的积极性和资源配置效率，在不断释放后发优势的过程中推动技术进步和产业升级，并与时俱进地深化经济体制改革。在20世纪八九十年代，西方主流经济理论认为中国这种市场和计划并存的渐进转型方式是最糟糕的转型方式，其结果只会比原来的计划经济还差。然而，结果恰恰相反，我国经济转型取得巨大成功，不仅成功建立起社会主义市场经济体制，而且经济发展成就令世界惊叹。我们预测，继中国台湾和韩国之后，到2025年，中国大陆很可能成为第二次世界大战后第三个从低收入进入高收入的经济体。

当然，中国的改革开放并没有终结。虽然取得了巨大成就，但中国在渐进式双轨改革进程中存在的市场扭曲和不当干预没有完全消除，还存在着腐败滋生、收入差距拉大和环境污染等问题。这些已经成为中国新一代领导人要应对的挑战。党的十八大已经决定继续推进结构改革，消除市场扭曲和不当干预，惩治腐败并努力缩小收入差距。

由于发展条件的相似性，中国作为一个发展中国家在经济转型中所积累的经验和智慧，也将有助于其他发展中国家克服发展和转型中的困难，实现现代化的梦想。第二次世界大战刚结束时，追赶发达国家的思想普遍存在于发展中国家当中。大多数社会主义国家都想在贫穷落后的农业经济基础上建立起资本密集型现代化大产业，其采用计划经济体制造成的问题也和中国的情形相类似。其他社会性质的发展中国家和地区如印度、拉美、非洲国家，它们在第二次世界大战后纷纷摆脱殖民统治，实现了政治独立，也都追求在贫穷落后的农业经济基础上建立资本密集型现代化大产业，在经济运行中形成了一系列本质上跟中国一样的市场扭曲和不当干预。

通过比较第二次世界大战后少数几个成功的和绝大多数不成功的经

济体，我们发现，迄今还没有一个发展中经济体，按照西方主流理论来制定政策而取得成功的，而少数几个成功经济体的共同特点是：其政策在推行时，以当时主流理论来看是错误的。

比如，20世纪五六十年代，所有的发展中国家都在追求现代化、工业化，当时主流的理论是结构主义，认为发展中国家要实现这个目标，应该推行进口替代战略，以政府主导来配置资源，发展现代化的资本密集型大产业，推行这种战略的经济体都未能取得成功。少数成功的东亚经济体，却是从传统的劳动密集型小规模产业开始，推行出口导向而不是进口替代战略，而这种发展方式当时被认为是错误的。

20世纪80年代和90年代，所有的社会主义和非社会主义国家都从政府主导的发展方式转向了市场经济，当时的主流理论是新自由主义，倡导“华盛顿共识”，主张采用“休克疗法”，一次性消除各种政府干预扭曲，以建设完善的市场经济体系。按照这个方式来转型的国家，遭遇的是经济崩溃、停滞、危机不断，而少数几个像中国、越南、柬埔寨取得快速发展的国家，采用的却是双轨渐进的改革模式。为什么是这样呢？

因为主流理论来自发达国家经验的总结，以发达国家的条件作为理论的前提。发展中国家与发达国家条件不同，若照搬来自发达国家的主流理论，必然遇到问题。从经济学的角度看，我们现在采用的理论都是从发达国家有什么来看发展中国家缺什么，比如结构主义，又或者是看发达国家哪些方面做得好，就让发展中国家照搬，比如新自由主义。发达国家的市场经济确实比较完善，而发展中国家的政府对市场有很多干预，因此发达国家就盲目主张发展中国家采用这一制度安排。实际上，这样的理论忽略了重要一点，就是没有看到发展中国家与发达国家初始条件的差异性。

林毅夫教授过去10年来致力于提倡新结构经济学（Lin, 2009; 2012）。这一理论基于中国的成败经验，也总结了第二次世界大战后发展中国家和经济体的成败经验，与过去主流经济学有很大的差异。这样的一个理论来自发展中国家，自觉地把发展中国家的条件作为出发点，能够较好地解释中国为什么成功、哪些方面存在不足以及未来如何发展。同时，这样的理论对其他发展中国家也具有重要的参考借鉴价值。

新结构经济学采用新古典经济学的分析方法来研究现代经济增长的本质及决定因素。其核心思想是：一个经济体在每个时点上的产业和技术结构内生于该经济体在该时点的要素禀赋结构，与产业、技术相适应的软硬基础设施也因此内生决定于该时点的要素禀赋结构。企业的自生能力则是新结构经济学的微观分析基础。在新结构经济学看来，遵循比较优势是经济快速发展的药方，其制度前提是有效的市场和有为的政府。当政府发挥有为作用时，产业政策是个有用的工具。新结构经济学将结构引入新古典的分析框架中，会使主流的新古典经济学产生许多新的见解。在反思自发展经济学成立以来涌现的结构主义和新自由主义两波思潮的基础上，新结构经济学希望能够推动建立发展经济学新的理论框架。

六、结论

中国是战后极少数能成功实现较长时期高速增长的经济体之一。结合人口规模，中国的增长堪称奇迹。以出口品的技术复杂度和科技进步的速度来衡量，中国也是后来者中技术学习最快的国家之一。考虑到40年前极低的起点和普遍贫困的状况，中国今天的成功经验对其他后来者具有参考价值。

总体而言，中国所实现的快速技术进步和经济发展的成功来自其在1978年作出的发展战略上的根本转变。它放弃了教条主义和不切实际的赶超思想，并通过市场化的改革和开放政策在对原有的不符合比较优势的产业给予必要保护补贴以维持稳定的前提下，创造条件让符合比较优势的产业快速变成竞争优势，并通过资本的快速积累和符合比较优势的部门的快速扩张去不断矫正不符合自身优势的经济结构，为消除转型期的各种扭曲创造条件，在稳定和快速发展中过渡到完善的市场经济体系。在此过程中，中国努力改革其管理经济的体制去适应这些变化，并制定一系列行之有效的工业化政策，把中国从一个相对封闭的经济体转变成在制造业上具有全球竞争优势的世界工厂。

日本和亚洲四小龙的发展经验对于邓小平同志和中国的其他领导人在1978年作出转变经济发展战略的决定发挥了重要影响。邓小平同志本人于1978年对日本和新加坡的访问更是加深了他对寻找战略转变突破口的决心。中国政府派出的代表团于1978年对香港和澳门的考察，触发了领导人在1979年设立深圳和珠海等四个出口加工区（后称经济特区）以吸引香港在中国南部沿海投资办厂的想法。就这样，在20世纪80年代，借助于香港资本，中国南方的珠江三角洲成为最早联系全球产业链的出口加工区。时至今日，昔日经济特区之一的深圳已经发展成为可以与美国硅谷和以色列特拉维夫比肩的全球最重要的科技创新中心。

随着1990年上海浦东的开发和上海市的开放，中国在其经济最发达的长三角地区加快了吸引跨国公司资本投资和设立合资企业的速度。此后，包括日本、中国台湾、韩国和欧美国家的资本大举进入该地区。长三角的工业崛起是中国在促进本土制造业纳入全球生产链进程中的第二个高潮。为此，中国开始变革并制定一系列法律和管理制度以配合FDI的技术转让和本土化进程。例如，学习香港和新加坡的经验，在法律上突破限制，允许国家所有的土地使用权转让并鼓励将土地按50年期限批租给跨国公司。另外，对企业管理者的持续培训以及开启公司治理结构和管理上的改革，为促进本土企业的技术学习发挥了重要作用。大量的研究发现，FDI对中国出口技术复杂程度的提升主要可以用中国本土企业的组织变革和学习能力的改善来解释，这些努力显著提升了中国企业对转让技术的吸收、消化和扩散能力。这说明，技术学习过程与政策学习的结合在中国成功的工业化进程中扮演了重要角色。

中国的工业化和技术进步的另一成功经验或许是，中国尽量避免推行自上而下的一刀切的产业政策，至少在早期是这样。相反，中国早期的工业化带有浓重的试验色彩。产业政策也往往局限在沿海地区和一些规划的区域，以务实的方式在那些地区设立工业园区、经济特区等经济试验田，将产业政策作为促进地区工业化的特惠政策。政府在园区内改善基础设施，提供一站式服务，大幅降低官僚主义程度，快速把符合比较优势的产业变成竞争优势。除了制定针对FDI的税收、外汇等方面的优惠政策之外，土地规划成为中国地方政府推进产业发展的重要手段。实际上，中国政府对土地规划的高度重视不仅促进了工业化，而且也在经济发展中更新了城市。另外，为了实现工业发展的目标，地方政府被要求致力于发展规划、基础设施投资和投资环境改善，并要大力降低官僚主义程度。中央政府加强了对地方政府官员的激励政策，官员通过相对绩效评估来获得职位晋升，即所谓政治锦标赛的动力。

中国的经验也指出了战后延续至今的发展经济学的缺陷。已有的发展经济学对后来者的赶超战略的建议没有能够遵循产业结构演变的内生逻辑，忽视了资源和要素禀赋结构在成功的工业化战略中的决定性影响。由林毅夫倡导的发展经济学的第三波理论，即新结构经济学，基于战后那些包括中国在内的成功实现追赶的高成长经济体的经验，强调了基于要素禀赋结构的动态比较优势原理在实现工业化和快速经济增长中的重要性。根据新结构经济学，后来者在工业化中务必摈弃现成的教条，尊重和正视自身的初始条件、要素禀赋结构和经济制度等制约条件，从实际出发，用看上去是次优的方式，逐步克服各种约束条件，在学习中不断积累物质资本和人力资本，小步快跑，实现从技术模仿到技术创新的转变。

第二篇

危机中育新机：

新经济和新就业助力高质量发展

◎ 从技术迭代看中国的数字经济*

很多人谈数字经济，作为经济学家，我对数字经济当然是非常看好的。不过在数字经济这个领域当中，做金融或者是做技术的朋友，和我们关心的可能不是同一个问题。过去10年，数字经济在中国确实有比较大的发展，按照国家的宽口径核算，现在已经接近40万亿元的规模，占到GDP总量约37%的份额。当然，如果对数字经济的范畴进行详细分析，比如一些跟数字经济的制造能力、服务能力有关的核心部门，在中国这部分的占比可能还是相对弱了一些，又比如拿中国跟韩国、美国去对比，差距还是比较明显。但是若从更广义的数字经济、经济数字化的定义来核算我们经济活动的范围，我相信现在中国数字经济的规模应该是非常大的，而且也有很多人说，中国的规模大概仅次于美国。当然，中美在很多方面各有长处和短处，美国在机器人、AI方面发展得更快一些，中国正迎头赶上，特别是在5G领域有了比较大的进展。

数字对中国来说，确实是一个非常重要的发展引擎，也创造了大量的就业。差不多10年的时间里，中国的数字经济就获得了超常的发展态势。很多人拿中国和美国做比较，看GDP当中有多大份额是数字经济创

---

* 本文为作者在2022年3月22日举行的“科技向实·万物生长”2022钉钉发布会上所做的演讲。

造的。据说，现在中国的数字经济份额已经占到GDP的36%—37%，也有人说40%。这在很大程度上取决于我们对数字经济的统计口径。我曾问过国家统计局的有关领导，他们也给出不同的答案，并且正在推进对数字经济核算更为精准的一个方案。当然，跟美国、韩国去比，中国的数字经济在某些领域显然是比另外一些领域做得更好。这个可能跟我们整个场景的规模、多样性，以及人口规模、市场规模有很大关系。比如，在电子商务、平台经济方面，中国显然比美国、韩国都做得好。但在一些核心的数字基础部门中，中国某些领域可能发展得还不够。有人采用所谓核心数字经济这样一个统计口径，并换算出它占GDP的比重这一数据，中国可能只有5%—6%，低于韩国、美国的水平。

总而言之，中国在数字经济领域的发展，应该说是非常令人振奋的。我想，中国是一个大国，在数字经济领域中，作为后来者，最初我们的模型可能都是参考美国的，但是现在经过10多年的发展，很多美国的对手也开始向中国学习。Facebook的扎克伯格就曾说，其实他很后悔，应该早一点去学腾讯的微信，等等。可见，数字领域其实是一个非常开放的系统。中国不可能关起门来，在数字领域当中完全自我循环。美国同样也不可能这样做。所以从全球范围来看，数字领域是一个非常重要的跨国领域。我相信中国也会更加鼓励数字经济领域的开放性。这个开放不仅仅是面向国际的开放，国内数字经济领域的头部企业、重要的数字平台都面临开放的问题。

为什么开放这么重要？这在很大程度上取决于数字经济发展的一个最重要驱动力，就是我今天要谈的技术迭代。其实技术的迭代在数字经济领域中，可能比在任何一个其他的传统行业中，地位更为重要。为什么呢？原因就是数字经济有一个跟传统经济非常不同的地方。特别是像网络平台，它具有非常强大的网络效应，还有规模经济。当然，传统经济也有规模经济，但数字经济的规模经济会更加显著，即所谓的

Economies of Scope（范围经济）。因此，在这个领域当中，数字经济就保持一个非常容易实现的、更高的市场占有率，也就是我们通常所说的赢者通吃。如果拿中国跟韩国、美国去比，由于我们的市场更大、人口更多，即便在同一个领域，中国的服务平台远不止一个。我们其实是一个多点均衡的生态（或者说市场结构），这跟美国、韩国有很大的不同。其实即使在传统领域，也可以发现中国的大企业包括零售领域中的大企业，它们的市场占有率是非常低的，而在美国，每一个零售大企业的市场占有率都非常高。是什么原因？我觉得还是因为中国的市场规模实在太大，很难实现所谓一家或者少数几家可以赢者通吃的局面。

我相信，数字经济会比传统经济更容易实现赢者通吃。但即便这样，你看在中国几乎所有数字经济领域当中，包括大的服务平台，依然是多点的均衡。我认为这在很大程度上反映了中国市场的现状以及中国超大消费人群的结构。之所以我们说技术的迭代如此重要，就是因为现在这些平台经济尽管具有理论上所谓的双边市场结构或是多边市场结构，很容易形成巨大的市场份额和市场能力，但是技术驱动的这样一种市场能力是短期的，对于任何一个服务平台，也许短短3—5年，我们就能够看到它的天花板，原因就在于技术迭代所促成的市场能力或者市场份额无法像传统行业那样维持很长的时间。像在钢铁、化工、石油、造船等领域，市场能力可以维持几十年，甚至超过半个世纪，而在数字经济领域，这是绝对不会发生的。

所以，任何一个数字服务平台，它的商业模式、盈利模式一旦确定，几乎马上就要面临未来发展空间到底还有多大这样一个非常典型的问题。所以从这个意义上讲，技术的迭代，一方面造成数字经济具有巨大的市场规模优势，但另一方面其实也让这种市场权势只能维持很短的时间。当下任何一个服务平台在发展过程中，都要去考虑如何从单一的、在市场上占据龙头地位的这样一种模式转向能够服务更多纵向的或者说垂直的产业链的这样一个生态结构。打造一个平台的生态，或者说构建一个数字经济的巨大生态，几乎是所有数字经济特别是数字经济平台所面临的问题。

从这个意义上讲，在今天提出要打造服务的生态这样一种理念，我认为是非常重要的，因为技术的迭代会让数字平台很快走向它的天花板。我们要转变所谓赢者通吃、包揽所有的理念，积极跟其他垂直的领域形成互补的关系，构造一个生态共同体。只有这样，我们的数字经济或服务平台，才有巨大的未来。

打造开放的生态，其实也是在推动整个中国数字经济未来的发展，从过去由ToC端来主导，逐步转向ToB。中国跟美国不同，美国在ToB这个领域已经高度成熟，而中国过去20年数字经济的发展，从E-Commerce（电子商务）开始，更多的是从ToC这个领域中发展起来的，技术的迭代也是从这个领域逐步开始推进的。今天到了这样一个ToB的层面上，其实我们需要这些头部企业开始转向服务社会的理念，更好带动垂直领域当中更多中小客户的生存能力和对经济的贡献能力。从某种意义上讲，现在我们去构造这种开放的服务生态，也符合国家对数字经济的监管方向和监管理念。前面说到，数字平台由于具有双边市场或多边市场的特点，很容易形成赢者通吃的这样一个市场格局，其本身带有排他性和非竞争性等特点。如果我们数字经济中的这些大企业、大平台有构建服务生态的这种理念，其实就可以在ToB层面上创造出非常先进的服务系统和服务能力，这对国家的经济发展来说也是非常重要的。反过来，我们这些头部的大公司实际上也创造了帮助其他领域的公司派生出相应需求和供应能力的良好愿景。从这个意义上讲，我认为中国数字经济的未来发展，必然是要沿着构造开放生态的这样一种模式。这也可以在很大程度上驱动我们的技术进行不断迭代。看到美国在ToB领域的发展现状，我们可以更好地理解，为什么像钉钉这样的公司，它需要去构造一个生态服务的网络，或者打造一个社区的概念，让更多领域中的企业能够跟头部企业形成合理分工，大企业可以更好地提供定制服务，中小企业可以发挥自身长处。这不是一个赢者通吃，而是一个共赢的市场格局。如果数字经济沿着这样一个方向去发展，那么我想它对经济覆盖的能力以及优化结构的能力，就可以逐步养成。这才是中国未来数字经济发展的一个重要方向。技术的迭代可以推动数字经济中的头部企业去创造更良好的服务生态，推动中国数字经济持续健康发展。

◎ 零工经济将重写宏观经济学吗*

随着互联网经济的发展，独立职业者或自由职业者之类的职业正在快速扩大规模。我希望给大家展示一个新的看待零工经济现象的角度，那就是这个现象会给宏观经济及社会调控带来什么影响。

GDP与就业背离：零工经济挑战传统的货币政策

大概4年前，我到首尔去参加一个重要的学术会议。在这个会上，哈佛大学的经济学家罗伯特·巴罗（Robert J. Barro）教授谈到，近10年来，美国GDP的增长一直没有回到2008年以前的水平，但是美国似乎又实现了充分就业。这个组合看起来违反了教科书的原理，因为在教科书里面所有关于宏观经济政策的理论基础就是两个：

第一个基础是著名的Okun's law（奥肯定律），它揭示了GDP与失业率之间比较稳定的反向统计关系。第二个基础是Phillips Curve（菲利普斯曲线），这个曲线把物价水平的变化和失业率的变化联系在一起，同样表现为一个比较稳健的反向统计关系。

对于央行来讲，这两个原理是非常重要的，因为基于上述统计关系来做宏观政策的设计是很有用的。比如，失业率高的时候，政策上就应

---

* 本文原载于《探索与争鸣》2020年8月25日。

该扩大货币投放量来冲击总需求，允许通货膨胀上升来降低失业率；若想要刺激经济，可以把GDP增长率拉上去来减少失业。长期以来，这个基本的道理成为全球各国央行在设计货币政策时都会依赖的基本理论。

然而，美国经济出现了偏离这种组合的现象。巴罗教授把这个新的现象或者说这种新的组合定义为“job-filled non-recovery”，指充分就业条件下经济未实现充分复苏。“所有的就业岗位都有人做”，就接近于我们说的充分就业，但是经济并没有真正复苏。这个现象不仅在美国如此，在其他发达国家也是这样。比如，尽管日本经济还是不怎么增长，但是找工作相当容易。听说澳大利亚也是类似的情况。

再看看中国经济，似乎也出现了这个趋势。这些年GDP的实际增长率一直在放缓，过去8年平均每年下降0.5个百分点，但城镇新增的就业岗位并没有下降，基本稳定在1000万—1100万的水平。

在这种情况下，很多人判断说，现在的宏观经济，无论发达国家还是中国这样的发展中的新兴市场国家，经济周期现象已经变弱，以至于看不清楚规律和走向。我国GDP的增长率基本稳定在相较之前更低的水平上，比如最近稳定在6%—6.5%，但就业状况依旧相当稳定，很多其他国家的失业率甚至降到了历史最低水平。奥肯定律所描述的经济增长的逻辑似乎反过来了。由于就业相对比较稳定，有很多经济学家反对用大规模的经济刺激计划来拉升GDP增长率。

我认为，正是“零工经济”现象的出现，弱化了以上两个基本的统计关系。长期以来，支配各国央行政策的就是基于这些统计关系的宏观经济学理论，它们基本上被浓缩在奥肯定律和菲利普斯曲线中。然而，随着更加灵活的就业形式的出现，以及越来越多的人开始兼职、从事零工，正规就业与GDP两者之间的关系变得不那么紧密了。这给传统宏观经济学带来巨大挑战。

这个挑战的后果是什么？就是传统的货币政策失效。当一个国家出现经济下滑或经济衰退的时候，通常需要用宽松的货币政策来刺激总需求，因为经济下滑的时候失业会增加。但正如我们现在看到的那样，很多国家在经济出现衰退时，宽松的货币政策基本上没有什么效果。究其原因，是因为失业率没有显著上升，劳动力市场接近于充分就业。而如果就业上没有缺口，想让货币政策产生正面的影响就不太可能。这就是货币政策的边际效果为什么出现不断递减的原因。这个现象跟零工经济有巨大的关联，只不过现在无法在统计上准确捕捉和测算其对宏观经济的影响到底有多大。

非正规部门规模：零工经济挑战传统的发展经济学

发展经济学的文献里面有一个非常流行的发展理论，它强调区分所谓“正规”与“不正规”两个部门的变化趋势。在这里，经济发展的含义被定义为：正规部门不断地扩大，而非正规部门不断地缩小。这个趋势本质上就是经济发展。

为什么非正规部门的缩小被视为经济发展呢？因为非正规部门是贫困的一个副产品。这是自20世纪70年代以来经济学家在发展经济学里最初观察和研究的一个视角。非正规部门的大量存在，是欠发达经济体的一个普遍现象。这既是贫困的结果，也是贫困的原因。没有正规部门的就业机会，大量的劳动力只能在非正规部门谋生。所以，非正规部门的大量存在基本上是跟贫困的现象连在一起的。

到20世纪80—90年代，经济学家把这个现象纳入发展经济学的分析框架。非正规部门与正规部门在劳动生产率上有很大的差别。一般而言，正规部门的劳动生产率比较高，而非正规部门基本上没有什么技术和资本，也缺乏技能劳动力，它的劳动生产率非常低。所以一个落后的国家要实现经济的发展，就要不断地去扩大正规部门所容纳的就业规模，实现劳动力从非正规部门向正规部门就业的转变。而要实现这个转变，从经济发展的层面来讲，意味着国家要为劳动力提供更多的教育、医疗和培训。同时，政府要在政策层面上为正规部门的扩张提供很多的政策支持，包括金融支持。前几年，我们根据中国的家庭调查和较宽的统计口径进行估计，现在我国的非正规部门就业规模大概在41%左右。当然这包括今天所讲的“零工经济”，也包括中小微企业和个体工商户所吸纳的就业。

而中小微企业与零工经济还有一点不同。中小微企业是有营业执照的，是一个法人或一个市场主体。多数情况下这些小企业与员工之间有正式的劳务合同关系，可以受到法律的支持与保护。当然，很多小微企业的就业形式也不是那么正规，可以说是非常灵活的。除此之外，中国还有将近6000万的所谓自我雇佣者，也就是个体工商户。20世纪80年代初就出现了“个体户”这个名词，这也是非正规就业统计口径中非常重要的覆盖对象。

按照经济发展的理论，经济现代化的过程是不断地扩大正规部门和正规就业所占比重的过程。但是，由于互联网平台和共享经济的发展，越来越多的就业会转为灵活多样的零工形式。这种就业不依赖于任何一个固定的经济组织的合约。当下，不仅在大多数发达国家每年新增的就业岗位有一半以上是零工经济提供的，而且中国现在的城镇就业净增岗位当中至少有10%是零工经济提供的。

这对我们理解经济发展过程也是一个挑战。在这种情况下，过去对经济发展过程的定义就不再准确。过去可以用正规部门与非正规部门相对比重的变化来理解发展，经济活动和就业的正规化意味着整体的生产率不断提高，从而人均收入不断提高。但现在看起来，经济的发展反而会伴随非正规就业部门的扩大这一现象。

可以肯定，随着互联网平台经济和经济数字化的发展，越来越多的就业会转向平台经济和互联网，零工就业者会越来越多。这种转变对于经济的整体生产率到底产生了什么影响？这种影响是正面的还是负面的？这个进程意味着经济发展还是经济退步？对经济学家而言，这些问题在眼下经济理论的框架当中是没有答案的，必须做更多的研究探索。前几年，美国著名的经济学期刊*Journal of Economic Perspectives*（《经济展望杂志》）发表了关于非正规性与经济发展的文章，综述了过去几十年经济学家在非正规部门正规化与经济发展之间的关系上所做的大量研究，遗憾的是，基本上未涉及今天谈的数字经济与零工经济。所以，从某种意义上来讲，发展经济学的研究非常滞后，甚至可以说，正规部门和非正规部门的划分也将失去原来的意义。

零工经济与技术发展对传统国民经济核算的扰动

提到生产率，这就涉及我要分享的最后一个问题——整个互联网技术的发展对于国民经济投入和产出的核算提出了怎样的挑战？前几天，我参与京东数科的一个线上会议，国家统计局原副局长许宪春先生介绍，他们正在做关于新经济的统计核算问题的研究，其中包括如何来重新定义和统计就业与失业规模，这是很有意义的问题。

早在30年前，新古典经济增长理论创始人罗伯特·索洛（Robert Merton Solow）教授讲过一句著名的话："计算机无处不在，但却迷失在生产率的统计当中。"当时移动互联网还没有真正出现，只是有人发现企业对计算机的投资跟投资回报之间的关系十分微弱。而如果把计算机改为如今的移动互联网，可以说，移动互联网技术在经济中无处不在，但它却在生产率核算中不见了。这句话也被后人称为索洛悖论（Solow Paradox）。索洛悖论揭示了数字化技术给国民经济核算造成的巨大扰动。毫无疑问，技术进步提高了经济的生产率水平，但我们却难以准确测算出生产率的增长。有人形象地用雷达屏进行比喻：突然间很多东西在雷达屏上看不到了，尽管我们知道它们应该在那里。

也就是说，新技术和新经济的发展给经济学带来了巨大挑战。比如，今天我们聚焦的所谓“零工经济”，其实已经涉及很多法律问题、社会保障问题，甚至还牵涉劳工关系问题、工业组织问题。而在宏观层面上，零工经济直接构成了对统计核算和就业的巨大冲击。这些年来，各国宏观调控政策遇到了巨大的困惑。比如，货币政策基本上没办法再达到之前预想的效果，这很大程度上是因为劳动力市场发生巨大改变，而这些改变对宏观经济的产出造成很大扰动。这些因素很有可能挑战传统的宏观经济学。与此同时，对于现在出现的新现象，一些教科书比如曼昆的《经济学原理》基本上没有用处，因为它跟互联网发展之后的宏观经济已经严重脱节。移动互联网和经济数字化的发展对就业与失业问题、物价问题、生产率问题、GDP增长问题等都有颠覆性的挑战，这样的教科书已经过时。

现在，经济出现了所谓的“低生产率、低增长、低物价，高就业”，也就是“三低一高”，而在新冠肺炎疫情的背景下，很可能是“四低”。而且这样一个“四低”的现象不会是短暂的，它是一个由技术扰动造成的新趋势。从根本上讲，除非我们能够在统计层面上真实地核算新经济活动的产出，否则，传统的宏观经济学教科书是要为之重写的。

◎ 疫情让中国数字化转型意外提速*

毫无疑问，中国为应对新冠肺炎疫情蔓延付出了巨大代价。由于实行全面的阻隔政策，往日的大规模人口流动被叫停，经济活动几乎停摆了两个月。随着二季度阻隔政策的撤销，经济得到部分恢复。不过，明显的事实是，因疫情冲击而倒下的大量工商个体经济活动难以恢复，尤其是服务部门，要使经济在短期内全面复原的可能性很小。

但这并不是中国经济进入长期衰退的开始，正相反，它的经济韧性表现明显。疫情发生以来，数字经济的应用场景快速走进中国人的生活，势不可当。家庭使用京东、美团、饿了么、拼多多等App购买粮油蔬菜和生活必需品，政府、企业和教育机构使用哔哩哔哩、钉钉、企业微信等开展在线会议、网课教学和协同办公，数亿中国人通过手机健康码出门旅行或出入公共场所。这是中国经济正在发生的强势变化。虽然疫情让中国经济付出了代价，但经济向数字化转型的进程得以意外提速。

在因疫情而居家隔离的情形下，校园和办公室被关闭，但中国的各类学校和教育机构仅用一个月的时间即转型到线上教学，这难以想象。这一急速转变在供给端促进了中国线上会议和教育数字平台的巨大发展。各种网络会议、直播教学、远程办公、线上面试、线上签约、线上

* 本文原载于“网易研究局”2020年9月11日。

会展甚至网络会诊等悄然成风，成为新的经济业态。

今天你要是在中国各地旅行，出入机场和酒店，需要在手机上出示你的"健康码"。它是基于个人真实的大数据在手机上生成的属于个人的二维码，可以追踪一个人过去14天的旅行轨迹，显示是否去过疫情严重地区的信息。健康码由阿里巴巴的技术团队和地方政府合作开发，很快覆盖至全国各地。而且，健康码的应用场景非常广泛，可协助政府、社会团体以及企业、学校与服务机构进行防疫管理及疫情控制。

在过去的半年，中国医疗健康行业也因疫情加速了数字化变革。得益于中国遍布城乡的发达的快递系统，中国家庭的线上购药相当普及。数字化的变革希望更多地集中在诊疗方面。基于5G网络的远程会诊平台被应用于武汉的主要医院，对收治新冠肺炎感染者发挥了重要作用，通过与北京医疗专家的视频会诊，大大提高病例诊断和救治的效果。但这还只是医疗数字化的开始。可以预计，随着中国5G网络的普及，诊疗的数字化渗透率将大幅度提升，远程会诊和远程直播将得到广泛应用。考虑到医疗资源分布的区域不平衡，这一点对更合理地满足中国家庭的医疗需求尤其重要。

数字化转型在中国的金融领域同样超乎想象。大数据、云计算、人工智能和分布式计算架构技术赋能传统的商业银行，创造出前所未有的应用场景和识别能力，大大提高了为小微企业和家庭提供融资服务的能力。

不仅金融科技公司持续扩张，中国商业银行的数字化转型也相当耀眼。根据大数据服务商极光（URORA）提供的信息，2020年3月，按照客群规模的排行，中国的手机银行App用户位列短视频和综合商城之后，居第三位，达到5.62亿人。

中国信息通信研究院发布的研究报告《中国数字经济发展与就业白皮书（2019年）》显示，过去几年，中国的数字经济以远高于名义GDP

的增长速度在实现快速扩张。2018年中国数字经济的规模达到31.3万亿元人民币（相当于4.73万亿美元），约占GDP的34.8%，这个数字虽然还只有美国的1/3，但中国经济数字化的增长趋势不可小觑。事实上，这些年中国约2/3的GDP增长可以归功于数字经济的扩张。这一趋势与国家统计局更新的国民经济核算数据基本一致。

经济数字化和平台化在中国创造了非凡的就业机会，越来越多的年轻人希望成为依靠数字平台的独立职业者——这是一种崭新的零工经济。因为劳动力市场变得越来越有弹性，这些年来虽然中国的GDP增速在放缓，但城镇失业率依然未有明显上升，说明数字经济的扩张显著提升了中国经济吸纳就业的能力。根据中国信息通信研究院的数据，2018年中国数字经济领域的就业岗位为1.91亿个，占当年总就业人数的1/4，同比增长11.5%，显著高于同期全国总就业规模增速。

过去10年，尽管中国在一些关键核心技术领域还相对落后，但一大批中国的科技公司致力于5G、量子通信、语音识别、超级计算机等前沿科技领域的研究和应用，这无疑推动了中国经济的数字化转型进程。中国在移动支付、共享经济、在线购物、机器人制造等领域获得强劲的发展势头，成为新的经济增长源。

现在看来，今年中国极有可能是全球范围内唯一能够实现经济正增长的经济体，经济的数字化转型在其中立下汗马功劳。中国政府已明确提出未来5年要加大对“新基建”的投资，加快5G网络、数据中心等新型基础设施建设的步伐。那样的话，将会在更大程度上推动中国经济的结构转变。

◎ 发展产业互联网是数字转型的一个大考*

在消费互联网蓬勃发展大约20年之后，产业互联网的发展前景最近两年才受到越来越高的关注。这折射出中国经济发展到了新的阶段，也反映了结构变化的趋势。产业互联网的发展将为中国产业的转型升级提供机会和动能。

细读“十四五”规划的文本，不难发现其中对产业互联网发展的重要性和发展战略有明确表述。规划写道：

> 充分发挥海量数据和丰富应用场景优势，促进数字技术与实体经济深度融合，赋能传统产业转型升级，催生新产业新业态新模式，壮大经济发展新引擎……在重点行业和区域建设若干国际水准的工业互联网平台和数字化转型促进中心，深化研发设计、生产制造、经营管理、市场服务等环节的数字化应用，培育发展个性定制、柔性制造等新模式，加快产业园区数字化改造。

简单说，产业互联网就是基于大数据和互联网的技术帮助传统产业进行结构的变革和价值链的优化，这当然会降低成本，但更重要的是提

---

* 本文原载于“经济学家圈”2021年6月11日。

高生产与运营的效率，创造新的价值和更大的价值空间。

既然中国的消费互联网发展得那么快、那么好，很多人必然以为产业互联网在中国的发展应该也是顺理成章的事。这样的看法是基于一个简单的认知，即消费互联网与产业互联网的发展遵循同样的逻辑。从表面上理解，确实如此。消费互联网就是借助于互联网和数字化技术把线下的消费场景搬到线上，形成一个完美镜像。依照这样一个逻辑，产业互联网无非也是线下产业向线上的一个转换，也是一个镜像。

但是，这个类比存在一个严重误解。由消费者和商品构成的消费市场，其结构相对简单，链条非常短，只要能解决线上支付的问题，消费或购买过程便可以完美地转移到线上进行。尽管场景更换了，但购买和消费行为的内涵没有改变。可是对于产业互联网而言，这就不纯粹是场景转换的问题那么简单了。

第一，产业系统是一个高度分工和专业化的系统，内含的行业种类繁多，不能轻易整合。即便要做产业互联网平台或生态园，也不可能像消费互联网那样光靠几家大的平台就可以。理论上说，对于消费互联网，一家电商平台就可以实现线下消费场景的线上化。但对于产业的互联网化，虽然可以突破和超越传统产业的边界，通过实现不同要素的重组形成新的业态和模式，但不可能通过极少数互联网平台来实现所有产业的整合，因为每个行业的生产结构、规模和发展阶段都不一样，数据模块、技术、流程和系统结构也都是不同的。因此，产业互联网的形成一定是更加多样化和差异化的。这意味着，产业互联网价值链的链条可能更长，也更复杂和更分散，不可能像消费互联网有那么高的集中度。这也预示，与消费互联网相比，产业互联网的发展将可能创设出更大的价值空间。

第二，产业互联网不是把线下的产业链、供应链和价值链简单地搬到线上，而是借助于数字化技术和互联网重新塑造它们原有的关系，优化资源配置、再造流程。特别是，还要把数据作为要素，赋能每一个流程和环节，从而创造新的价值链关系，甚至会拓展价值链形成的空间。从这个意义上说，产业互联网跟消费互联网有一个很大的不同，前者将会重塑生产关系和生产方式，创造新的产业价值。它不是线下供应链在线上的完美镜像，相反，它是线上对线下的优化、重塑、改造和颠覆，是新的价值创造过程。

第三，如果说消费互联网的兴起大大降低了我们的市场交易成本，那么产业互联网的兴起不仅能降低成本，还能够利用互联网技术对产业链的资源进行重新整合，再造流程，进一步优化价值链，为产业链上下游企业不断创造新的价值。产业互联网平台不仅能够向客户企业提供更有价值的服务，而且它能够不断延展新的机会组合，形成新的产业生态，扩大价值创造的空间。所以，产业互联网的发展能真正推动实体产业的转型升级。黄奇帆先生在复旦大学经济学院的授课中也曾提到，中国的传统产业规模巨大，数字化转型创造的价值空间将非常巨大。未来的独角兽企业应该主要由产业互联网造就。

正因为这样，发展产业互联网将是中国经济数字化转型的一次大考。与消费互联网发展中赢者通吃的逻辑不同，在产业互联网的生态下，产业系统中供应链企业的协同与合作将成为一个常态，因为系统中的每个企业无须再构建和拥有一个独立完整的服务体系，而是要跟其他企业加强合作。

尽管如此，要使协同与合作成为产业互联网的基础战略与文化，这对中国的互联网企业来说并非易事。毕竟在过去20年的消费互联网时代，企业早已习惯采用价格战和提供免费服务的扩张策略。但是，对于推动中国传统产业转型升级的产业互联网而言，我们更需要的是产业生态的打造，它需要企业的平等合作和协同创新，需要共赢文化。这在很大程度上需要颠覆已有的消费互联网思维。

展望前景，中国产业互联网的发展将会由两路大军共同推动。除了致力于产业互联网的新兴创业者之外，消费互联网巨头转轨至产业互联网也是不可阻挡的趋势。2020年11月25日在北京举行的京东全球科技探索者大会上，京东首次系统阐释了面向未来10年的新一代基础设施，包括打造京东数智化供应链，用数智化技术连接和优化产业系统的生产、流通、服务等各个环节，这些不仅降低交易成本，更是创造产业价值。

当时的京东集团首席战略官廖建文在大会上说，过去十几年，在卖货的同时，围绕“商品供应链+物流供应链”，京东已经构建了供应链基础设施，并持续优化整个行业的成本、效率与体验。京东自营商品超过500万个商品数（SKU），库存周转天数降至31.2天，这是一个世界级水平的数字。拿全球零售业中以运营效率著称的Costco作为参照物，其库存周转天数也要30天左右。不同的是，Costco只管理几千个SKU，而京东是500万个。

在这次大会上，京东集团将自己定位成“以供应链为基础的技术与服务企业”。这代表着京东从源于零售到超越零售，再转轨到产业互联网平台，紧紧围绕供应链来构建商业基础设施与核心竞争优势，并应用于产业场景中。京东的价值着力点从“交易成本降低”转换为“产业价值的创造”。

我期待京东不仅在开放数智化产业供应链能力、推动数字技术与实体经济深度融合方面为中国产业数字化转型作出贡献，而且能与互联网经济中的领袖们一起在推动数据产权和隐私保护、公平竞争规则等方面扮演引领和推动的角色。

不可否认，中国互联网经济的发展有自己独特的模式。但是，我们也要承认，消费互联网的发展模式也是有很大的社会代价的。除了竞争规则、治理体系缺失之外，数据要素的产权界定、定价和保护，数据的安全，消费者的隐私保护，这些重要的问题在消费互联网的发展中非但没有成为被满足的前提，反而没有得到妥善的解决。从消费者和社会正义角度来说，这是中国互联网经济发展中的软肋和痛点。这表明，中国产业互联网的发展道路还需要在法制和竞争规则方面下大功夫。

在这方面，未来产业互联网经济的市场规模和结构，一定是要在更公平和基于新规则的环境下形成。这不仅需要互联网企业家有大智慧和创造力，更要有道德底线、正义和社会责任感，从而成为行业规则和规范的创建者与推动者。这样的创业家和企业家才能赢得社会尊重，才能创造对社会进步意义更大的价值。这事关产业互联网的发展模式能否真正从消费互联网的发展道路中吸取教训，能否真正推动数字化驱动的价值创造并成为中国经济未来新动能、新模式的关键。

为了中国产业互联网的发展，国家在“十四五”期间不仅要加快新基建的投资和建设步伐，也要加快推动互联网领域的立法，特别是对数据产权和隐私的保护，创造良好的法治环境，鼓励互联网领域的领袖企业积极参与和推动数据资源的立法和互联网市场竞争新规则的制定。只有这样，中国产业互联网的发展才会少走弯路，前途坦荡。

◎ 被忽视的中国底层经济活力*

那些对中国持批评态度的悲观学者认为，中国迄今为止并没有发展出本土的科技公司，相反，对西方技术的依赖才是中国成功的关键。而乐观派则把中国科技公司的国际崛起，看成其技术学习能力快速积累的结果，作为后来者，中国是学习的高手。

从表面上看，中国确实拥有数量不少但与自身富裕程度不相称的科技公司，而这些公司在20年前几乎不存在。有意思的是，我发现中国人自己对这一现象的感受，远不如中国以外的人士那么强烈，甚至完全无视。

无论如何，这给外界评价中国的科技实力和创新能力带来了一些困惑。中国的科技实力究竟是否真实？在科技竞争中，中国是否一定输给美国？这些问题常常出现在各种会议或论坛中，但答案并不一致。

从某种程度上说，学习能力的快速积累确实揭示了中国经济成功的原因。技术水平并不决定经济的成功。事实上，技术创新更是企业家驱动经济发展的结果，没有一个初创者是为了拥有新的技术而选择创业；事实正好相反，创业的成功为开创新的技术应用场景提供了前提和可能。

---

* 本文译自作者发表于“世界报业辛迪加”2021年10月4日的文章，原标题为“The Neglected Sources of China’s Economic Resilience”。

诚然，中国这些年面临越来越严峻的外围挑战和来自发达国家的技术钳制，而政府关于治理内部经济秩序和消除内部金融风险的决心，在市场上也颇受争议，但经济并没有如悲观论者预料中那样停歇。实际上，那些扰动市场预期的政策和事件，并没有真正阻止底层的创业冲动和新公司的诞生步伐。

这个现象无疑应归因于中国拥有的超大人口规模。不仅如此，这个拥有14亿人口的市场因发达的交通、通信、互联网和柔性的供应链而被超乎想象地联系在一起。

过去这些年，虽然制造业领域的外商撤离中国的脚步从未停止，但事实上这并非因为他们受到了不公正待遇，而是因为他们未能成功应对来自本土企业的竞争，未能实现本土化。那些扎根中国市场的国际公司即便信心满满，也无法回避必须跟中国本土公司开展竞争的残酷现实。

在中国市场，技术的优势是短暂的。即使国际公司的技术略胜一筹，但在服务中国市场方面，中国的公司显然具备明显的优势。它们不高高在上，与市场需求更贴近，官僚层次更少，决策更加灵活，更重要的是，学习得很快。

中国本土公司都扎根在中国经济的底层，并在残酷竞争中自下而上成长起来。中国在过去几十年积累起来的学习能力与庞大的市场规模的结合，确实塑造了中国底层的创业动力。实际上，中国拥有大量不为公众所知的成功的中小公司。这些被称为“独角兽”和“隐形冠军”的中小公司，不仅在数量上惊人，更是在科技应用领域不断创新。规模超大并无限变换的应用场景，是这些底层创业者面临的极大诱惑。

立足中国发达而高效的供应链，大量以海外客户为目标的创业公司也诞生了。具有讽刺意味的是，在中国，人们很少注意到，国内有很多隐形冠军或独角兽公司在服务海外市场。事实上，这些公司在欧美市场的影响力远胜它们在中国的影响力。

那些意识到可以充分凭借中国高效的仓储、分销和物流系统以及在产品设计和生产加工领域的超强能力来服务海外市场的创业者，将会发现其潜在的国际竞争力非常巨大。而这是正在发生的事实。一个很好的例子是一家名为Shein的公司，2020年突然在中国的媒体上受到广泛关注。

确实，这些年来，这家注册在江苏省会城市南京、专注于快时尚的跨境B2C（Business-to-Consumer的缩写，即商家直接销售给消费者）电商公司，尽管估值已达150亿美元，却并不为当地人知晓。得益于2020年一家咨询公司发布的《中国独角兽企业研究报告2021》，中文名为“希音”的Shein才进入公众视野。根据该报告，中国目前拥有251家独角兽企业，其中南京11家，而Shein首次入榜前10名，成为超级独角兽，并迅速得到投资者的青睐。

10年前，Shein不过是一家经营服装的跨境电商。像大部分中国跨境电商一样，除了官网外，它以亚马逊和eBay为主战场。但从2014年起，公司创建自主品牌Shein，并搭建网站和应用，在美国、欧洲、中东、印度等市场推出网站，甚至进军Zara的总部西班牙，覆盖了全球200多个国家和地区。

拥有自己的柔性供应链是Shein最核心的竞争力来源。目前Shein的供应链聚集于广东。这里无疑是中国最发达的制造中心，也拥有包括物流和仓储在内的最完备而高效的供应链。实际上，Shein也在一些重点市场的国家开始建有仓储。根据数据，Shein的新品从设计到成品只需两周时间，并且能在一周内运往主要市场。

这比Zara等传统快时尚产品的周期短太多了，因为后者通常在欧洲完成设计，再到东南亚制造，而且在统一向世界市场发货之前需要送回欧洲总部仓储。最近的多个公开数据显示，在Shein的第一大市场美国，在谷歌上搜索它的用户已经是Zara的3倍以上。Shein已经成为排名第二的最受美国年轻人喜爱的电商网站，仅次于亚马逊。

其实，Shein不过是中国无数快时尚跨境电商平台中的一个。除了风靡全球的社交媒体应用如TikTok之外，过去10年，从中国底层崛起的出海互联网公司可谓不计其数，更重要的是，它们在欧美和南亚市场的影响力与日俱增，在一些国家如印度甚至已经到了不能被忽视的地步。

作为对2003年暴发的非典疫情的一个强劲回应，中国的电商因得到政府的支持而快速发展。5年之后，因受全球金融危机的冲击，中国决定借此机会加大对国内经济内部联系的推动和投入，集中提升互联网、移动支付、通信、交通运输、物流、仓储以及供应链等基础设施的能力，因此形成了今天发达的覆盖全国范围的重要基础平台，这是中国底层创业和创新热潮从未间断的源头。

中国经济崛起现象的表里确实值得关注。那些浮在表面的结构性问题跟它的底层经济活力之间，似乎没有透明和直观的对应关系，但其实不然。比如说，国有部门占用着与自身不成比例的金融资源，这往往被视为一种资源的错配。但近期有研究显示，国企可能成为缓解中小企业融资束缚的非正式渠道，这亦提醒了我们关于中国经济的动态复杂性。

我相信，就经济活动的联系而言，上层与底层之间的关系是多层的，其相互影响的机制也非常复杂，值得经济学家进一步观察和研究。那些仅仅习惯关注表面现象的分析人士，常常会对中国经济的韧性感到困惑。坦率地说，看不到中国底层的经济活力，是无法真正理解中国经济的过去和未来的。

◎ 技术和经济变化得太快，社会科学没有跟上*

经济学家圈：“十四五”期间，您觉得最关键要做的事情包括哪些？

张军：“十四五”这5年应该是很特别的，因为现在跟5年前相比，很多事情有了根本的改变，未来5年我们要做的事自然也要有相当大的不同。现在面临着中美（经贸）关系的倒退以及全球经济萧条的到来，这对我们未来的经济发展会有非常大的影响，“十四五”的规划肯定要考虑这些大变局，规划和战略必然要作出大的调整。

虽然对这些变局我们在几年前多少有所预料，但它来得这么快、这么猛，还是有些出乎意料的。2018年初，中美贸易发生严重摩擦的时候，我们大多觉得这个摩擦再正常不过，日韩等国也发生过，没有什么大不了，通过双边对话和磋商，中美之间肯定能找到解决办法。老实说，不太会有人把中美贸易摩擦看成对中国的特别威胁，即便是海外研究中国经济的专家们也有类似共识，即中美贸易摩擦会得到解决。事实也是这样，经过多轮磋商，双方达成了协议。总的来说，中国经济在2008年以后已经开始纠正贸易不平衡问题，扩大更多的内需市场，把对全球的贸易余额大幅度降了下来，从2007年占GDP总量的10%下降到现在接近完全平衡。即便是贸易总额，相对于GDP的比重，也从最高时大

* 本文原载于“经济学家圈”2020年9月2日。

约65%下降到现在30%左右的水平。至于说中美双边贸易还存在不平衡，大家都理解它是一个需要靠双方共同努力的问题。特朗普在上台之后，策略性地选择就该问题持续向中国施压，但中国确实承诺开放更多的市场给美国。

然而，这次突如其来的新冠肺炎疫情让情况发生了根本性变化。美国进入大选季，特朗普为了争取连任要甩锅推责，拿疫情来说事，再加上之前存留的中美贸易逆差问题，美国突然转变对中国的态度，政治上采取敌对政策，威胁与中国全面脱钩，打压中国科技公司，甚至要终止与中国的学术和教育往来。这一切已不能简单归因于大选需要了，而是在很大程度上反映了美国朝野对中国经济崛起和中国发展模式的态度，值得我们高度警惕。

这次全球疫情大流行对很多发达国家的经济确实造成了前所未有的巨大冲击，比上一次大萧条有过之而无不及。美国财政部前部长萨默斯说，全球经济进入了长期停滞，即未来10年都不太可能再有起色。大多数经济学家对全球的经济未来表示悲观，所以在很大程度上确实出现了“百年未有之大变局”。而未来10年正好又是中国确定的新时代“两步走”发展战略中实现第二个百年奋斗目标的关键时期。按计划，2020年是我们完成第一个百年奋斗目标然后开启第二个百年奋斗目标的一年。2021—2035年这15年里，我们要做3个“五年规划”，落实第一个阶段的发展目标，基本实现社会主义现代化。现在做的“十四五”正好是15年里的第一个五年规划，而且经历“百年未有之大变局”的开始。跟美国的关系改变以及疫情造成的全球贸易、投资和经济的持久衰退与萧条，会给中国经济发展造成什么影响以及多大的影响，对这些问题都必须要有充分的估计。在这个条件下，我们才能作出客观的和实事求是的规划。

经济学家圈：对于“十四五”期间的劳动人口减少，您有怎样的看法？

张军：随着出生率的转变，中国劳动力增加速度在2010年左右就出现拐点了。这个变化可能是结构性的，也不太会逆转了。这对中国经济的主要影响体现在潜在增长率的下降，日本和韩国也都经历过这样的结构性变化。至于下降多少幅度，这不好说，但毕竟我们的人均收入和资本存量还没有达到低增长的临界值，应该有大约7%的增长潜力。要注意，这几年中国主动下调了增长目标，政府对增长的预期没有那么高了。2013年以前增长目标值一直是在8%，这些年来政府逐年下调增长目标，到了6%左右，甚至增长目标再低一点的话也能容忍。下调增长目标的原因是多方面的，既要考虑环境成本，要更多关注民生，也要处理过高的杠杆率，并强行进行产业结构的调整。但是，下调增长目标之所以是可能的，主要是因劳动人口的持续减少和流动人口规模的锐减而导致就业压力显著下降，而且随着互联网和新技术的普及，新的经济活动不断涌现，年轻人自我就业和创业的机会大增。这些都有助于吸纳因经济增长放缓而造成的就业压力。

确实，过去10年，技术的驱动使得中国经济出现了显著的结构变化。我们应该在“十四五”规划中明确鼓励更多生产性和创造性的要素资源去持续创造新的经济部门，提升经济的整体生产率水平。同时，基于移动互联网的技术，让包括大数据、云计算、AI和5G的应用为传统的经济部门赋能，就像金融科技改造传统商业银行那样。

大家都看到，这次疫情以后，中国经济确实有加快数字化转型的趋势。传统的银行，不管是大银行还是中小银行，现在都面临大量的竞争压力，它们在积极寻求科技赋能，用技术方案来创造新的消费场景。这对中国经济有非常长远的影响力。数字化转型的趋势会让大量的经济活动走向线上和平台化，尤其是在服务业。尽管这次疫情让中国经济付出了巨大的代价，但疫情期间消费者和企业都体验到了数字经济带来的安全和便利，看到了经济数字化的巨大潜力。我相信，此后我们举办学术会议也一定是线下和线上结合，甚至是线上为主。未来的社会将保留“社交距离”这个规范，所以服务业会进行彻底的数字化转型。虽然前几年我们讲了很多金融科技的东西，但那时候冒牌的东西太多，而现在我们的确进入了金融科技的时代，这是颠覆性的变化。

经济学家圈：城镇化在“十四五”期间能发挥什么作用呢？

张军：我预计，疫情以后会加速经济的数字化转型。同时，在经济发展战略上应该会有大的调整，比方说粮食安全问题、能源安全问题、医疗资源安全问题，对这些都会有更长远的考虑，也应有相应的措施加以巩固。还有产业链安全问题，特别是像核心技术供应链这样的关键领域，肯定也会在规划中加以考虑。我们不希望将来过于依赖美国和其他发达国家的技术供应，但又要保持对世界的开放和技术合作，不能封闭起来。中国的巨大市场，包括技术市场，对全球的企业有持久的吸引力，我们对这一点要有足够的信心。

再说到城市化。这几年，国家层面上对中国经济的区域融合考虑得比较多，因为通过40多年的高速发展，已经到了思考如何更好地深耕国内市场的时候了。目前陆续提出了区域经济融合的多个战略，包括长三角一体化发展战略、粤港澳大湾区建设、京津冀协同发展、长江经济带发展以及成渝地区双城经济圈建设。我觉得中国的城市化进程必须与区域融合的战略保持方向一致，因为区域融合发展战略是基于现有的城市群和都市圈而作出的，代表着中国城市化的方向。我不赞成城镇化的提法，因为无论从经济总量还是人口流动来看，区域融合的发展战略都是以超大和特大城市、大城市为主的城市群来推动的，这就意味着未来的城市化格局应该是和城市群的分布高度叠加的，不可能反其道而行之。尤其像长三角和长江经济带，这是中国的天然发展轴，因为上海对长三角有巨大的辐射能力，而长三角又是整个长江经济带的龙头。目前长三角的经济总量占中国的1/4，长江经济带的经济总量占全国的将近一半，这是中国经济意义上真正的发展轴。再加上京津冀、粤港澳，基本上70%的GDP总量都集中在这些地方，这意味着人口的聚集也应该会在这些地方。

经济学家圈：互联网和人工智能有没有改变经济学规律？

张军：我直觉上认为是有比较大的影响。因为现在的经济学主要是基于古典市场来讨论经济的变化，而古典市场上最主要的角色是一个买者和一个卖者，两者之间还存在着信息不对称。不管再聪明的人，作为需求方从供给方能够得到的信息是有限的。信息不对称会为第三方创造获利机会。也就是说，如果一个人能够帮助解决这种不对称的障碍，或者让这种障碍变得不是那么严重，这就是一个可以盈利的机会。而只要有这种机会，市场就会朝着这个方向发育，从而持续不断地创造新的经济活动，也就是说市场发育的方向就是不断地弥补因信息不对称而造成的供需之间的鸿沟。市场也因此变得越来越厚，即供求之间“中间层”的组织越来越多。我曾在20年前翻译过一本书——《市场的微观结构——中间层组织与厂商理论》，它讨论的便是这个问题。市场交易双方为了让交易能够更好地完成，需要收集彼此的信息，而搜寻是有代价的，且需第三方监督，防止欺骗。也就是说，某一方不仅需要收集更多信息来了解对方的诚信，还要考虑对方欺骗或违约时应如何来保护自己的利益以及如何进行监督。这些事情最后都是通过在市场上购买第三方的服务来解决的。所谓的发达市场，相对于初级市场，其发达的地方就在于中间层组织发育得比较饱满和厚实。

所以，威廉姆森、科斯等经济学家提出交易成本的概念之后，人们一下子就明白了市场为什么越来越厚的道理。但交易成本的概念也让人有些困惑，因为越发达的市场经济似乎代表着越大的交易成本规模。这听起来是个悖论，当然我们不能反过来说发达市场经济的交易成本更高。

然而，人情社会的情况不太一样。在讲究人情的社会，做生意可以不需要合同，不过这种情况不是市场经济，应另当别论。20世纪那些最重要的经济学家一定没有想到，今天的技术可以解决古典市场的一些难题。现在，大数据、人工智能、云计算、生物技术等技术的发展有助于解决信息不对称的问题。这种技术的发展在很大程度上颠覆了经济学的很多研究，甚至过去经济学中讨论的很多命题也都会不存在。比方说有了大量的数字化平台之后，每个人可以变成一个独立的职业者，不再受雇于一个公司或组织。比如说滴滴司机，只要他愿意，就可以去开专车而不需要绑定在一个具体的出租车公司，更不需要签一个就业合同。这对劳动力市场是一个巨大的颠覆，颠覆劳资关系，甚至影响立法。在发达国家，劳资关系和劳动力市场的结构都是经济学研究的重要领域。而现在出现了越来越多的所谓“Gig Economy”，也就是零工经济的现象。

其实，就业和劳动力市场是宏观经济的基石，一旦就业和劳动力市场发生根本改变，整个宏观经济学都要重写。我们理解的宏观经济平衡以及制定的宏观政策，都是基于菲利普斯曲线、奥肯定律这些理论的。但现在看来，这些基础并不牢靠，会发生巨大改变。过去，经济发展在理论上都是讨论关于正规部门和正规就业的扩张的，但现在劳动力市场的改变会让正规部门和非正规部门的界限消失。

经济学家圈：您如何评价目前国内的经济研究？您对青年经济学者有什么建议？

张军：形势比人强。我觉得我们没有特别关注技术变化对经济的扰动甚至颠覆性的影响，也没有去观察和思考这样的变化如何影响经济学。对中国的社会科学家而言，现在和未来遇到的最大挑战就是技术发展得越来越快了，这难道对已有的理论没有影响吗？过去这几十年我们刚刚把劳动力从第一产业转移出来了，但技术的变化很快就让社会不需要他们，这是一个非常严重且不能忽略的问题，但是国内经济学家的注意力根本不在这上面。

我们现在的青年一代经济学者，基本素质相当好，但总体上还没有真正关注中国经济正在发生的最重要的变化，大多数还在跟随主流经济学范畴内的问题，而且很多是从文献中得到的问题。无论是在国内发表的这些期刊论文，还是在国际顶级期刊上中国年轻学者发表的论文，总体上都还是遵循着一些传统的命题，比如经济增长、生产率、结构变化、劳动力市场。即便是一些有趣的问题，研究中也不过是改用了中国的数据来做验证，含原创思想的东西不多。这当然可以理解，毕竟状况的改变需要时间。不过，我们需要自觉和清醒，中国经济发展得太快了，但太多的知识分子没有跟上。有时候我到一些著名的科技公司去调研，很有感触，从研究上说，国内的大学在很多方面很落后，视野和能力还不及这些公司。比如，人家用大数据、AI和超级计算机来解决很复杂很基础的问题，找到了解决实证经济学中很多问题的办法，但大学的研究做不到。我们的教科书、课程表，这些东西都还停留在半个世纪前，完全跟不上经济的变化，在这种情况下还怎么去教学生？所以我曾说过，现在课堂上还在用曼昆、萨缪尔森的宏观经济学教科书等，这些教科书的内容与我们看到的现实存在严重脱节，里面没有互联网，没有电子商务、大数据、AI，没有智慧城市、城市大脑，没有Fintech，没有共享经济、平台经济、零工经济现象。难道不是脱节得很厉害吗？

我希望我们的年轻经济学人能多跑到前面去，多去跟踪技术改变对经济的影响，多去观察这些新的现象。在这些方面可以寻找创新的机会，做好的研究，当然这并不是说主流经济学关心的那些问题不重要，而是那些问题的重要性已经大大地下降了，现在有比这更重要的现象和问题，但是还没有引起太多的重视，哪怕全民关注都不为过。

第三篇

突破与挑战：

高水平对外开放重建国际经济新秩序

◎ 为什么中国经济不会步日本的后尘*

1947年，英国著名历史学家汤因比（Arnold Joseph Toynbee）在他的著作*Civilization on Trial*（《文明经受考验》）中曾预言，除美国和苏联之外，已不可能再看到一个强国出现，哪怕中国和印度这两个人口大国也不可能。

事实证明，汤因比的预言错了两处。第一，苏联崩溃了，并不像他想象中那样强大；第二，中国经济正在崛起。中国用了40年时间一跃成为世界第二大经济体，这超乎汤因比的想象。

不过在当下，崛起中的中国经济正在遭遇来自头号经济体美国的攻击和技术钳制，而且正如很多人所担心的，这种局面正在演变成“新冷战”。问题来了，未来中国会不会像苏联那样倒下？或者说中国会步日本的后尘，迎来失去的10年或20年？

要回答这个问题，首先要弄明白一点，中国这次成为美国特朗普政府发起贸易战和技术钳制的目标国家，并非因为中国是美国的敌人，而是因为美国改变了对全球化和中国经济崛起的观念。更具讽刺意味的是，今天就连美国自由主义的经济学家（包括5位诺贝尔经济学奖获得者）都一改常态，反过来质疑全球化，主张要保护美国。美国知识界的

* 本文原载于“原子智库”2018年12月28日。

这一“气候变化”是不寻常和不可思议的，令人遗憾。至于“美国优先”的经济政策是否会将美国拖入歧途，想必诸多美国的有识之士也对此深感不安。

那么，在此背景下，美国与中国的“新冷战”是否真会成功抑制中国的经济崛起？答案取决于对中国过去经济崛起的解读。尽管各种非议和批评不绝于耳，但不可否认中国是在比同期绝大多数国家更开放的条件下成功推行结构改革和实现高速增长的国家。这与苏联不可同日而语。尽管中国过去的增长模式不可避免地引起了与美国的贸易不平衡和摩擦，但如果认为中国仅是想借助控制汇率和一些扭曲政策来获取更多的出口和顺差，那就错了，因为这么做对于中国这个大国而言也将会是灾难。国内的扭曲当然存在，但至少在过去大部分时间里是在减少，不然就只能相信中国的增长是虚夸的。尤其是考虑到过去40年中国经济的非凡表现和在最短时间里实现了人类最剧烈的经济转型这个事实，中国的发展和开放战略在总体上就是相当正面的，远不是被指责的那些人为扭曲所能概括得了的。

特朗普政府在指责中国对美国维持较大贸易盈余的同时，全然忘记了中国的贸易总量有多大以及对世界经济有多重要。换句话说，中国不仅创造了出口与进口之“差”，导致与欧美的贸易失衡，同时也创造了出口与进口之“和”，为世界经济带来繁荣。单看中国今天可以维持占GDP大约60%的贸易额这一点，它的崛起就值得世人尊重。对中国偷窃技术的指责一定是假设中国仍是一个封闭经济，还停留在1978年之前的计划经济时代。

正是基于对中国的持久开放和深化改革的观察，2011年，彼得森国际经济研究所资深研究员Arvind Subramanian在他的著作*Eclipse: Living in the Shadow of China's Economic Dominance*中曾保守地预测，未来20年中国的经济崛起和在全球经济中居主导地位是大概率事件。

那么，不断发酵的中美贸易战是否真会改变这样的预测结果？该预测是否也会遭遇人们先前预测苏联时的同样尴尬呢？答案很简单，除非假设中国未来有重回计划经济的可能。事实上，Arvind为了使预测避免过于乐观，他有意识地要显得保守一些，以防那些不测事件。而人们当年对苏联的看法却是极度乐观的，这部分来源于当时的国家干预主义和福利主义国家思潮的流行，再加上苏联的工业与军事高速扩张的事实，经济学家严重高估计划者管理经济的能力并忽略了以下事实：苏联有庞大的由计算机辅助的中央计划系统、有先进的科学研究、有丰富的自然资源和优良的人力资本，但苏联跟今天的中国极其不同，苏联没有市场制度、没有分权、没有竞争、没有货币激励、没有信息的横向扩散、没有企业家精神，也没有与发达经济体之间的贸易和通过学习而获得技术进步的开放政策。随着经济变得越来越复杂以及庞大官僚组织的本能膨胀，计划经济运转失灵就为期不远了。事实是，中国拥有苏联不曾有的这一切。

再说日本经济。要作出中国会重蹈日本覆辙的大胆预测，必然是要无视中国的发展阶段和在劳动生产率上中国与日本的巨大差距这一事实。Arvind Subramanian曾明确提到，当年看好日本的预测要说有错，那就是大多数预测都忽略了一个重要事实，即日本经济在增长停滞之前自战后算起已经持续了将近40年。用2005年的美元购买力平价计算，1990年日本的人均GDP已经达到了26000美元，几乎赶上了美国31000美元的水平，换句话说，日本在经济停滞前已经是世界上最富裕的国家之一，并且已经位居全球技术的前沿。考虑到这个常被人忽略的事实，再加上日本特别严重的人口老龄化对储蓄率有显著的负面影响，日本经济在1990年之后的增长降速显然是可以理解的。而中国今天还需要走完追赶前沿的较大距离。

假定中国继续保持市场开放和持续的结构改革，即便考虑到今天中美贸易战的持续影响，把中国未来15年的平均增长率估计在5%以下，仍然缺乏足够有力的证据。实际上，Arvind预测的人均GDP增长率5.5%已经把中国未来（到2030年）的增长率比之前20年下调了40%。为了检验这个下调幅度在历史经验中是否还显得过于保守，他挑选了在那些人均GDP达到美国的1/4之后，其增长率不低于之前20—30年平均水平的经济体。在6个数据齐备的国家和地区（巴西、韩国、中国台湾、马来西亚、罗马尼亚和秘鲁）中有4个这样的经济体，只有巴西下降了2.6个百分点，罗马尼亚下降的幅度则更大些。尽管样本极少，但也说明与中国当前阶段相似的国家和地区都依然能够保持较快增长的例子其实并不鲜见。即使这样，人们也会进一步质问：有什么理由相信中国经济的前景更像日本、马来西亚、韩国和中国台湾，而不是罗马尼亚、苏联和1980—2000年的巴西呢？

除了那些显而易见的原因之外，中国在经济发展中应对冲击和不测的能力也不容低估。已故耶鲁大学著名经济学家拉尼斯（Gustav Ranis）教授1995年在总结东亚经济体能够保持长期增长的成功经验时曾经指出：

> 关键的和具有说服力的一点是，决策者持久的可塑性使其总能在每个可以识别的增长转型的阶段上针对变化的需要作出政策的改变。由于这一可塑性，整个系统得以避免失去动力并能在每个阶段的末尾重新驶入轨道……每10年有每10年的挑战，对于每个10年，政府都能作出政策的改变，用库兹涅茨的话来说，这些政策的改变是为了适应而不是梗阻私人经济所要求的变化。要说发展的成功有什么秘诀的话，那就是避免思想僵化。这就要靠不断的政策改革，要不断回应大量分散决策者的呼声。

这段描述中国情形的话实在太精彩。在经历了为应对全球危机而实施的超常的货币刺激之后，中国领导人意识到全面反思增长模式和进行结构调整的时候已到。这显然需要巨大勇气来应对因结构调整而造成的经济下滑和痛苦。即使这样，外部观察家如果认为中国还在坚持过去的模式以维持增长，那就错了。事实上，在这种情况下，中美贸易战的冲击很可能坚定了中国领导人扭转过去增长模式的决心，要以更大的市场开放和结构改革来消除尚存的各种扭曲和缺乏效率的投资。说到底，中国到了需要依靠其巨大的市场优势实现追赶并建成先进国家的时候。

◎ 疫情难以改变全球对中国的经济依赖*

鉴于大多数国家的隔离举措让消费和生产活动不得不按下暂停键，正在持续的新冠肺炎疫情引发了较2008年更为惨烈的全球经济衰退，更重要的问题在于这场衰退是否会旷日持久。

美国和欧洲的经济都将因反应拖拉和混乱而损失惨重，而且看起来很多国家将不可能很快从这场衰退中恢复过来。世界各国为应对疫情危机所付出的代价远超2008年。美国正在动用超乎想象的量化宽松和大规模财政刺激政策来应对正在来临的经济衰退，但全球的衰退依然不可阻止。

就算未来数月新冠肺炎疫情将被最终制服，多数经济体为此付出的代价也将惊人。一些国家的政府许诺为家庭、企业和金融机构承担一部分损失以阻止经济的崩溃，但其现有的公共债务水平并不允许那些不惜代价的行为。即便这样，他们只是在力图避免事情发展到不可收拾的地步，并不能阻止经济的大面积衰退。更何况大多数国家根本没有能力在所承受的债务水平之上增加负债。即使他们能做到更多，为挽救这场危机的冒险行为仍会为日后更为漫长的经济萧条埋下种子。

更糟糕的是，新冠肺炎疫情蔓延让大多数国家选择彼此封闭和指

* 本文原载于“网易研究局”2020年3月30日。

责，而不是携手应对共同的挑战。回望2008年的全球危机，没有中美密切联手以及中国及时推出经济增长的大规模刺激计划，世界经济不会这么快得到复苏。但这一次很遗憾，中美两国合作应对全球危机的时代已经结束，国际合作在这次疫情大危机中显得非常不够。甚至有人评论说，美国在这次疫情中的表现也未能通过全球领导力的测试。不仅如此，这次疫情也加剧了中美的紧张关系。在中国疫情暴发的初期，美国政界的一些人开始污名化中国。《福布斯》杂志甚至断言，危机之后，没有人愿意继续维持全球供应链过度依赖中国的现状。

这些狭隘的行动于新冠肺炎疫情在全球蔓延之后变得具有讽刺意味，而且在很大程度上削弱了全球主要经济体合作应对危机的意愿和能力。孤立中国或减少对中国的依赖以解决全球危机的那些断言过于短视，没有看到中国是全球危机解决方案的重要参与者和制定者。

那些说新冠肺炎疫情会加速全球供应链脱离中国的言论并不能让人信服。给定中国拥有的发达的制造和配套能力，很难理解供应链离开中国将意味着什么。实际上，过去10年有大量的低端制造业投资转移到了中国的邻近国家，但这并没有削弱中国在全球供应链中的地位，而是让中国更快地在复杂技术供应链上占据越来越重要的地位。过去生产服装、鞋子和组装电子产品的长三角和广东地区现在已经成为很多高科技产品的研发和生产中心。

即便区域化和多样化的供应链有助于降低其脆弱性，但事实是，中国在电子产品、汽车制造、机械设备和装备制造等领域拥有成本和效率的绝对领先优势，在可预见的未来很难被撼动。更何况自从2003年非典疫情发生以来的17年里，随着中国更多依靠国内需求驱动经济增长，全球对中国的经济依赖不是下降而是在持续增加，已悄悄超过中国对全球经济的依赖。

现在的局面很清楚，尽管中国在2020年1—2月最先遭遇新冠肺炎疫情的巨大冲击，但由于控制得力，它仍会是最可能在全球衰退中把握机会实现快速恢复和持续增长的国家。对政治家和投资者而言，不认识到这一点将会产生误判，并且对正在陷入危机和衰退中的全球经济的未来没有任何好处。选择离开中国将是一个错误决定。

中国的机会来自其更早地控制了疫情这一事实。尽管武汉在2020年初对疫情处置不当，但中国政府随后决定封城武汉并在全国实施阻隔的政策非常有效，为中国在全球疫情迅速蔓延开来之前有效控制疫情赢得了宝贵时间。这个时间差让中国与全球经济处在一个非常不同的盘面上。

不可否认，全面的自我隔离政策几乎使中国经济停摆一整个月，甚至一季度的GDP预计下降8%—10%，但从2月中旬开始，中国在为复工复产而努力以确保供应链的稳定和经济活动恢复正常。当下，欧美还在为疫情蔓延忙得焦头烂额的时候，保守估计，中国7—8成以上的经济活动已恢复正常。

这使得中国在时间上错开了因欧美的市场恐慌和股灾而导致的股市动荡。时间上占优和稳健的金融使得政府可以更加从容地应对危机并确保经济活动和供应链恢复到正常状态。

到目前为止，中国央行的货币政策也显得较为从容。为帮助经济恢复，央行正在引导市场利率下调。政府也在为经济活动恢复而给予更多的补贴并减免税收，还考虑允许财政赤字突破已有的上限。鉴于隔离举措阻碍了经济的运转，这次与2008年全球危机时的应对举措有所不同，中国政府明确表示把就业和经济恢复作为优先选项，而未急于再实施超大规模投资刺激的计划。中国当然可以提出新的投资计划并放松数年来受到严格执行的购房限制以刺激国内更大的需求，但前提是这样做确有必要。事实上，疫情对中国业已确定的基建计划（包括建设特高压电网、智慧能源、城际高速铁路项目以及以5G、AI、工业互联网和物联网为代表的新型基础设施）影响有限。这意味着在致力于修复受疫情干扰的经济活动的同时，中国很可能会加快已有投资计划的执行。

值得关注的是，中国在建设信息数字化和智能化的基础设施项目上雄心勃勃，目的是在未来数年确保中国在5G、大数据、人工智能、物联网和工业互联网领域占据全球领先的地位。事实上，中国是推动全球数字经济和人工智能发展的主要力量。中国的技术发展只会强化中国在全球技术价值链上的融合趋势而不是相反。认识到这一点非常重要，美国优先及其对中国技术脱钩的威胁论未必会放慢中国与全球之间的技术流动。

在全球化遭遇逆流之时，中国领导人把中国未来的经济发展更多地与开放市场相联系。这种理念顺应了全球化并将加深中国与全球经济的深度融合。中国进一步融入全球经济，将创造更多的全球贸易、投资和增长，对新冠肺炎疫情引发经济衰退的全球其他国家和地区而言也尤为重要。新冠肺炎疫情的全球冲击显示出抵制全球化的思维多么短视和不合时宜。

简言之，全球经济特别是发达经济体，要在新冠肺炎疫情的严重冲击和经济衰退中复苏，中国仍是一个重要的帮手。新冠肺炎疫情不会改变中国正在加快开放服务业并成为发达经济体和新兴市场国家出口目的地的事实，反而会让这个巨大市场的开放变得更为迫切和更具吸引力。

◎ 中国经济只有尽快复苏，才能看清美国政策的影响*

全球新冠肺炎疫情态势仍笼罩在不明确之中。疫情防控和经济保卫相互交织在一起，影响着未来的走向。美国政府推出激进的财政货币政策，其背后原因和代价是什么？赢得了宝贵的疫情防控时间差的中国，又该怎么做？如何才能拨开迷雾，远眺自身的挑战与机遇？

观察者网：首先从近期美国经济表现谈起，2020年3月，美股曾在两周内创纪录熔断4次，不少人担忧，这意味着全球经济衰退的到来，甚至比肩1929年的大萧条，而且比2008年全球危机来得更凶狠，您对此怎么看？美国近期经济表现是因受到疫情、石油市场等短期影响，还是触发了一些深层次的经济问题？

张军：历史上1929年大萧条出现的时候，当时人们并不能完全明白它到底是怎么酿成的。事实上，这也成为后来几代经济学家在学术生涯早期甚至学生时代研究的问题，像弗里德曼及其弟子辈的伯南克等经济学家都致力于弄明白那场大危机是如何造成的。即便这样，我相信，经济学家到目前为止对1929年的大萧条也还是没有完全一致的看法。

今天，当我们经历一场由疫情触发的金融动荡并直接导致经济衰退的大危机时，不要指望经济学家们有一致的看法，特别是大家对美国经

* 本文原载于“观察者网”2020年4月16日。

济韧性究竟如何的看法始终有很大分歧，不容易调和。疫情在全球的蔓延还能持续多久？一些国家的经济是否能在疫后快速恢复？各国开启的防疫模式能否在疫后被彻底抛弃？这些问题都不容易回答。

不过，有些问题我们是可以明白其中的逻辑的。比如这次新冠肺炎疫情在全球蔓延，它的触发因素跟其他危机不同，对经济的冲击方式也不同。如果是单纯的金融危机，它一般是突然收缩市场流动性来冲击经济。这中间会有一个过程。像2008年那次，先是房地产市场出问题，接着银行受到影响，银行再影响其他金融机构，一连串骨牌效应，导致美国整个金融市场连环踩踏。美国金融踩踏以后，迅速波及全球市场，再通过影响全球的投资和贸易活动进一步冲击全球经济。在这个过程中，我们看到发达经济体受到的冲击要比发展中的和新兴市场经济体大得多，欧洲经济受到的打击显然比亚洲经济要大得多。即使这样，影响面也好，影响深度也好，都无法跟这次新冠肺炎疫情相提并论。面对传染性极强的新冠肺炎疫情，我们必须让人待在家里，必须停止所有涉及人口聚集的经济活动，无论是需求活动还是供给活动，无论是服务业还是制造业。

换句话说，整个社会要按下暂停键。更要命的是，没有人能确切知道会停多久。所以，经济冲击在这里表现为停止经济活动。很多经济活动必须停下来，这不仅意味着没有增长，而且还可能造成衰退。

值得庆幸的是，2008年的全球危机加强了全球合作和治理的能力，特别是中国与美国的紧密合作和共同应对在处理危机和全球经济恢复中发挥了特别大的作用，但也埋下了后来两国关系发生逆转的种子，因为那次危机给了中国在全球影响力和经济实力上反转的机会。

观察者网：最近也有这样的观点："这次疫情风险，已经不是各国央行大幅货币宽松所能解决的。因为疫情令各国经济停滞，金融市场与实体经济可能需要逾千亿美元来维持运转并避免巨额坏账爆发……以往金融危机都是金融系统受到冲击，再波及实体经济成长，但这次无法厘清实体经济坏账激增与金融市场系统性风险爆发的传导机制……”人们似乎无法看清这场经济危机会是什么样的状况。

张军： 目前来看，如果不是疫情而是其他因素导致金融危机并进一步冲击实体经济，应该还是能说清楚整个传导机制的。这个情况并不复杂，金融危机一旦发生，市场上的流动性马上收缩，大家急于抛售资产，资产价格下跌，那些杠杆比较高的部门、企业便会遇到问题，若挺不过去则破产倒闭。如果政府向市场释放流动性，也许可以解救一部分企业，但总归还是有相当一部分会因杠杆原因而躲不过金融危机。

现在这套传导机制有吗？也有。恐慌造成金融动荡和悲观情绪，流动性收缩，大家纷纷抛售资产进行变现，导致资产缩水，很多上市公司的股票因此大跌，进一步引发流动性危机并波及实体经济。但现在的情况是不仅仅有这套传导机制，还有更直截了当的冲击。疫情直接冲击经济活动，导致经济停摆，叠加起来当然就会造成经济衰退。

观察者网： 近日美国政府提出用6万亿美元刺激经济，美联储无限量QE（即量化宽松）预计将达4万亿美元，另加2.2万亿美元救市，这项经济刺激计划会奏效吗？为什么？长远来看是否会有负面效应？

张军： 美国政府出台如此雄心勃勃的救市政策，是依仗着美国政府自己的信用担保。所谓上不封顶搞QE，美联储可以无限量收购债券和MBS（抵押支持证券），因为美国的国家信用是全球性的，它也可以向全球融资。上个月，美联储和韩国、澳大利亚、巴西等九国签署货币互换协议，并向新兴市场国家传递信息——美国可以收购他们的债券、向这些国家投放流动性，等等，这些动作显然已经非常歇斯底里了。

观察美国政府出台的这些政策，可以作出这样的判断：此次疫情对经济冲击的能量远远超过2008年，能够和1929年大萧条相提并论，否则美国政府、美联储不会作出如此激进的反应。可见，当下稳住局面变得多么重要。尤其今年又是美国大选年，必须不惜代价稳住局面，这才是政治正确。所以美国实际上是在赌自己的国家信用。

但是我们要明白，美国的信用并不是一成不变的。这在很大程度上取决于美国经济的长期表现和全球格局的变化。我相信，在疫情冲击之下，美国经济的衰退并不是短期现象，发达经济体的衰退也不是一两年的事。这一点在市场上应该是有共识的，所以美联储和美国政府的应对政策有点孤注一掷的味道，风险很大，实在不敢想象将来应如何弥补和消化今天的过度透支。

事实上，值得我们关注的不仅仅是现在，更是未来。疫情之后，美国经济会不会进入一个长期停滞阶段？萨默斯教授几年前就说现在发达经济体已经处于长期停滞，那样的话，疫情危机就强化了这个停滞的趋势。

这些年，无论美国还是新兴市场国家，事实上都没有明确的增长点。而突如其来的疫情让很多国家特别是发达国家都付出了巨大代价。在没有新增长点的情况下，这些国家几乎连老本都拿出来了，肯定要透支很多年。

这是我们不太看好未来经济的重要原因之一。毕竟在21世纪头10年，以中国为代表的新兴市场和新兴国家不断加入全球贸易系统，在全球化大潮中有比较好的增长表现，推动全球经济发展，发达国家也因此受益。但2008年以后，全球经济进入下行周期，而且时间拖得很长。全球经济的增长率目前远未恢复到2008年前10年的平均水平。

也就是说，即便没有这次全球疫情大流行，全球经济也基本进入了萨默斯教授所谓的“长期停滞”，我们找不到明确的增长来源。相反，发达国家政治转向、逆全球化成主流思潮等，对全球经济的未来更是雪上加霜。

观察者网：2020年3月26日，鲍威尔发表声明，当前是非典型的经济下行，美国经济基本面没有问题，美联储还有政策空间，借贷方面的“弹药”尚未用尽，美国经济复苏关键要看疫情的发展和防控效果。但同一天，美国公布了一个最新数据：失业保险申请人数从28万上升到328万。您如何看鲍威尔的声明？从失业率等数据出发，该如何解读当下美国宏观经济层面的变动趋势？

张军：就像前面提到的，疫情蔓延直接让经济活动停摆，毫无疑问会导致失业人口上升，而失业大幅剧增可以视为疫情冲击经济的一个重要指标。

作为美联储主席，鲍威尔必须向市场传递正面的信息，给市场一些底线，这点可以理解。最重要的还是要看市场如何理解美国经济的基本面。失业人数大规模增加，这是很糟糕的状况，不是一两年就可以恢复的。因为美国的储蓄率很低，据说30%的民众是没有存款的，还有一半的民众存款量很少，所以一旦失业人口增加，对整体需求的影响非常大，特别是消费需求，当然还包括房地产。

美国经济最大的问题是结构性问题，即财富过度集中，近20年美国政府始终没有对此很好地关注和处理。贫富差距过大，导致社会对立，这种对立又演变成政治对立、两党撕裂。美国经济的核心问题是，不管经济增长多少，哪怕增长2%，也只是让美国的极少部分人获益更多。

由于这个结构性问题，美国经济的基本面其实是很脆弱的，不能实现包容性的增长，这对生产率增长也非常不利。过去10年，美国的生产率增长非常缓慢 。从经济学家的眼光来看，当就业增长好于生产率增长的时候，意味着美国GDP的增长更多是就业增长带来的。就业之所以还不错，得益于劳动力市场发生了变化，可能跟互联网技术发展有关，就业变得更加灵活分散，中小微企业数量猛增。过去大多数美国人在大公司就业，现在则有很大不同。这种情况下，不难想象为什么疫情导致大量失业人口的增加。

同时，从生产率的基本面也可以推测，这11年来美国金融市场的繁荣景象是靠流动性支撑的。如果疫情造成了金融恐慌，导致流动性收缩，美国股市泡沫当然就会被戳破。

金融泡沫是“皇帝的新衣”，很多人不愿意明说。耶鲁大学的诺贝尔经济学奖得主希勒教授是个例外，他这些年一直说美国股市存在严重泡沫。希勒是比较少数的敢讲真话的经济学家，而且是有深入研究的。所以他一直提醒，美国的金融泡沫是比较严重的。

当泡沫在长时间内能够维持下来的话，市场上其实就已经形成了一种潜在的恐慌。如果没有触发因素，它也许还可以屏住一阵子，一旦有触发因素，可能就会引发金融危机。过去这两年，美国市场上唱衰美国股市的声音一直不断，所有人都觉得也该掉头了。

一旦金融市场虚高的泡沫被戳破，再加上疫情导致失业人口大规模增加，这些对美国经济都是巨大拖累。

观察者网：那么，美联储无限量QE会对全球经济带来什么影响？中国是否需要在宏观调控措施上作出相应调整？

张军：要说对中国经济有好处的话，那就要假定美国大规模财政扩张对美国经济确实能有正面影响，但现在看起来并不乐观。

我觉得现在不是讨论中国该怎么应对美国政策冲击的时候，而是应该先讨论美国的政策对其自身经济是否管用。假设6万亿美元投下去，美国经济可以复苏，那对全球、对中国当然也是利好。

当然了，美国的大规模宽松政策也会对中国产生一定的影响，但中国的回应余地显然要大很多。

中国当前最重要的是尽快将防疫上的时间优势转化成在经济恢复层面上的时间优势，这关系到中国是否可以成为疫后全球经济恢复最快的国家。我们如果能做到这一点，在美联储出台这种大规模政策之后，应该能看清楚自己的机会和可能受到的影响。

从这个意义上来讲，现在我们要尽快让经济复苏，让整个经济走出“战时”管理模式而进入相对正常的状态。而且，我们还有很多金融政策没有用，财政上还有巨大空间。只有尽快复苏、回到常态，才能看清楚美国的政策接下来到底会对中国的哪些方面产生影响，我们才能更加主动地应对。

观察者网：确实，如何用好防疫时间差对我们至关重要。不过，目前的情况是，中国国内有所缓解，但世界疫情仍在加重。不久前我们趁清明小长假去了趟浙北，当地轻纺业发达，很多工厂做外贸出口，最近已有部分厂商出现订单取消、小规模裁员等情况。“三驾马车”（出口、消费、投资）中的外贸恐怕暂时失灵。再来看消费，无论是疫情冲击带来收入不稳或预期不好，还是过去讨论贸易战、经济下行的原因，如何拉动内需一直都是核心问题，那么现阶段中国拉动内需的机会在哪里？可以从哪些方面着力？

张军：我觉得消费需求在解除疫情防控措施政策之后，应该会有很大反弹，不会有太大问题。

现在的关键问题是：这种“战时”政策还没有解除，未来到底要持续多久？目前学校没有开学，“两会”也没有召开，很多人还习惯处于“战时”氛围中，以居家生活为主。如果可以解除，相信大量需求就会反弹。清明小长假时，有新闻报道称黄山游客人山人海，足以证明这点。

目前有不少输入性疫情，原来开放的一些场所又再次关闭，这就有点反应过度。其实，已经开放的场所是不能关掉的，否则影响会非常大，因为这相当于给老百姓传递了一个信息：疫情又严重了。事实上，针对输入性疫情，只要隔离措施到位和严格闭环管理，不会有大问题。当前各口岸都采取了非常严厉的闭环隔离政策，像北上广深这样的大城市是海外输入疫情比较多的地方，只要确保实行闭环管理，对国内疫情不会有太大影响。

所以，各地必须尽快开放服务场所，尽快恢复正常生活、正常教育、正常商务活动。一旦恢复以后，消费、金融会立刻出现较大反弹，人们会去吃饭、看电影、旅游，等等。当然，这需要经过科学评估并保障安全有序。但像现在这种类似于无限期的“战时”状态，人们依然不敢放松，对消费需求的影响就比较大。

再者，目前影响经济的另一个因素是，随着海外疫情逐渐严重，海外复工可能更慢，对复工中的中国外贸企业有较大冲击，而恰恰外贸企业大多是中小型民营企业。

那么，这一块怎么补救？从总需求来看，传统的做法就是加大投资需求，对冲海外疫情导致的贸易活动减少。但目前这还不是最优先考虑的问题，我觉得应该首先考虑如何帮助这些受到冲击的企业，让它们渡过难关。考虑到海外疫情持续的时间可能会更长，还要在此基础上给予它们财政上的帮扶和纾困。

最近，大家谈到的“新基建”其实并不是一个大规模的投资项目计划，本身规模也不可能很大。正常情况下，中国每年的固定资产投资将近60万亿元。而且2019年各地地方“两会”已经制定的2020年投资项目是现有的计划，不需要再制定新的计划。眼下最重要的，可能不是先去考虑如何增加更多投资计划，而是让已有的投资计划尽快落地。同时，相应的金融财政配套政策要跟上。

对中国来说，我们在时间上占优，千万不能浪费掉这个时间差。这段时期内，要更大力度地帮扶大量中小微企业，保障就业，最大限度降低疫情造成的失业。只要企业还在，人们还在岗位上，整体需求层面就不会有太大的下降。一方面是有反弹趋势，另一方面是在保住饭碗的前提下，人们会有收入预期，因此今后消费需求将慢慢正常化。

从投资需求来讲，眼下最重要的是，确保各地去年确定的投资项目尽快落地，同时根据形势变化特别是海外形势评估，再决定今年要不要增加投资或还要增加多少投资，而不是一上来就大量追加项目。

观察者网：最近有留意到您提出一个观点，“很遗憾，中美两国合作应对全球危机的时代已经结束”。2008年金融危机促成G20升级，但从最近G20视频会议来看，情况似乎不太乐观。想请您具体谈谈您的观点以及未来国际防疫和经济合作可能出现的局面，尤其是中国扮演的角色会有什么变化。

张军：确切来说，这个问题没有短期的答案，但根据目前趋势，中美关系已经发生了本质性改变——从过去的战略合作，变成现在更多的竞争关系。在技术供应链上，美国封锁中国，试图跟中国脱钩；在全球供应链层面，疫情之后，可能有些思潮会更加渲染这一说法，即主张供应链尽快多样化，要有第二来源。这些发言听起来似乎都是针对中国的。

前不久，我也看到很多国际知名人士发表的言论，其中不少针对中国，几乎都是从供应链角度出发。所以，我最近在世界报业辛迪加发表的文章，主要是在回应这些声音。供应链要撤出中国谈何容易，因为我们有绝对优势，尤其在制造业上具备非常发达的体系，效率和成本优势较为明显，所以要真正撤出不是那么容易的事。当然，大量劳动密集型的低端产业在过去这些年一直都存在撤出现象，这对我们来说并不是什么问题。

从中国所理解的全球化来讲，回顾过去20年中国发展的情形，中国不仅仅是从全球化当中获益，也在为全球化作出巨大贡献。去年，麦肯锡有一份报告专门评估全球对中国经济的依赖程度，最后发现过去10年中国对全球依赖程度在下降，全球对中国的依赖则在上升，而且全球对中国的依赖已经超过中国对全球的依赖，这个趋势仍在进一步发展中。

过去我们常讲，改革开放以后中国是全球化的最大受益者。随着中国在国际供应链中的地位不断提升，在全球大量复杂技术产品的出口中所占份额越来越大，同时又是服务贸易的最大进口国，近10年中国也逐步转向以国内需求驱动经济发展的模式。对全球而言，中国将成为一个巨大的市场，也就是成为发达国家、新兴市场国家的出口目的地，这意味着中国正在完成一个华丽转身——从过去大量依靠出口来推动经济增长，到如今更多利用进口来扩大自身市场，成为全球出口目的地。中国通过这种方式，一方面推动自身经济发展，另一方面为全球作出更大贡献。

毫无疑问，中国肯定是欢迎全球化的，也是全球化的守护者，即使成为全球最大市场之后，我们依然会维护全球化趋势。即使未来美国对中国实行技术封锁以及中美在技术层面的合作机会越来越少，中国和很多国家的技术合作只会紧密不会疏离。技术在不同国家之间的流动、转移，总体上仍将继续保持上升趋势。

中美脱钩的趋势，目前更多还是在口头上和舆论上。中美想要实质性地在很多层面上终止技术流动、转让或合作，不是那么容易的。当然，摩擦和钳制不会停止，但脱钩也没想象中那么简单。而且我觉得现在中美之间的力量对比正好处于一个非常微妙的节点。就好比是，中国正在技术梯子上攀登，离终点就差那么一段路，而美国站在梯子上面想把梯子一脚踢开。

说实话，美国对中国的打压当然对我们不利。短期来讲，现在毕竟还是全球化时代，技术供应链存在一定的多样性，在关键技术上我们依然有机会加速技术迭代。很多专家包括官方层面也在谈中日韩合作、中欧合作等，这些合作肯定会不断加强。所以，更长远来看，我们需要继续坚持改革和开放，用更开放的战略来推进技术升级。

中国与很多其他国家有一个很大的不同，就是一旦遇到脱钩或是被迫切断某些关键技术的外部来源时，中国会将其转变为内在的巨大创新动力，使自己在技术的阶梯上爬得更快。早年苏联撕毁合约、撤走专家，中国就是在这种条件下变危机为动力，加快自主创新步伐，原子弹等也都是这段时期造出来的。这一韧性特点是中国过去的历史所决定的。在当下时代，自主创新不是说要闭关锁国，恰恰相反，中国作为一个大国，要更加开放市场，尤其是在思想、科学、技术、人才等领域保持与全球的流动。

观察者网：关于全球供应链，最近商务部表示，疫情之后，全球供应链可能会发生四个转移，即高端产业、高端技术资本、高端服务、高端人才东移。对中国而言，未来是否真的能保持乐观？有哪些值得观察的指标？

张军：“四个东移”是高度概念化的说法。在脱钩问题上，美国继续封锁与中国的技术合作，对此中国肯定会采取更加宽容和开放的政策，以加强与欧洲和亚洲地区特别是与东北亚的技术合作，这是毫无疑问的。但更重要的是，发达国家的反全球化以及美国对中国的打压肯定会对供应链的全球格局带来巨大影响。在这种情况下，亚洲特别是东北亚的合作变得比以往更为重要。

◎ 中国如何在经济发展中攀爬技术阶梯*

2018年3月以来，中美贸易摩擦升级，美国政府开始对中兴等中国高科技公司实施技术封锁，以芯片为代表的核心技术再度成为热议的焦点。

在经济发展过程当中，中国的技术进步到底有多快？中国以开放市场获得技术快速升级的做法是否不再有效？中国如何在核心技术产业上拥有自己的地位？

对经济学家来说，这些问题非常经典。后进国家在经济发展中始终面临一个政策选择上的疑惑：在经济发展过程中，究竟应该更多地“用市场换技术”，还是应该主要依靠产业政策、靠自主研发拥有核心技术？

首先要承认中国的科技进步很快而且潜力巨大。美国国家科学基金会做过一个全球科技报告，其中对中国的科技进步评价非常高。中国的科技研发投入占GDP的比重现在刚超过2%，这对中国庞大的GDP总量来讲已经是非常大的投入了。但中国的研发密度仍处于发达国家的中位水平，发达国家大概在3%—4%，我们的目标是到2020年达到2.5%。这从侧面反映了中国在科技层面有很好的基础和发展前景，现在研发支出增长非常快。

---

* 本文摘自作者在2018年5月29日复旦大学第52届科学报告会上所做的演讲。

经济学家关心的是技术进步对中国经济有多大影响或者说技术进步在中国的经济增长中是否有所体现。过去20年来，经济学家研究了中国出口的技术复杂度和出口附加值的变化，其实间接回答了这个问题。

多数的实证研究发现，中国出口的制成品的技术复杂度持续上升。不仅如此，中国出口值中的本土附加价值占比也在上升，而且速度很快。大多数经济学家认为，这个现象跟外国直接投资中国的制造业以及中国企业吸收、消化和再开发海外技术的能力有很大关系。简单地说，在国外技术扩散中，中国企业的学习能力起了极其重要的作用。在大多数终端制造业领域，通过与FDI合资参与到全球生产链条中，从低端做起，在技术阶梯上快速攀爬，是一条小步快跑的捷径。

在这个过程中，国内的一些企业也开始有能力做研发。但是整体而言，研发密度跟经济发展阶段有关系，我们不可能在多数制造业领域实现大跃进式的升级。

实际上，从20世纪90年代到现在，中国以小步快跑的方式推动技术进步率保持在平均每年3%—4%。而美国和那些主要靠自主研发推动技术进步的国家的平均技术进步率不过1%—1.5%。毕竟我们在很多领域离前沿还有距离，经过学习肯定可以跑得更快些。事实上，到了前沿之后，技术进步主要靠自主研发，因此技术进步会慢下来，经济增长也就慢了下来。

那么，按照这种做法，我们能不能获得核心技术？发达国家有很多标志，其中之一就是拥有核心技术。中国还不是发达国家，尚未拥有很多核心科技也非常正常，但这并不意味着中国的科技进步很慢。发达国家比发展中国家研发密度高，专利技术往往由发达国家来做，这与人均GDP存在关联。

中国尽管在很多领域中不拥有核心技术，但拥有微笑曲线和全球产业链中扣除两端后的区段里的很多竞争优势。最终的核心问题是：在全球产业链中，通过不断发展和小步快跑，中国能否最终占领技术的制高点？

过去10多年，尽管中国在一些消费电子领域（所谓B2C）已经有了世界前沿的技术，但这些技术尚属于研发周期比较短和人力资本主导的技术。事实上，我们与发达国家的技术差距集中在装备制造领域（B2B）。我们可以生产汽车，但还无法生产出制造汽车的生产线；我们可以生产高端电子产品，但还不能生产出高端的芯片。芯片的生产是一项高端和精密的制造技术，中国还达不到发达国家的水平。

在经济学家看来，中国要在一些核心领域中拥有自主知识产权的技术和制造能力并非不可能。问题在于代价是多大。为了达到在某些产业中拥有全球最先进技术水平的目的，我们现有的经济结构和经济政策需要扭曲到什么程度呢？我相信今天很少有人会支持再用“两弹一星”的方式来实现这个目标，因为这样做的代价过大。

这就涉及产业政策的问题。产业政策一直有争议，日本和亚洲四小龙的经验常常会被一些经济学家作为案例用来肯定产业政策的作用，也会被另一部分经济学家用来说明产业政策的失败。

世界银行有一本报告叫《东亚奇迹——经济增长与公共政策》，其中提到这些经济体在发展中都尝试过产业政策，但是这些产业政策总体效果也许没有想象中那么大。如果说有什么经验，那就是产业政策总体上比较中性，多为基础性的补贴和鼓励竞争的政策，而非保护既得利益的政策。这样的政策不会产生太大的扭曲，付出的代价较小，往往跟市场形成互补效应。

这对于中国发展高端芯片制造技术的政策具有重要参考价值。由于芯片技术的研发周期长，而且需要巨大投入，如果政府能有初始投入和补贴支持来降低企业的进入门槛和进入成本，则会让这个阶段来得快一些。这正是我们在包括芯片在内等领域中的做法。

因此，针对与美国产生的贸易摩擦，中国采取的不是战略转向和自力更生，而是自主的开放政策，显然有其长远意义。这个办法产生“一石三鸟”的效应，既有助于解决贸易摩擦问题，又回应了外国对于中国加入WTO后在某些市场领域开放过于谨慎的抱怨。更重要的是，这样一种深度的开放，将会大大提升中国在全球产业链中攀爬技术阶梯的速度。深度开放国内制造业和金融业市场有助于把扭曲降到最低，可以在某些高端领域加快发展的同时，保持和发挥中国在制造业多数领域中的竞争优势。

◎ 中国的金融崛起势不可当*

10年前，很少有经济学家看好中国外部金融实力的增长。但政府对资本市场开放和人民币国际化的承诺——加上中国的庞大规模——推动了金融的快速崛起，而且这种崛起只会持续下去。

过去100年，美国崛起的历史至少说明了一件事，（国家）规模似乎比什么都要紧。随着中国巨大经济规模的快速膨胀，其金融实力的巩固也势不可当。中国在全球金融市场上的地位将得到确立。

不过，哪怕在10年前，国际上少有经济学家看好未来中国的外部金融实力。相当一段时间里，看上去显而易见的金融脆弱性被视作支持“中国经济崩溃论”的有力武器。唯一的例外是彼得森国际经济研究所资深研究员Arvind Subramanian博士，他在10年前出版的著作中准确预测到了我们看到的“大趋势”。有意思的是，他的书《日食：在中国经济主导的阴影下生活》（*Eclipse: Living in the Shadow of China's Economic Dominance*）在中国的译名被改成了“大预测”，这显然是一个更好的标题。

仅纳入规模变量，Subramanian的模型就成功地预测了这个趋势。非常遗憾，“规模”这个词在经济学的分析框架里缺少一席之地，这是主流经济学家低估中国经济崛起影响力的根源。越来越清楚的事实是，中国

* 本文原载于“世界报业辛迪加”2021年8月2日。

的规模在改变着我们看到的一切，这一点今天在金融领域中变得显而易见。

是的，跟大多数经济学家的预测相反，中国的金融规模和影响力在过去10年获得了超乎想象的扩张，这使得它有能力持续向全球投资者开放市场。2019年4月1日起，以人民币计价的364只中国国债和政策性银行债券在20个月里完成了纳入彭博巴克莱全球综合债券指数的过程。这是中国债券首次纳入国际主流的债券指数，具有里程碑意义。此后又于2020年一季度进入摩根大通全球新兴市场多元化政府债券指数（GBI-EM GD）。2021年3月30日，富时罗素最终也决定将中国国债纳入富时世界国债指数（WGBI），自当年10月29日起生效，将在36个月内分阶段完成纳入，完成后，中国国债占WGBI的权重将达5.25%。这意味着中国债券被悉数纳入三大全球投资者主要跟踪的债券指数。

人民币资产被纳入全球主要债券指数的直接结果是，离岸市场有数万亿美元的资产追踪了这些指数，同时离岸市场上的人民币存款和国外投资者持有人民币资产的兴趣在增加。由英国渣打银行于2012年编制的人民币环球指数今年以来创下新高，显示流入中国市场的国际资本以及人民币国际结算范围在快速扩张。这也部分解释了近3年来国际投资者以年均40%的增速增持中国债券的事实。

而这一切的变化得益于中国拥有的超级规模的资本市场，尤其是该市场正以前所未有的速度向外国投资者开放。这不仅促进了以人民币计价的资产交易在中国的股市与国债市场上的繁荣，也对外资涌入中国市场起到引领作用。目前，中国股市总市值为80万亿元人民币，而债券存量规模超过336万亿元人民币。

中国债券市场的快速国际化也加快了人民币的国际化进程。事实上，中国从来没有隐瞒实现人民币国际化的目标。为了推动资本市场的开放和国际化，中国在2010年就允许境外央行或货币当局、港澳地区人民币业务清算行以及跨境贸易人民币结算境外参加银行这三类机构投资中国的银行间债券市场，并于2014年11月开通了“沪港通”，2016年12月又开通“深港通”。“沪港通”“深港通”均实行双向人民币交收制度。

在开启了人民币跨境支付系统（CIPS）之后不久，2016年2月中国人民银行允许符合条件的境外机构投资者直接进入银行间债券市场（CIBM），且没有投资额度限制，后又开通“债券通”，通过中国香港与中国内地债券市场的连接，可以实现债券在两个市场间的流通与买卖。

据英国《金融时报》报道，2021年以来，离岸投资者已通过“沪深港通”净买入353亿美元的中国股票，较上年同期增长约49%。报道援引了法国农业信贷银行的数据，今年以来海外投资者还购买了逾750亿美元的中国国债，较上年同期增长50%。截至7月，境外投资者通过“沪深港通”持有A股的市值超过2280亿美元；通过“债券通”渠道持有中国债券总额约5780亿美元；持有中国股债资产合计为8060亿美元，较一年前的5700亿美元增幅超过40%。

的确，今年以来更大规模的资本流入了中国而不是其他新兴市场经济体，这是可以理解的。因受新冠肺炎疫情冲击，欧美央行大多通过量化宽松政策创造大量货币，无疑让安全感更强的人民币资产备受青睐。

尽管在国际结算中，人民币直到最近还仅占2%，但从2017年至今，人民币在中国的跨境结算（不含银行）已从不足10%上升到了40%，而且该趋势还将继续加强。总部设在伦敦的智库——国际货币金融机构官方论坛（OMFIF）每年发布的全球公共投资者调查显示，30%的中央银行计划在未来12—24个月内增加人民币的持有量，而上年这一数据只有10%。特别是在非洲，那里几乎有一半的央行计划增加其人民币储备。

随着更多央行持续购买中国国债，人民币在全球外汇储备中的比重在未来5年将会以每年1个百分点的平均速度持续提升。据高盛和花旗的研究预测，未来10年，人民币将有望成为全球第三大货币。

中国在开放其资本市场的同时，也在默默推进数字人民币的研发和数字跨境支付系统的建设。国际清算银行（BIS）在2021年初发布的数据显示，全球大约80%的央行开始布局数字货币体系的建设，但仅有大约10%的央行推进到试点阶段。已经完成研制的数字人民币e-CNY（目前仅定位于现金类支付凭证M0）进入了测试，测试地点覆盖了有代表性的10个重点城市。2022年举行的北京冬奥会也成为测试场景。对公司部门和居民而言，e-CNY钱包可以在不开设银行账户的情况下获得并开展离线交易，这意味着没有中国商业银行账户的外国居民也可以拥有e-CNY钱包。另外，中国人民银行还与中国香港金融管理局、泰国央行、阿联酋央行联合发起多边央行数字货币桥研究项目（m-CBDC Bridge），探索央行数字货币在跨境支付中的应用。

虽然e-CNY目前被定位为现金类支付凭证，但其潜力巨大。随着中国“一带一路”倡议对贸易和投资的带动，e-CNY将扩大人民币在跨境交易结算中的使用，减少对以美国为首的SWIFT网络的依赖，并为建立中国主导的、更便捷的区域性数字货币支付网络奠定基础。最重要的是，数字人民币将会帮助中国实现数万亿美元的国内债务国际化，从而为人民币国际化创造一个巨大的需求市场。

无论中国面临何种挑战，其金融崛起都不容忽视。而Subramanian在10年前的预测仍然有效：这个趋势将比大多数观察家所预期的会更快、更全面地发生。

◎ 底层逻辑未变，但时代已变*

大国博弈下的经济发展逻辑

财经早餐：有人说2019年是中国经济过去10年中最差的一年，也是未来10年最好的一年。时至今日，您怎么看？

张军：2019年时大家之所以这样说，是对未来经济发展和走向过于悲观。很不幸，在过去的两年多里我们遭遇了新冠肺炎疫情的冲击。这虽然是突发事件，但对中国乃至全球都造成了较大影响，也许需要数年才能逐步恢复。

因此，2019年末的那句话不幸言中了，但更多可能只是一个巧合。

大家之所以对当时的经济悲观，可能是不太理解中国经济调控以及结构性调整的力度。在过去六七年里，中国经济在国家层面上其实完全改变了思路：不再去讨论高增长，而是提出“高质量发展”的概念。

中国市场经济的逻辑不会改变，但时代改变了，我们需要在发展市场经济的逻辑不变的情况下，做一些战略性的考虑。比如，国家提出“双循环”发展战略，强调要以内循环为主，以及强调科技的自强自立和数据安全。

---

* 本文原载于“财经早餐”2021年12月20日。

现在，有一些海外媒体提到“中国在放弃市场经济道路”。然而中国的市场经济道路本身没有发生变化，只不过需要对经济发展作出一定微调，增加几个“安全装置”。这是企业家、投资者等市场参与主体都要去思考的问题。如果想明白了，就能大概理解未来中国经济的发展模式。

财经早餐：2021年大宗商品的涨势，引发大家关于PPI（生产价格指数）向CPI（消费者物价指数）加速传导的猜想。与国际上愈演愈烈的通货膨胀相比，2022年我国通货膨胀会处于什么水平？

张军：现在欧美通货膨胀的压力较大。因为政府多发了货币，经济需求恢复得很快，但是疫情导致劳动力市场中大量岗位面临无人上岗的窘境，很多供应链也断裂了。因此，需求旺盛、供给不足的情况带来了一定通胀压力。

目前，中国PPI相对高一些，CPI没有太大压力。中国的情况与国外相反，我们产能恢复快，复工复产从2020年二季度就开始了，但是需求没有跟上来，物价很难上涨。

任何价格上涨都存在预期，这就需要政府抓预期。首先要澄清不存在供给短缺的问题。大宗商品涨价对CPI和PPI来说都是一件麻烦事。中国前阵子抓大宗商品囤积居奇的问题，同时也释放了大宗商品的存货信息。但从国际上来看，现在的风险还没有完全消除。

中美新基建的底色

财经早餐：美国近期通过了万亿美元基础设施投资法案，中国也一直在发力“新基建”。在有效拉动经济方面，中美两国有何经验可以相互借鉴？

张军：存量的更新依赖于投资，通常说的投资是流量的概念，流量能更新存量、改善存量。如果长期不更新已有的资本存量，资本的生产率就会逐渐下降。如今美国就遇到了这个问题。拜登政府极力推动万亿美元基础设施的投资法案，原因是美国在近20年中固定资产投资更新速度非常慢，换言之，就是存量过高。

研究中国经济，除了劳动力，资本是最重要的。这里的资本不是指货币的概念，而是指生产能力，比如高速公路、机场、厂房和设备都是资本。资本也不是当年所谓的“投资”，经济学家认为资本是存量，积累的生产能力是难以统计的，需要对数据做一些处理。人其实也是一种资本。如果每个人的平均生产率能保持增长，人口红利消失所带来的影响就不会过大。

中国的新基建，以新发展理念为引领，以技术创新为驱动，以信息网络为基础，面向高质量发展需求，涵盖5G、云计算、数据中心等领域。然而，从全世界范围来看，中国的传统基建在有些领域过剩了。不过，基础设施需要有一定的超前布局。

比如上海的第一条内环高架，现在人们会疑惑：为什么高架只有单向双车道？当年为什么不建六车道？主要有两个原因：第一，当年无法预料在这些基础设施建成后，经济会有多大的增幅；第二，基础设施建设需要借钱，还本付息的压力反过来会影响后续的经济发展空间。

中国在基础设施投资方面总体上保持了一定程度的超前，这对日后经济发展起到了良好作用。但也需要注意，在特定的时间节点，为了应对外部的某些冲击，我们的基建投资出手过猛，以至于今天还在消化债务。

财经早餐：有就业有收入就有消费。实践证明，市场主体多、发展好的地方，经济更有活力和韧性。这是否意味着在经济发达的地方创造更多就业机会，对消费的提振效果会更好？

张军：从发达国家的经验来看，家庭的收入或者个人的收入来自两个部分——市场和政府。

市场方面，收入与就业机会、从事行业、个人能力有关。在中国还存在地区之间的差异，参照当地物价，上海的收入当然比中西部高。

如果收入仅仅来自市场，可以想象家庭之间的收入差距会有多大。此时就需要来自政府的收入，比如补贴、减免、转移支付等，也就是国家为家庭提供的福利项目。

财经早餐：有没有办法让富人多消费，同时借助富人的大量消费让收入不高的人群提升收入？

张军：这就提到了第三次分配，富人将钱通过社会慈善组织捐助给需要的人群和家庭。低收入家庭得到了这笔捐赠就有能力消费。这样的捐赠，对富人而言不会减少他们的消费，对社会而言，会提高整体消费。

在成熟的市场经济国家，富人通过慈善捐赠行为来支持社会的弱势群体，这种行为在中国也是需要鼓励的。政府需要有相应的制度安排，社会也要有配套的慈善机构。

房地产市场的独木桥难题

财经早餐：您会不会鼓励您的学生在资本市场进行股票投资，或者提前买房？

张军：理财投资方面，我和学生会在课堂上讨论，尤其会和研究生讨论，但实操能力还有待提升。

我在课堂上和学生们说，不要老想着参加工作就能很快在北京、上海等大城市买房。从趋势上看，将来中国大都市自有住房的人群比重可能会小于租房的人群。住在政府或市场提供的只租不售的房子中也能过得很好，这种方式下，迁移也比较容易，在何处都能租到品质相同的房子。未来中国经济格局中，大城市的购房偏好会下降。

我有很多在海外的学生，他们住在租的房子里，房子品质都很好，配置也相对标准，可以租上很多年。

要解决房地产问题，政府需要在制度和监管上确保只租不售的住房的品质水平，不能只提供简易住房。比如，洗衣房、公共厨房、游泳池等都应该成为标配。北京、上海和深圳应该采用这样的方式。

房地产市场和租赁市场需要有平衡点，不一定是全国平衡，可以在上海、北京等局部地区实现平衡。这样，工作了三五年的年轻人尽管买不起房，也可以保证居住水平。

这是两个完全可以自由选择的市场，可以将它们看作是等价的，在条件允许时能够实现两个市场的自由转换。条件允许的时候就持有房产，条件不允许就只租房。

中国房地产的最大问题就是独木桥，一直都没有平衡点。

财经早餐：2021年以来，一些地方是避免房价快速上涨，另一些地方则是避免房价快速下跌。这背后的逻辑是什么？

张军：这与土地管制存在一定的关系。在房价限低的地区，供给往往是过量的，人口往外走，而房子的供给还在增长。但发达的地区正好相反，人口在流入，供给量远远不够，所以存在房价上涨压力。

土地开发指标按照行政区划管控，人口向外流动的中西部地区，经济没有沿海地区发达，但依然有大量土地开发指标。为什么不允许人口流出的地区把土地指标转移到上海、广州和深圳等地？这些地方接纳了更多人口，那么可开发土地的指标也应该增加。这就是我国目前土地管制的问题。

虽然这一点我们目前做不到，但提供了一个解决问题的思路。土地的管控确保了整体建设用地的规模，然而人口是流动的，地区之间出现了错配。我们应该允许指标进行交易，形成类似于碳交易的交易市场。中西部地区没有必要去盖那么多房子，把指标转让给发达地区还可以获得发展红利。

财经早餐：中国楼市的体量和美国股市的体量接近，但在中国，股市体量远远低于楼市体量。将楼市资产逐步转移到股市是不是解决问题的方法？

张军：中国需要房地产市场，更需要市场上的几个板块实现平衡，特别是在年轻人流入多的大城市，要提供更多有品质的、体面的租房房源，而这类大规模供给的问题不能简单靠市场模式解决。

在日本，如果一栋适合出租的公寓以商品房的模式卖出，那么需要签一份承诺书，买下之后不允许出租，反之亦然。市场的效率就在于能够匹配不同的需求，而不是一刀切。

就个人投资或家庭投资而言，这其实对国家提出了新的要求。未来中国的财富不是简单退出房地产市场后又进入股市，国家要为这么大规模的资金寻找新的财富管理途径。即便进入股市，也不能以散户这种单一形式进入。

时代在变，国家的经济在发展，管控在加强，金融市场始终是越开放越大。目前中国的金融不够发达，无法为大规模的资金提供足够的渠道。

中国的养老基金是一个可以通过金融开放得到很好发展的巨大市场。在我国的资本市场上，养老金也要在将来成为“压舱石”。这就需要中国在金融开放、金融的供给侧改革方面加快脚步，做得更好。

中国经济现场或成为诺奖源泉

财经早餐：您此前提出，诺贝尔经济学奖得主并不一定总是优中选优的结果。如果这个奖不是在北欧创设，会有哪些不同？

张军：北欧人的长处之一就是做事认真严谨，也不会大量宣传诺贝尔奖。但诺贝尔奖的关注度从设立至今在科学领域超过了世界上所有的其他奖项，各种预测声音、媒体报道都被吸引来了。

我当时提出一个观点，如果这个奖项不是在北欧而是在其他国家，那不知道它会颁发成什么样子，大家可能也不会感兴趣！要经营好一个奖项相当不容易，现在大家越来越觉得诺贝尔奖货真价实。

财经早餐： 未来中国诞生的诺贝尔经济学奖得主会不会从能够全面、系统解释中国经济发展的人中产生？

张军： 从1969年到现在，诺贝尔经济学奖向来看重对经济学基础有原创性贡献的工作。即便是方法层面、技术层面的创新，它若足够巧妙和具备原创，也会得奖。

不见得获奖者必须要有完整的理论体系。获得诺贝尔经济学奖的经济学家也不是一生仅做一项研究，有的只是在过去的时间里做过一个研究项目，有的甚至（在一个问题上）只发表了一两篇文章。

在中国经济研究方面，我需要纠正一下大家的看法。中国人获得诺贝尔经济学奖是将来必然会发生的事情，但不见得是因为研究中国问题，更可能是因为生活在中国的场景中并观察中国经济的崛起，启发中国的经济学家思考经济理论中被遗漏的部分。

为什么有观点表示中国经济的崛起是主流经济学无法预测的？因为按照经济学的现有理论分析中国，总是出现不符合实际的情况，这说明经济理论中缺失了一些在西方无法看到的内容。

作为一个大国，中国有着数千年的历史长度。中国在过去40多年的成功崛起将为中国经济学家提供大量机会，对西方发展出的理论体系中未涉及的部分做好研究，这会发展和改善现有的经济学，甚至是颠覆。

中国人未来获得诺奖，不是简单地因为研究了中国，更是因为基于中国的现象对经济学的基本理论作出了贡献。

第四篇

星罗棋布：

城市群崛起推动区域一体化进程

◎ 超级大城市和城市群的建设对中国经济增长至关重要*

中国经济保持了40年的高速增长，近期开始把注意力转向城市特别是超级大城市的发展，以其作为未来经济增长的驱动器。眼下中国学术界就发展超级大城市和推动形成都市圈问题进行了热烈讨论，希望决策层能够支持进一步扩大特大城市的经济规模或出台将经济效率提升至更高水平的地方政策。更有建议认为，应在相邻的经济中心城市之间建立网络联系更深入和更紧密的都市圈。可以期待，假如城市驱动的增长趋势持续10年，中国的城市化水平有望达到全球的平均值。

近年来，中国开始青睐超级大城市和都市圈的这种观念丝毫不奇怪，它跟过去10年来中国试图升级其增长模式有关。尽管制造业高度发达，但中国的城市化进程一直慢于其工业化和经济发展的速度。中国今日虽然已是世界第二大经济体，但仅有一半的人口是城市居民，而生活在超级大城市的人口还不到总人口的1/10。

在中国过去25年的快速工业化进程中，像北京、上海和广州这样的超大城市的角色也并非举足轻重。这在工业化最为迅猛的长江三角洲和珠江三角洲地区极为典型。至少在相当长的一段时间里，相对于那些中小城市，这些地区的大城市被束缚在国有部门的体制之下，在生产性资

* 本文原载于《中国证券报》2017年9月21日。

本的积累、吸引FDI落地和本土企业家精神上并无压倒性优势，反而那些中小城市借势而为，一举崛起成为制造业中心。

20世纪90年代之后，苏州昆山迅速崛起，成为中国最重要的电子产品制造中心。在广东省内，类似昆山这样的小城市，比如东莞、惠州、中山、顺德，也获得与全球产业链高度融合的制造业崛起机遇，担当着中国作为世界工厂的重要角色。即使今天被认为是中国最具活力的超级大城市之一深圳，也只是伴随其作为出口加工区的工业化进程而逐步发展到如今的超大规模，而1979年中央政府批准其成为经济特区的时候，它还只是个边陲小镇。

过去10年的情况表明，特大城市和城市化滞后的状况正妨碍未来经济增长潜能的释放。在未来的经济增长中，中国清醒地认识到，要充分利用和挖掘其人口规模和人力资本这一无与伦比的巨大优势。在这种情况下，大城市特别是超级大城市和城市群的崛起至关重要。

在中国，常住人口在2000万以上的已有北京、上海、广州和深圳这4个超级大城市，它们在中国被称为“一线城市”，但超级大城市的数量与中国经济和人口规模显得不成比例。虽然中国拥有全球最多的人口且为第二大经济体，但其城市化水平依然大大低于世界平均水平。中国还有数个在经济和人口规模上具有成为超级大城市潜力的二线城市，如成都、天津、杭州、武汉、苏州等。即便是对北京、上海这样的超级大城市，也并没有足够的理由认为它们目前经济发展的潜能和容纳的人口数量已经接近临界值，除非继续保留绵延已久的行政区划限制以及对城市土地开发比例的严格控制。

为了更多特大城市的发展，中国应放弃限制城市土地开发的配额管理制度。这个从20世纪90年代起实施的制度，不仅严格限制了城市可以开发的土地数量，而且长期以来把过多的建设用地用于建造制造业的厂房。事实上，在无法阻挡人口流向超级大城市的过程中，对土地开发数量的控制加速了中国一线城市的地价和房价上涨。

认识到特大城市在发挥规模经济和实现持续经济增长的重要性之后，这些特大城市正在试图通过“撤县改区”来缓解甚至突破行政区划对其经济潜能释放的制约。在中国，大城市在行政区划上不仅包括城区部分，也包括广阔的郊县乡村。以上海为例，尽管上海的行政区划面积约6340平方千米，但其城区面积只有一半，另一半则是郊县。所谓“撤县改区”，就是由这些城市把城区的范围扩展到县的界域。北京、上海、广州、深圳等一线城市和杭州、武汉等新一线城市城区经济发达，具有强大的辐射力和扩散力，周围的县改区之后，它们布局和规划经济发展的空间得以扩大，这无疑为未来城市升级和容纳更多人口创造了条件。

中国试图转向城市引导型增长模式的另一个推进战略是，因势利导地大幅度提升城市群在未来经济增长中发挥的主导作用。中国地域辽阔，尽管地理上不乏城市群，但就经济实力而言，最重要的空间集群无疑是分布在长江三角洲和珠江三角洲两个湾区的城市群。在这两个湾区，得益于包括上海、香港、广州、深圳和杭州等大城市的经济扩张和辐射能力，两个巨大都市圈的轮廓已清晰可见，可谓水到渠成。都市圈的形成能大大提高经济活动的空间密度并获得来自经济互补性的巨大经济效率，将成为未来中国经济增长的驱动器。政府在国家战略上推进这两个都市圈的成型和发展，无疑将驱动中国更大的经济发展能级。

2017年3月，中国政府明确表示将支持粤港澳大湾区的规划构想并要求尽快制定建设规划方案，目标是将其建设成为全球创新发展高地、全球经济最具活力和优质品质的生活区域。粤港澳大湾区涵盖了广州、深圳等9个城市和香港、澳门两个特别行政区。2010—2016年，粤港澳大湾区的11个城市GDP总量从2010年的5.42万亿元人民币增长至9.35万亿元人民币，约合1.34万亿美元，仅次于东京湾区和纽约湾区的经济规模。鉴于粤港澳大湾区目前的人均GDP尚不及东京湾区的一半，且还处于高速增长的阶段，经济增长潜力的释放指日可待。

以上海为核心的环杭州湾大湾区的构想也正在引起高度关注。这个湾区很可能覆盖上海南北两翼、跨越浙江和江苏两个重要经济省份约10个关键城市。这一湾区的打造对整个长三角一体化和长江经济带发展都将产生重要作用。值得一提的是，环杭州湾背靠宁波舟山港、洋山深水港这样的世界级大港。2016年宁波舟山港货物吞吐量突破9亿吨，居全球之首。上海洋山深水港四期工程正在建设，这是目前全球建设规模最大的自动化集装箱码头。以GDP计算，环杭州湾大湾区的经济规模应该也已接近旧金山湾或东京湾的规模，而且在中国目前11个自贸区中占据了2个名额。

中国在政策上正试图引导大量传统产业的升级和转型，也在鼓励新技术驱动的产业发展。这意味着，相对于物质资本，人力资本和科技对经济增长越来越重要，而这需要重新考虑大城市应扮演什么样的角色，以及如何做到由大城市来引导更有效率的经济增长。这是中国在其新一轮经济改革中的重要任务之一。

◎ 上海在长三角经济一体化中的担当*

大都市上海与江苏、浙江地理上相邻，空间集聚效应可谓潜力巨大。但改革开放以来的相当长时间里，长三角地区的经济发展呈现分散化格局，地方经济发展多由地方政府的规划来引导和布局。

20世纪90年代之后，中国经历了与全球产业链衔接的快速工业化进程，其间地方政府（特别是县市）间的标尺竞争立下汗马功劳。实际上，珠江三角洲和长江三角洲地区成了外国直接投资的目的地，制造业先后脱颖而出，多以县或县级市为推手，这是因为拥有土地支配权的恰是县级政府而不是省地级政府，而土地在早期工业化中扮演着格外重要的角色。

经济学家张五常教授在其著作《中国的经济制度：中国经济改革三十周年》中，对20世纪90年代之后长三角在工业化方面为何能冲出重围、赶超珠三角这一现象也有如此解释。在张五常教授看来，主导长三角地区工业化的，是分散化的区际（特别是县市一级）竞争力量。但是，为了赢得招商引资的发展机会，在地方政府的干预之下，出现了市场分割、相互封锁以及地方行政保护的盛行。经济走向一体化的动力和共识并不强。

---

* 本文原载于“第一财经”2018年1月31日。

可以说，长三角地区的快速工业化进程也是中国经济发展模式的一个缩影。相当长一段时间中，在县市竞争驱动的发展模式之下，城市化没有得到快速的发展，滞后于工业化。大城市的功能没有体现出来，大城市经济和经济空间集聚所具有的规模报酬递增的潜力没有得到很好释放。

有意思的是，虽然长三角的经济发展呈现分散化模式，但上海却很早就看到了长三角经济必然走向一体化的前景。20世纪80年代中，上海就有“上海经济区”的规划设想并成立了经济区规划办公室。我曾多次聆听上海老市长汪道涵先生就这一话题所做的演讲。即使20世纪90年代初，县域工业化进程正如火如荼开展之际，在长三角依旧成立了城市经济协调会。这个协调会在10年之后开始扩容，目前覆盖了30个城市。而2016年5月国务院通过的《长江三角洲城市群发展规划》中最终划定的规划范围，即沪苏浙皖的26个城市，也基本上涵盖了早期这个协调会的城市成员。

在经历了将近30年快速的工业化和分散经济的发展模式之后，大约到了21世纪初，沿海地区特别是长三角地区越过了经济发展的粗放阶段，需要走向经济发展的集聚模式，这是经济发展动能转换的必由之路。走向一体化的内生动力变得越来越重要。在这一新阶段上，大城市特别是超级大城市和城市群，在经济发展的动力与载体上开始扮演更加重要的角色。到了这个阶段，长三角经济的一体化才真正有了内生的推进力量，地方政府之间也才有真正的一体化共识。

经济的区域融合乃至经济一体化进程属“空间集聚”（spatial agglomeration）范畴。在经济地理学的概念框架里，资源或生产要素在市场力量的推动下总是趋于在空间上实现聚集。这意味着在地理上相邻的地区，驱动资源有效配置的市场力量会超越行政区划和种种阻碍因素的限制。资源空间集聚会产生规模报酬递增的效应，并促进更有效率的经济增长和更高阶段的发展。这是市场逻辑，资本和企业自然是主角。

21世纪初以来，长三角地区经济发展进入新的阶段。特别是，上海加快了经济转型和建设国际大都市的步伐，对周边显现出巨大外溢影响。比如，昆山因浦东机场而获得新的发展格局。2008年全球金融危机以来，长三角地区的经济发展面临了新的挑战，各地经济结构转型和产业升级的压力增加。各地对通过发展城市经济和打造城市群来实现经济转型和升级的看法高度一致，地方政府在加快推进长三角一体化上的共识也开始强化。

从城市经济形态上看，长三角地区显现中心—外围的特点。上海是独一无二的国际大都市，正在加快建设世界级城市，也是中国的经济中心和长三角的龙头。所以，长三角的一体化进程在本质上是加强大上海与其他地区（城市）在经济上的深度融合，实现资源在更大空间上的集聚。这无疑包含两个重要的推进战略：一是推进上海大都市圈经济的成型；二是通过打造苏浙皖三地的城市群，建立上海与长三角多个城市之间的辐射与融合关系。换句话说，长三角经济一体化进程在推进形式上，更像是要推动建设上海大都市圈和长三角城市群。

现在是加快建设上海大都市圈和长三角城市群的好时机。上海周边的苏南地区各主要城市都已在积极对接上海经济的结构转型，加强了与上海之间的经济一体化进程。浙北各主要城市也同样如此。浙江提出的“环杭州湾经济区”的概念与上海大都市圈更是不谋而合。这为推进上海大都市圈经济的成型提供了难得的机遇。

通过建设上海大都市圈和长三角城市群战略推进长三角一体化，还有着更重要的新机遇，那就是中国（上海）自由贸易试验区和自由贸易港区建设以及“一带一路”倡议。上海要担当“一带一路”倡议的桥头堡，这意味着上海更需要依托长三角的腹地联动发展。

沪苏浙皖政府应该尽快研究如何利用这些战略所提供的机遇，形成联动、共享和合作机制，以加快推动长三角的一体化进程。比如说，上海自由贸易港区的建设必然将带动和扩大离岸贸易与转口贸易的发展，那么上海与长三角港口的联动合作和利益分享机制是什么？再比如，如何在上海和长三角地区推动形成具有国际竞争力的新兴战略行业的产业链？

在推进形成上海大都市圈的思路上，上海应该更主动地把自身的经济转型和全球城市的建设，与推动长三角一体化进程结合起来。周边地区曾抱怨上海不够开放，以及在如何向周边城市提供更多对接和承接机会方面做得不够。上海对此应有更大的胸怀和格局。在全球城市建设中，上海也应该尽快研究和考虑如何疏解一部分非核心功能到周边地区。这是加快建设上海大都市圈所需要的。

另外，在自贸区和自贸港的建设中，上海应该从更高的视野和格局来考虑与长三角腹地的辐射和融合关系。比如，在自贸区问题上，上海要站在全球角度超前考虑：如何更好地利用日新月异的信息技术和大数据技术来突破传统自贸区的运作模式，包括交易、物流、金融和海关监管的模式，以实现弯道超车？如何为长三角地区的经济辐射与融合提供更多机遇？在自贸区，现有的舱单管理模式有待突破，需要改变在内容和传输方式上比较陈旧落后的局面。若上海自贸区和自贸港能建立国际物流的数据平台，建立数据标准，包含整个国际贸易物流链的舱单、状态及商品信息的物流数据和服务的标准化体系，就能大大提高我们在国际竞争中的竞争能力和话语权。

观察当前的中国经济，即便在不少领域依然存在大量的资源错配现象，仍不可否认中国的一些超级大城市和正在崛起的城市群必定成为推动中国经济转型的主力，增长极正从中小城市转向大城市，包括科技创新产业和现代服务业在内的一些新领域也在较短的时间里获得了令人瞩目的发展。

未来，包括长三角在内的中国多个城市群的崛起和区域经济一体化进程会持续。党的十九大报告指出“我国经济已由高速增长阶段转向高质量发展阶段”，决定用增长质量取代数量作为发展目标，地方领导人接受考核的绩效势必与增长质量的内涵挂钩，而有质量的增长多数情况下是在生产性要素（包括人才）向科技创新产业和现代服务业领域的聚集中实现的。这需要让超级大城市和城市群在经济发展中扮演最重要的角色。

◎ 超越行政边界，深化要素配置改革*

着眼复杂的国际国内形势，中国提出加快形成以国内大循环为主体、国内国际双循环相互促进的新发展格局。习近平总书记强调，在有条件的区域率先探索形成新发展格局。长三角有责任有义务，也有条件有能力当好这个开路先锋。

浙江省是长三角一体化发展的重要参与者、积极推动者和直接受益者。忠实践行“八八战略”、奋力打造“重要窗口”，浙江如何在践行长三角新使命、构建新发展格局、建设“重要窗口”上勇当先锋？

记者：当前全球市场萎缩、经济全球化遭遇倒流逆风，在国内国际双循环发展的新格局下，您认为长三角具备什么样的发展优势和条件？

张军：各国贸易流量之间的联系，与牛顿万有引力定律颇有相似之处。彼此之间的贸易流量，与它们各自经济体量成正比，与它们之间距离的平方成反比。

从贸易体量上来说，中美两国都是大国，然而因为距离遥远，经济的发展会更多地依赖自身市场。在我看来，从长期趋势看，我国和美国的贸易份额或许会有所下降，而与亚洲周边国家和地区的贸易份额会持续上升，这个趋势符合引力的原理。

---

* 本文原载于《浙江日报》2020年10月28日。

但这并不是说中美之间可以脱钩。当前，全球贸易和生产链的格局已经变得非常复杂，看似是双边贸易，实则是全球各经济体共同参与的附加值贸易。脱钩，必然会扰乱全球生产体系和价值链。

中国对美出口，不仅出口了中国企业的附加值，同时也把许多其他发达国家的附加值出口到了美国，甚至还可能让美国自己的附加值回流到了美国。显然，美国与中国脱钩，不仅损害中国，也损害美国及其盟友的利益。因此，当前在经济上，任何两个国家之间的脱钩都是不可能的。

另一方面，从中国的角度来看，随着我国经济发展、国民收入提高，在过去10年，国内市场已逐渐成为我国经济发展所依赖的主要力量。中国出口占GDP比重在2006年达到35%左右，此后逐步下降到现在的16%左右。也就是说，当前我国80%以上的总需求都来自国内市场。可见，以国内大循环为主体、国内国际双循环相互促进的新发展格局的提出，正是顺应了这个发展阶段。

在这样的大背景下，长三角依然延续着其在中国经济版图上的传统优势。这里是对外贸易的前沿，国内腹地生产的大量产品从长三角出口。这里也承接了大量的外商投资，近年来更成为扩大进口的新高地。可以说，长三角是我国对外贸易和吸引外资的重要门户，不管将来对外贸易的流量在全球的分布怎样变化，都不会改变长三角地区在贸易和投资领域的地位。

此外，长三角还扮演了另一个重要角色，即在整个中国产业链的当前发展和升级中均处于头部地位。这里有非常发达的科技研发基础，更有非常完备的产业配套能力。所以在“双循环”战略下和中国经济新发展格局中，无论是从贸易、投资，还是从产业升级的视角看，长三角都处于头等重要的地位。

记者：未来，要实现长三角一体化高质量发展，还需要在哪些方面进一步破题？

张军：当前，长三角已初步在资源配置层面发挥了超越城市行政边界的空间效应，尤其是资本等要素在长三角各个行政区划之内实现了较高效率的自由流动。不久前，长三角地区《户籍事项证明》实现“一网通办”，可见人口的流动也将更加自由。

在我看来，长三角一体化要寻求新突破，未来应该在土地资源的高效配置上进一步破题。

当前，我国有明确的土地利用计划管控，坚持耕地保护优先，实行以县域自行平衡为主、省域内调剂为辅、国家适度统筹为补充的耕地占补平衡措施。而当前各地经济的快速发展已对土地资源配置提出了新的要求。

我认为，未来应根据提高资源使用效率的原则，不断矫正由于行政区划导致的土地资源错配问题。比如，在长三角区域内试验土地建设用地指标交易市场，按照市场原则，盘活建设用地指标；在人均耕地面积大的地方，可以将更多的建设用地指标转让给上海周边城市，从而把土地这个发展的关键要素调动起来。

记者：对于浙江来说，全方位融入长三角一体化要在哪些方面继续优化，补什么短板？在长三角区域探索形成新发展格局路径的过程中，浙江如何抓住机遇，将一体化发展的大文章做细做实？

张军：一直以来，浙江国有经济占比较低，民营经济占比较高，是市场经济较为发达的地区，多年来典型的外向型经济发展也使得这里拥有较好的营商环境。

浙江在哪些方面还需要持续发力？我想以深圳作比。相较而言，浙江的科创产业发展较晚，且绝大多数创业者都产生于制造业产业链，科技创新头部企业比例不高。当然，近年来互联网企业的崛起正在大幅改变这种状况。未来，浙江仍需要借助互联网产业等前沿发展机遇，大力吸引科创型企业和科技创业者，尤其是在政府层面，应该继续下大力气为科技创新营造更好的环境。

针对这一短板，浙江要突破土地方面的束缚，加快长三角一体化的进程，在承接上海产业转移的同时，更需加快与上海的科创园区、科研院所等平台形成分工较为明确的上下游关系，共享上海的科创发展资源。同时，除杭州、宁波等自身发展较为成熟、产业优势较为明显的城市之外，可重点在浙江北部平原的嘉兴、湖州等地加快布局，做好对接上海的准备，尤其是通过激活这些传统“鱼米之乡”的土地要素，加快浙江参与长三角一体化发展的进程。

◎ 深圳如何避免成为一个平庸的城市*

特区建设40年来，深圳从一个小渔村成长为国际化的大都市。作为中国改革开放的样板，站在40年的起点上，深圳仍是被赋予很多期待的城市。在众多的期待中，深圳也面临着超越自我的问题——如何避免成为一个平庸的城市？

深圳特区的成功在于中央充分放权和深圳敢闯敢试的精神

《新京报》： 20世纪80年代，国家设立了深圳、珠海、厦门、汕头、海南五个经济特区。如今来看，深圳经济特区的发展最为瞩目，为什么？

张军： 1980年8月全国人大常委会颁布了《广东省经济特区条例》，深圳经济特区正式成立。这个条例是一个地方性的法规，但是被拿到全国人大常委会去讨论，可见中央对深圳特区的重视，也是深圳特区发展较好的一个原因。

当时全国还是计划经济体制，在宝安这个名不见经传的小渔村进行经济探索，如果成功了，无论在中国还是在国际上都会有很好的影响；如果失败了，深圳毕竟不同于北京、上海、天津这样的大城市，代价也不会太大。邓小平同志也讲了，即便失败了，对我们国家也没有太大的

* 本文原载于《新京报》2020年10月13日。

影响。因此，中央非常重视深圳特区的发展，允许深圳特区进行非常大胆的试验和探索，比如中央给了深圳很多特殊的政策，允许深圳在不需要请示中央的情况下进行多个领域的先行先试。

从当时的深圳政府角度看，正是中央的充分放权，深圳市领导有了敢于担当、敢于冒险的闯劲，进行了一系列大胆的探索。而且在特区建设的探索中，政府按照市场化的规律办事而没有那么多的清规戒律，减少甚至不对企业进行干预，使深圳越来越具备创业活力，涌现了一大批的科技公司。

相比于北京、上海等很多老工业化城市，深圳就如同一张白纸，没有历史包袱，也没有那么多的限制，吸引了一大批敢于闯荡、不满足现状而立志改变命运的人，尤其是一大批年轻人才，因此成了一个有活力的创业城市。从地理上来讲，靠近香港也是深圳特区快速发展的一个有利因素，港深形成了“前店后厂”的经贸关系。

深圳奇迹的核心是市场化、自由化

《新京报》：大家对深圳还有很多的期待，很多人都在讨论：深圳如何避免沦为一个平庸的城市？

张军：现在大家担心深圳成为一个平庸的城市，其实是担心“特区”不再“特”，担心深圳失去原有的核心而成为和国内其他地方一样的城市。

深圳奇迹最核心的东西只有一个，就是市场化、经济自由化。在过去很长一段时间里，中央加大对深圳的放权与赋能，允许深圳进行大胆的探索、“搞特殊”，甚至容忍深圳的探索可能会失败这一结果。与此同时，当时深圳这个小渔村没有强大的计划经济体制的束缚，它从一开始就探索市场经济体制，这样深圳政府对市场主体的干预比较少，按照市场和经济规律办事。

站在新的起点上，要使深圳避免沦为一个平庸的城市，我想一方面中央要进一步加大对深圳的放权与赋能，这有助于深圳继续保持过去敢闯敢试敢承担的精神。实际上在中国加入WTO后不久，深圳就出现过一场大讨论——深圳正在被谁抛弃？21世纪之初，深圳出现了很多问题，比如说社会治安不佳、房价贵。要想让深圳继续保持原有敢闯敢试的精神，就需要中央像在特区刚建立时那样提高对深圳探索失败的容忍度，让深圳根据市场规律去充分地探索和发展。另一方面，政府继续保持对市场较少的干预。深圳的未来发展也应该由一大批有活力的企业作为最重要的支撑，应该按照市场经济规律来建设和发展城市，让市场在资源配置中起决定性作用，而不是通过政府的规划和配置来实现。

不能简单认为深圳房价高不合理

《新京报》：目前来看，和很多城市一样，深圳的发展被房地产困扰。关于这方面，您的建议是什么？

张军：关于深圳房价的问题，我们不能简单下结论认为房价高得不应该或不合理。这可以从两个方面分析：

我认为深圳的高房价是有一定的道理或合理性的。像深圳这样一个特大城市，大量外地人口涌入，这么多年轻人在这里创业，大规模的财富在这里被创造和聚集，加上大量的香港人来深圳买房，因此很难想象深圳的房价不上涨或是处在比较低的水平。可以说，深圳的高房价具有一定的合理性，深圳的房价不可能不涨。但同时也要认识到，房地产是城市的一张“网”，这张“网”具有一个筛选的功能——高房价会阻挡很多人到这个城市工作或落脚，尤其很多有创造性的年轻人。从这个意义上说，高房价会对深圳未来的发展带来比较大的问题。

因此，深圳要考虑的是如何扬长避短，把高房价带来的负面影响降到最低。目前来看，深圳政府和企业的一些做法值得肯定。比如，深圳

2010年推出的“孔雀计划”，对符合条件的人才进行住房补贴。有些企业会出钱为自己的员工提供住房补贴。但这些方法恐怕都是权宜之计。从更长远看，要想根本解决深圳的房地产问题，就要扩大和增加土地供给。同时，一定要做好交通、医疗等公共配套服务。

港深不存在竞争，实质仍是高度一体化的“前店后厂”关系

《新京报》：2019年深圳GDP首次超过香港，在深圳经济发展进入一个新高度而香港形势变得复杂的背景下，今后港深关系该如何处理？

张军：我认为香港和深圳始终是互相补充、高度一体化的关系。首先，从产业结构看，在深圳特区发展过程中，香港把制造业转移到了深圳，出现了制造业的空心化，并成为一个以金融服务业为主导的经济体。深圳特区在40年发展过程中，形成了以深圳为中心、向东莞等地辐射的工业集群地带，其中深圳的经济以科创产业为主导，东莞的经济以制造业为主导。从这个意义上看，港深之间已经形成了合理的分工，两者并不存在竞争关系，经济上已经高度一体化，仍然是相互依赖的“前店后厂”的关系。其次，从体制上看，两者也具有互补性——体制的不同并不是港深关系发展的障碍，反而是有益的补充。香港保留着高度自由的市场化和法制环境、全世界数一数二的营商环境、发达的金融服务体系等，与深圳以硬科技产业为主导的经济正好有可互补的红利。实际上，深圳特区成功的一个重要因素就是与香港的接壤。

现在深圳GDP超过了香港，有观点认为深圳不需要香港了。事实上，我们应该看到，香港人口不到800万，深圳人口接近2000万，后者是前者的两倍多。所以，深圳的GDP超过香港是迟早的事情。深圳和香港的发展需要彼此参与，未来粤港澳大湾区建设的核心就是要处理好已经在经济上高度一体化的港深关系，要考虑让GDP体量总和接近5万亿元的两个经济体依旧在整体上互相支持、互相促进。

◎ 大湾区的最大看点是众多有前途的制造业城市*

原子智库：先聊一聊粤港澳大湾区。张老师是研究城市群的专家，在您看来，粤港澳大湾区有哪些具体的优势？很多人认为，粤港澳大湾区一体化已相当成熟，现在加入这个规划，对当地经济发展很难带来实质性的好处。

张军：我不是研究区域和空间经济学的，不能说有什么深入的研究。粤港澳大湾区里有三个地方——香港、深圳和广州，它们的经济实力旗鼓相当，这在世界上没有先例，是真正的强强一体化。香港是全球的金融中心；深圳聚集了一批硬科技和科创企业；广州是综合实力比较强的大都市。

这三个“巨无霸”，每个经济体GDP都有2万多亿元，加起来差不多有七八万亿元人民币。我们提倡大湾区建设，是要鼓励这三个地方的要素跨地区自由流动，而流动的结果会形成什么样的格局，现在还不好说。其结果取决于要素能否充分流动，香港和深圳、广州的制度环境不一样，各有所长，互补性很强。但毕竟存在制度差异，合作也会有比较大的难度。不过，我深信，这个湾区的最大看点是广深的周围有那么多很有前途的以加工制造业为主的中小城市，它们是湾区经济发展的支撑

---

* 本文原载于“原子智库”2019年6月10日。

和后盾。

原子智库：粤港澳一体化最大的困难是香港吗？

张军：深圳过去是经济特区，现在它的经济环境和其他大城市很不一样，已形成比较宽松自由的市场体制。深圳和广州有很多可以合作的地方。

香港、澳门的法律和内地不一样，一体化过程中涉及要素流动，法律制度差异可能会造成一些问题。现在我们还没看到这个问题将怎么解决。举个例子，深圳、广州的居民目前不能随便自由进出香港，此外香港的营商环境跟内地也不一样。要素充分流动而导致的结果是使香港更好更充分地发挥优势，还是伤及它的优势？这个我们不知道。

不过，我觉得大趋势已经形成，概念也已经有了，香港需要在大湾区经济中扮演好独特的国际金融中心的角色，更好地服务广东经济的发展，这个是毫无疑问的。

原子智库：内地一些经济政策是否要向香港看齐？比如税收领域，因为香港税制相对简单。

张军：还是要看怎么向香港看齐。我举一个例子：如果你在深圳或广东某个地方搞一个巨大的国家级园区，这里面的企业享受香港的税收优惠，公司员工尤其是高管享受香港百分之十几的个人所得税政策。这样的话，可以想象，内地会有很多公司到那边注册，这不见得是一个更长远的考虑。

税收是一个方面，还有其他更多需要改革的地方。重要的是，这个大湾区要有助于形成世界上独一无二的完整的全球产业链。这是有希望的。深圳保持了对创业型科技企业的吸引力，而周围有很好的产业配套，这个也很重要。深圳需要保持已有的营商环境以及政府与市场之间的界限。当然，四大城市互连互通是大势所趋，包括大桥和轨道在内的交通体系也需要大幅改善，政府可以有所作为。

原子智库：张老师如何看待自贸区？您最近发表观点，认为中国的自贸区不太像自贸区，能否详细说一说？

张军：中国现在有12个自贸区，不过，从上海设立自贸区开始，它已经不再是原本意义上的自贸区了。现在我们更多地把它理解为改革试验区，或者给它加载很多国家改革开放政策实验的功能，希望在自贸区先行先试，将来总结推广。仔细想一想，如果真要干自贸区的事，就要去做服务贸易和转口贸易等。但是，一旦要做自贸区，就不能再去复制和推广，因为自贸区必须严格划定在一个非常有限的区域，不可能整个国家都变成自贸区的。

自贸区是国境之内、海关以外的特殊监管区域。很多国家设立自贸区就是为了做一点服务贸易、转口贸易、离岸贸易。现在我们的自贸区承载了很多改革实验的东西，尽管依然叫自贸区，实际上它并非典型的自贸区。政府的职能改革，投资、营商环境改善在这里先行先试，有效果后再推广，这个其实已经超越自贸区本来的含义了。

这也导致我们的自贸区在很多方面都无所适从，不知道该做什么，真正的服务贸易和转口贸易并不怎么做，地方与中央部委之间也在政策和改革上陷入无休止的纠缠。

原子智库：下面谈一谈城市化。关于中国城市化的前景，经济学界分为两派，一种是主张发展大城市和超大城市，还有一种是主张学习德国式的中小城镇模式，想听听张老师的看法。

张军：我觉得是先走大城市的道路，再返回来。大学毕业以后，让你到一个中小城市生活和工作的话，如果不是沿海大城市，你肯定也不会去。因此中国经济的要素，特别是人力、人才、人口，他们更多是到大城市生活和工作，这本身会给经济带来非常正面的影响。

当然，任何城市都不可能无限扩张。规模到一定量级，城市就爆发各种“大城市病”，人口开始外流，首先是流到大城市周边较小的城市。

中国比较幸运的是，在特大城市周边往往有很多城市聚集。

上海周边就有很多这类城市。城市群是以一个大城市为中心，周边有好多二三线城市。从资源配置的角度讲，城市群的存在为经济专业化提供了机会，很多产业和投资的拆分或供应链的形成，都会靠城市群或都市圈。

原子智库：您在中国人民大学的演讲中说，中国经济过去10年最好的观察样本，不是上海和北京，应该是武汉。为什么是武汉？

张军：这在很大程度上得益于武汉的高等教育和丰富的人力资源。武汉有上百所大学，在校生超过100万。这些大学生都在当地参与互联网经济，或者叫互联网赋能经济。互联网经济在武汉非常繁荣。那边工资水平不是太高，大量初创企业不愿意在北京和上海这样的一线城市而选择了武汉，因为当地有那么多大学生。所以，在武汉诞生了很多有意思的企业。

最近我去看了斗鱼、尚德教育等，也看了技术含量很高的科技公司，它们都聚集在武汉。过去长期以来，武汉给人的印象是老工业基地，结构老化，也缺乏活力。但现在不一样了，大量新的经济活动发展很快，一大批创新型企业聚集在武汉。从这些企业中可以看到中国经济过去10年转型和互联网经济崛起的影子。所以我觉得武汉是过去10年中国经济最好的样本，因为这10年中国经济的主要成就，其实是互联网经济的崛起和经济结构的转型。

原子智库：最后一组话题，是对改革开放40年的回顾。过去40年中，中国改革开放最值得重视的阶段也是最容易被忽视的部分，是在哪里？

张军：昨天我在中国人民大学有个演讲，提到2008年是中国经济的分水岭。2008年全球金融危机对中国经济有一个巨大影响，这个影响不在于增长率，而是让中国改变了增长战略。

原子智库：2008年以前中国的发展战略是什么？

张军：改革开放前30年，中国是典型的追赶型经济，是国际经济的后来者。后来者有相对优势，因为前面有美国、日本、韩国、台湾地区这样的对标。这些经济体比中国更早地实现现代化，我们知道应该做什么。追赶战略的第一步，是打开海外市场。尽管中国很大，但是前30年时间里，中国国内市场没用起来。中国发展出口制造业，用的是欧美市场，形成了外向型经济或出口驱动型经济。

原子智库：改革开放前期，中国发展外向型经济的条件是什么？

张军：中国发展出口制造业，需要资本和劳动力。过去30年，就是中国劳动力大规模从农村转移到城市尤其是沿海大城市的过程。

一开始也没有资本，需要用外面的资本搞合资企业。虽然20世纪90年代后涌入很多欧美资本，但从数量上看，来自香港的资本还是大头。借用全球资本和海外市场，加上国内廉价的劳动力，中国组合了这样的生产方式，跟全球价值生产链对接。中国慢慢建立起本国出口制造业，劳动生产率增长很快。

改革开放初期，中国人只拿加工费，幸好劳动生产率和GDP增长很快。到2001年加入WTO，中国经济就已经很了不得了。加入WTO后的五六年，经济体量等各方面增长很快。就这样一直到2008年，全球发生金融危机，中国总体是沿着追赶的模式在走。

原子智库：2008年以后，发生了什么变化？

张军：2008年中国GDP总量30万亿元人民币，今天是90万亿元，也就是说现在中国GDP总量相当于原来的3倍，而这10年全球经济一塌糊涂。中国经济一定不是靠了全球市场，而是靠国内市场。

2008年起中国启动“四万亿”刺激政策，释放天量级国内需求。中国大城市发生了巨大变化，大量农民进入大城市，大量资金在搞城市基础设施。2008年中国高铁只有北京到天津一条，今天的中国有3万千米的高铁，20亿人次出行都靠高铁，这不是前30年发生的事情，而是最近10年发生的事情。

原子智库：除了交通，还有哪些领域比较典型?

张军：我们投资基础设施的另一部分是通信网络。10年前，全球最有价值的投资公司排行榜上，入选的中国公司一般在银行和能源领域，比如中国工商银行和中石化。今天你再去看，这些都没有了，取而代之的公司是腾讯和阿里巴巴。

10年之间，国内的基础设施，无论是交通还是通信，都有了量级的提升，中国互联网经济获得了意想不到的巨大发展机会。中国的汽车销量连续8年稳居世界榜首。美国每年销售1800万辆汽车，而中国2018年汽车销量是2800万辆，这个成就非常了不起。

过去，中国靠海外市场发展出口制造业，保持了比较快的增长，现在呢?中国转向扩大国内基础设施投资，刺激国内的消费市场。中国国内13亿人口，其中中产阶级有两三亿人，这个市场的力量不可想象。这10年间，中国人获得的社会福利，要远远多于前30年。

中国有8亿多网民，他们都在使用移动支付，这是经济活动中最具活力、最分散、最有竞争力的表现，只不过由于现在GDP统计的原因，我们没办法捕捉到这种真实的变化。但就是在这10年，中国的互联网经济成就了中国经济。

◎ 中国城市群的胜利*

从美国、日本的经验来看，人口存在向大中城市群集中的普遍规律。但随着人口密度的迅速上升，“大城市病”也逐渐显现，发达国家通常选择发展周边城市以缓解“大城市病”。同样在中国，过去人们普遍认为，新型城镇化无疑是缓解“大城市病”的一剂良方。

张军（在接受《北大金融评论》专访时）则提出了不同的观点。他认为，未来，推动经济发展的一定是超级城市和城市群，这是因为经济规模发展到一定阶段后，人们的收入增加会产生对服务业和高端制造业的更高需求，诱导经济增长的源泉发生结构转变，并逐步向超级城市和城市群这些空间转移。

超级城市驱动经济新发展

《北大金融评论》：过去人们认为，要想缓解“大城市病”，应大力打造宜居特色小城，比如云南大理、广西桂林。而现在，更多人认为，应继续做大城市，使之更有效率。您如何看待这种看法的转变？

张军：随着人均收入水平提高和经济结构的变化，未来一定是大城市驱动经济发展。过去，由于大城市受到空间等诸多限制，以加工制造

* 本文原载于《北大金融评论》2020年12月15日。

业为主的工业化主要发生在中小城市，像广东的东莞、佛山，江苏的昆山、江阴、宜兴等。但当经济规模发展到一定阶段后，收入效应开始发挥更大的作用，对服务业和高端制造业的需求开始递增，此时中国经济必然要经历一个空间上的转变，经济增长的源泉开始从中小城市逐步向大城市和超大城市转移。金融、贸易、通信等现代服务业在大城市有相对优势和足够市场的规模经济与网络效应，技术密集的高端制造业也是如此，那些脱胎于县城的制造业若要进一步提升竞争力，需要发展出技术含量更高、实现系统集成的产业平台，而大城市和超大城市能够提供更多研发、专利、技术集成和高端服务，是最理想的场所。所以，大城市发展是必然趋势。

实际上，过去10多年，中国的生产性要素在向超大城市转移，超大城市在经济增长中的重要性在提高，它所产生的大量就业机会吸引年轻的和受教育程度更高的人口集中流入，城市的规模也在不断扩张。现在深圳和杭州成为中国流入人口最多的城市，背后的逻辑就是这个道理。随之产生的都市圈的概念便是指大城市对周边的中小城市具有外溢和辐射效应，靠近超大城市的其他中小城市通过供应链和发达的交通网络与超大城市联系在一起。

之前特意打造的特色小镇可能会慢慢失去生命力，因为现代城市建设还是依赖于现代工业供应链和经济流量，特色小镇只能是旅游度假的地方，是没有经济活力的城市概念。

《北大金融评论》：您之前说过，中国经济最精彩的地方，就是县级政府之间的竞争在中国经济发展中的贡献和角色。美国的城市群中的城市其实更强调一种合作关系，比如，在波士顿—华盛顿城市群中，纽约是金融中心，华盛顿是行政中心，波士顿汇集了顶尖教育资源。对此您如何看待？

张军：“县际竞争”这个概念最早是由张五常教授提出的，主要是对

20世纪90年代中国经济增长机制作出的描述。现在大城市开始主导经济的发展，一些超大城市可能会把部分下属的县变成城市的区，以扩大城市配置资源的规模范围，从而创造更大的就业、居住和产业空间。

如果说20世纪90年代是县际竞争在主导，那么今天就是超大城市在推动中国的经济发展。在发达国家，比如美国，大城市之间好像形成了一些互补关系，但是我个人认为这些关系不是刻意界定的，并不是说纽约成为金融中心，波士顿就不能成为另一个金融中心。观察一些超大城市的经济功能时，要看整个经济流量的空间分布情况，不然就难以更好地理解这些现象，更不能认为城市功能定位是政府给的。

一些大城市在某些方面发展得比较好，这在很大程度上就是路径依赖的表现。比如，纽约过去是大港口，来自全世界的资本、人才、货物汇集于此，而为解决融资问题，华尔街应运而生，这是历史的必然。我们可以看到，几乎所有金融中心都是港口城市，如果没有港口，就很难成为要素流动性极强的地方，也很难形成对金融的需求。

其实，波士顿和芝加哥同样有很多金融机构聚集。一个国家并非只有一个金融中心，有时候一个往往是不够的，特别是对于大国来说。但一国能有一个国际金融中心的话就已经很幸运了。我不排除国家希望利用一些政策，推动有条件和有潜力成为金融中心的超大城市在发展金融上主动作为，加快建成金融中心。过去，上海就有远东金融中心之称，上海开放后又重新定位成全球金融中心，作为国家战略，国家和当地政府会朝这个方向去努力，提供很多政策以促进金融业在上海更好地发展。这样做的前提是，上海确实具备成为金融中心的大部分条件，现在看来努力是有成效的。

至于上海最终能否建成全球数一数二的金融中心，除了上海自身的努力，还取决于中国在全球经济中的地位能否提升。如果中国未来在全球经济中扮演的角色越来越重要，上海应该能水到渠成地成为全球金融中心，而且依照现在的排名来看，上海未来成为重要的全球金融中心，应该说指日可待。

未来区域融合现象会更加明显

《北大金融评论》：您如何看待我国几个主要都市圈内部城市之间的合作与竞争？

张军：过去几十年，我国超大城市之间总体上没有太多合作，因为每一个超大城市都有辐射范围内的城市和地区，比如，上海辐射长三角地区，北京辐射京津冀地区，深圳、广州主要辐射粤港澳大湾区。这样形成的都市圈和城市群能够让周围的中小城市在经济上更紧密地与超大城市联系在一起，从而形成中国经济的多个增长极。

在每个区域增长极的内部，城市之间的融合会更好地推动生产要素和资源的聚集，带动整体经济的发展。融合是指要素在区域内部能够跨越行政边际，实现快速流动，这样的要素流动会在产业链上形成更合理的分工协作，对经济发展来说至关重要。

从区域内部来讲，这不仅取决于行政隶属关系，也取决于市场力量，而市场力量中很重要的一个因素是地理位置。随着经济发展，我认为市场力量越来越大过行政隶属关系。例如，苏州经济发展得好是因为它靠近上海，而不是因为它隶属于江苏；深圳经济发展得好是因为它靠近香港，而不是因为它隶属于广东。地理因素所代表的市场力量会大过行政隶属关系，地理意义上的紧密经济联系可以帮助一个区域内部形成完善的供应链和产业链。

就江苏省来说，南京是省会城市，但江苏经济最发达的地区却在苏南。苏南之所以发达，就是因为与上海形成了经济一体化。这当中交通便利是重要前提。相反的例子是南通，南通也紧邻上海，但过去由于交通不方便，与上海隔江相望，不能很好地接受上海经济的外溢和辐射。

随着长三角一体化战略的推进，隧道和高铁等先后建成，这一局面得到改变。南通紧邻长江、面向大海，靠近上海的地理优势一下子凸显出来了。我相信未来10年，南通必然因受到上海的辐射带动而获得快速的经济发展。现在南通提出“靠江靠海靠上海”，确实如此。

可以预料，随着长三角一体化战略的推进，一个城市可以通过接受来自超大都市的经济辐射而发展得更好。临近上海的浙江北部地区肯定会发生很大的变化，而随着苏南经济的持续发展，苏北的城市也一定会被逐步辐射带动，安徽也是一样。长三角区域的城市间会互相联系、合作与发展。

在我看来，若干年以后，中国大范围的区域融合现象会更加明显。未来，长三角城市群和粤港澳大湾区城市群可能是中国经济增长中最重要的两个发动机。长江上游的双城经济圈，也就是重庆和成都也将有非常大的辐射能力，带动长江上游地区的发展。

《北大金融评论》：您之前指出，要避免形成经济的“内卷化”，大国反而要更加开放。但人们可能会担忧，在当前的国际环境下，国内一些企业原本因为国际贸易限制而转向国内市场，如果我们对外开放了国内市场，这些企业会面临更多的需求抢夺，您如何看待这种顾虑?

张军：我认为需求不会被抢夺。开放了国内市场后，我们会成为全球市场。从长远来看，国家和企业都会更加明确自己未来的强项在哪里，会有明确的发展方向，而不开放、总是守着已有的东西，就永远不知道未来在哪里。作为一个大国，中国对全球最重要的贡献是提供了一个大市场。在这样的大市场中，产品是不可能全部在内部进行生产和交易的，我们也不可能把全产业链放在这一个市场中。不然的话，中国就陷入了自循环。自循环的一个后果是经济“内卷化”，跟全球的经济隔离开来。

开放市场准入对中国未来长远的发展也是非常重要的，不需要担心需求被抢夺的问题。中国长期以来的对外开放，其实主要还是出口国内的产品、利用国外的市场，中国自己的市场一定要成为全球市场的一部分，也理应为全球经济和贸易增长作出更大的贡献。美国和欧洲的自由大市场的经验告诉我们，市场开放一定是双赢的。

深圳的发展与角色定位

《北大金融评论》：深圳是发展飞快的城市，但这样一座年轻的城市，房价居高不下，2020年初出台的限购政策似乎并未给市场降温。您能对此谈谈看法吗?

张军：深圳的房价反映了一个很有趣的问题。即便有深圳这样的一线城市，广东的城市化进程还是比较慢。深圳的经济体量相当大，可是城市空间紧张，不像长三角地区有很多卫星城疏散大量人口。深圳周边地区的城市化水平不高，基础设施做得不够好，交通还不够密集和发达。

深圳周边地区的城市化进度妨碍了整个片区经济一体化的进程，我们看到惠州的城市空间很大，但整体的建设水平并不能很好地对接深圳。如果可以把深圳与东莞之间的地铁打通，相当于深圳超越行政区划向外扩容，我相信会对深圳的房价起到良好的调控作用。而在长三角地区，由于交通足够方便，所以在上海的居住压力并没有在深圳那么大。因此我认为交通规划一定要先行，如何让深圳周边地区加快城市化进程，分流深圳的人口压力，这是一个很现实很迫切的问题。

《北大金融评论》：您怎么看深圳未来在全国的角色和地位?

张军：深圳在一线城市中空间最小，这20多年的成功源于科创产业。做个形象的比喻，上海相当于一所综合性大学，综合实力很强，而深圳是大学里面的一个研究院或者实验室，相对比较专业。深圳要成为一个国际大城市，若只把经济局限在这样一个很专业的领域中，未来的发展会受限。所以，我认为未来深圳会面临一个大转型的问题：在保持科创优势的基础上，深圳这个城市如何转向国际大都市的行列？

原本作为实验室或研究院存在的深圳，要成为国际大都市，需要补上很多短板，需要与周边地区更好地推进经济一体化，需要把很多产业慢慢地迁出。如果不迁出，由于深圳已经到了人口极限，没有土地且房价又高，未来人们会逃离这座城市，而转型面对的最大问题是需要更多的可布局空间。

但深圳有机会。我想，将来深圳与香港的融合会是一个很重要的机会。香港新界有很多空间和土地，深圳福田的经济比香港新界发达，加强深圳河两岸的合作，主打高科技和研发密集的新经济活动势在必行。粤港澳大湾区不仅仅是一个经济的概念，更应该是一个超级都市圈的概念，对双方都是未来的选择。

第五篇

改革不息：

中国经济发展之路

◎ 中国改革开放40年的历程与进步*

中国经济在过去40年间发生了巨大变化，GDP从1978年的约3700亿元人民币增长到了今天的约84万亿元人民币。其中最突出的变化，当属我们的经济很大程度上已经市场化了。1978—1997年，是改革最精彩的20年，不断试错，从失败到成功，从微观到宏观，从理论到经验，从争议到妥协。那是一段很浪漫很有激情的岁月。那些改革实现了我们财富的快速积累，也带来了一些制约发展的体制弊端。这都需要我们继续推动改革来完成未竟的议程。

我国目前的体制架构，大约成型于20世纪90年代中后期的一系列改革。而那个时候的改革，又和20世纪80年代的改革及其带来的主要问题有关。

在经济学家看来，政府在中国经济发展中的影响是两方面的，它的好处之一就是在过去，特别是在经济面临外部冲击的时候，我们能很快渡过难关。但它也带来很多弊端，最值得关注的后果就是所谓的资源或资本错配。尽管今天我们的就业创造主要来自非国有企业部门，对GDP的贡献大部分也是来自非国有企业，但是金融资本以及银行信贷还是主要流向了大型国有企业和地方政府项目，导致很多有活力的民营企业和

---

* 本文原载于《证券时报》2018年8月2日。

中小企业不能获得平等的金融支持。资本错配的另一个后果是，国内很多资产价格被非常严重地高估。你如果到新加坡、中国香港等亚洲国家或地区，会发现很多资产比国内更便宜。什么原因呢？我想这是资本错配的表现和后果。资本不能自由地跨境流动，导致资金留在了国内，冲高了资产价格。如果开放跨境资本流动，我相信，国内资产价格会受到非常大的冲击，尤其是房地产价格，这会给政府带来很大的挑战。大家经常抱怨钱出不去了，但如果钱出去了，就会在汇率和资产价格之间形成非常大的压力。对于政府来说，保护汇率还是保护其他，这将是一个非常艰难的抉择。如果这个问题长期得不到解决，未来就会越来越难。

那么，我们的这个体制是怎么来的？这需要弄清楚20世纪90年代的改革是针对什么而进行的，因为改革方案从来都是为了解决问题而被提上议事日程的。20世纪90年代的改革所要解决的问题，产生于80年代改革遗留的一系列问题。而这些问题的核心是通货膨胀。这个问题困扰了中国自1978年之后至少15年之久。

在20世纪80年代，曾两度放弃比较激进的改革方案，即1986年的综合配套改革和1988年所谓的“价格闯关”，就是因为担心物价上涨会引起社会动荡，让老百姓对改革失去信心。那个时候，国务院领导被一些有影响力的经济学家的建议打动，觉得涨价不可怕，只要工资跟着涨就可以，因此一度想用5年时间允许每年涨价10%，工资每年增加12%—14%，以实现向市场经济的过渡。消息引发了1988年下半年的全国抢购潮，当时上海有些老百姓抢购的肥皂、盐，或许够用上很多年。这个方案最终被国务院放弃了。

20世纪80年代的改革，始终面临着涨价问题的困扰。在邓小平同志1992年发表南方谈话之后，改革再次被提上了议事日程，而且邓小平同志希望改革步子迈得更大一些，经济更市场化一些。国家在1993年开启了一系列的市场化改革，这场改革奠定了今天所看到的整个中国经济体制的基本架构。

当时国家的改革目标是什么？要做什么？回答这个问题，我们必须要回到1978年。1978年开始的这场改革始终没有解决好的问题就是涨价，老百姓甚至抱怨：只要改革就会涨价。为什么呢？因为原来计划经济时代的所有价格都是政府定的，是不能变化的。那个时候虽然价格不涨，但会出现另一种现象，就是大家获得产品的代价可能远远高出政府的定价。比如说房子，虽然政府定了价格，但你如果没有房子，想住的话就要等10年；再比如你要买一辆自行车，那么需要凭票买，而且要排队等很长时间。这些都是真实的代价。所以说，价格是永远消灭和改变不了的，能改变的只有价格的表现方式。计划经济看起来很太平，低工资低物价，但实际上百姓为了得到某个商品或服务，实际付出的真实成本远远高于官方定价所代表的那个水平。

从这个意义上讲，要进行改革，用经济学家的话来说，就是要“把价格搞对”。只有这样，才能消除资源错配和扭曲，供求之间的平衡才能实现。可是要从原来的计划经济到把价格搞对，这件事情做起来没有说起来那么容易。

我记得非常清楚的一件事情是，1984年决定对计划经济进行改革的时候，关于如何推进价格改革是有争议的。在1984年秋举办的莫干山会议上，“价格如何改革”就成为争论最为激烈的话题。其中有一派认为价格应该彻底放开，另一派坚持应该逐步调整价格到均衡水平。后来也有些人主张应该把两种意见结合起来，即把“调”和“放”结合起来，这就是之后所说的价格双轨制改革。

至少在当时，大家觉得价格放开是有风险的，所以在计划外放开、计划内逐步上调也许是比较稳妥的。但是那个时候改革的基本思想是向企业和地方政府放权让利，导致财政赤字持续扩大，倒逼银行发钞，形成消费膨胀和物价上涨。在那个局面下，任何想要对价格进行激进改革的方案都无法被真正采纳执行。对于如何控制通货膨胀，政府也缺乏理论指导和经验借鉴。

就在这个时候，当时世界银行驻北京的代表建议邀请欧美和日本的经济学家到中国来分享经验，就如何处理通货膨胀，政府应该怎么管理好宏观经济等问题提出建议。于是，1985年9月在一条从武汉到重庆的“巴山”号游轮上，召开了一个关于宏观管理的国际研讨会，讨论政府如何稳定宏观经济。这个会议对中国改革有很大的影响，提供了很多宏观管理与改革方式的经验。

总体来说，在20世纪80年代，大多数改革都是涉及微观的改革和激励机制的改革，基本还没有宏观上的改革。这恰是通货膨胀反复爆发的原因。

1989年后，中国经济遇到很大的困难，经济增速下降到个位数。改革何去何从面临重大抉择。1992年初，邓小平南方谈话，一路发表讲话，提出改革开放胆子要大一些，敢于试验，不能像小脚女人一样。看准了的，就大胆地试。他还说，谁不改革谁下台。在邓小平南方谈话的指引下，中央在1993年11月召开了中共十四届三中全会，决定建立社会主义市场经济体制。这个决定对之后的中国经济体制改革和经济发展产生了决定性影响。

今天回想一下，中国很幸运，在邓小平同志从1977年第三次复出到1997年逝世的这20年间，中国在邓小平同志的见证下基本完成了构建社会主义市场经济的体制架构。

20世纪90年代，国家有力地推动了宏观层面改革。1993年以前，中国经济遭遇的最大问题是通货膨胀，通货膨胀问题出现的根源是财政和银行不分家，所有放权让利的改革最后都演变成财政向银行的透支，包括国有企业补贴和职工工资的增长，都得靠银行发钱。1993年底，中国人民银行决定不再借钱给财政部，而且要求商业银行40天内收回预算外的贷款，开始整顿混乱的金融秩序。1993年底，中央决定推行分税制。分税制提高了中央的财力，使得中央权威再次树立起来。由于国税与地税分开，地方再也没有动机隐瞒收入，地方的预算外收入规模也减少了。这才逐步控制住宏观经济的不稳定因素，实现宏观大局的稳定。

此时的改革针对的是如何稳定经济以及消除通货膨胀的结构性原因，但竟产生了一个意想不到的结果，就是分税制改革创造了地方政府的高能激励，让地方政府开始关注地方GDP的增长，关注投资，关注基础设施的改善。地方政府受到投资者用脚投票的压力，就要不断改进基础设施，加大生产性和公共性的资本开支，因此中国经济在1993年以后持续高速增长，同时又实现了宏观的稳定，这是个意想不到的结果。

20世纪90年代的改革，除分税制之外，还包括住房制度的改革，1999年最终取消了福利分房。还有一些结构性的改革，比如所谓的国有经济的战略重组和抓大放小的企业改革。那个时候，国有企业和银行之间存在巨大的债务关联，如何解决这个问题呢？1994年在京伦饭店召开了一个国际研讨会，讨论国有企业的债务怎么解决，以及破产和负债如何处置。如何改革国有企业以及如何建立现代的公司治理结构，也是讨论的核心。这些讨论对后来的改革发挥了重要作用。1996年、1997年进行了国有经济的战略重组，缩短国有经济过长的战线，可以保留重要部门的国有企业，但必须改革企业内部治理结构，使其公司化。竞争领域的中小型国有企业鼓励民营化。这一改革释放了巨大的活力。

大家可以看出，中国的改革其实可以分成两个阶段，1993年是一个分水岭。这以前的改革是零敲碎打的、自下而上且自发的，即使1984年决定对计划经济体制进行改革，但就计划经济如何转向市场经济这一问题上，改革的基本导向只是微观上放权让利，宏观上并没有进行结构性的改革，结果反复出现恶性通货膨胀。当时中央对付通货膨胀的方法就是治理整顿，让经济停下来，形成大起大落的周期现象。在1992年邓小平南方谈话和1993年中共十四届三中全会之后，才进入到宏观和结构性的改革阶段。此时，首要任务就是推动宏观层面和结构性的改革，解决通货膨胀困扰经济的体制根源，推行中央与地方的分税制，提高中央的财力和宏观调控能力。其次是把银行和财政分开，整顿金融秩序，彻底终止财政向银行的透支，然后进行国有企业改革，避免经济大起大落，实现经济的稳定与增长。

今天回过头去看40年改革开放，进步如此之大，整个市场经济的基本架构也成型了。如果说还有什么遗憾，我个人觉得，在很多领域存在改革不彻底或者改革被无期限推迟的问题。这些领域由于当时的约束条件，是没有办法做到彻底改革的。比如说金融的改革，在当时没有办法做好，所以金融的自由化一直没有和其他改革同步。其次就是国有经济这块，当时抓大放小是权宜之计。方案中没有预料到的是当民营经济发展以后，大量的利润都通过上下游的关系转移到了上游，结果保留下来的处于上游产业的大型国有企业，在20世纪90年代中后期以后盈利持续改善，资产持续膨胀，很大程度上这不完全是因为国有企业变得有竞争力了，而是因为整个经济在高速发展，其上游的垄断地位维持了它们的垄断租金。这是今天在结构改革上面临的非常尴尬的问题。此外，有关税制改革以及公共财政体制改革，特别是如何建立由直接税主导的体制，这些遗留下来的问题就是未来改革主攻的方向。

回顾20世纪80年代到90年代中后期的这段改革，我始终认为1978—1997年的这20年，是改革中最精彩的20年。在这个过程中产生了很多至今我们仍耳熟能详的改革家、创新者，那是一段很浪漫很有激情的岁月。那些改革实现了国内财富的快速积累，当然也给我们今天带来了一些制约发展的体制弊端。这都需要我们继续推动改革来完成未竟的议程。

◎ 地方竞争，中国经济奇迹最大的秘密*

一场“人类最好的制度”公案

原子智库：张老师好！我们今天要谈的话题是地方政府竞争。很多人是从张五常教授那里知道地方竞争这个概念的。2008年他说了一番话，认为从县际竞争这里，他看到中国形成了人类历史上最好的制度。这在当时引起很大的争议。10多年过去了，您能否大概介绍下他讲这番话的背景。

张军：那年是2008年，正好是中国改革开放30周年。当时在北京开了个会——“市场化改革三十年”论坛，会上请了很多经济学家，我也去了。张五常第一个上台做主旨演讲，那时候他已经写了那篇长文，里面讲了中国经济最精彩的地方，就是县级政府之间的竞争在中国经济发展中的贡献和角色。一些在场的与会者不以为然，有的甚至当场叫板张五常，现场有些火药味。

原子智库：长三角地区有什么独特之处？

张军：张五常认为，20世纪90年代以后，中国经济的发展机制发生了很大变化。这种变化体现在长三角地区。不能理解长三角崛起，就没

* 本文原载于“原子智库”2020年6月6日。

有办法理解中国经济。

张五常觉得，长三角最精彩的东西是县际竞争。土地归县管理，地方政府要把土地租给投资者，与投资者分享地租。1994年引入增值税后，增值税变成中国的主要税种。投资办厂就有增值税，增值税由地方跟中央分享，中央拿75%，地方拿25%，这相当于一个分成合约的安排。他觉得这种安排与他20世纪60年代写的博士论文里所讨论的佃农理论是一个道理。

张五常说，经济学家一直以来有个成见，认为分成制是不大有效率的制度。但张五常认为这个认识缺乏足够的经验支持。他苦思冥想，如果分成合约没有效率，20世纪90年代以来中国经济不可能发展得这么快，所以分成制一定是可以做到有效率的。有一天夜里他突然想起马歇尔《经济学原理》的一个脚注，这个脚注说了在什么情况下分成合约才会导致有效率的结果。马歇尔给出的条件是，当“资本可以为负”的时候，分成制就可以很有效率。

那时张五常还不理解资本为负是什么意思。结合中国案例之后，他突然想明白，地方政府为招商引资，把土地送给开发商，而且把厂房都建好，“四通一平”、基础设施全部做好，这不就是资本为负嘛。基于这样的观察，张五常认为中国的经验其实是满足了资本为负的条件，所以中国地方政府之间关于招商引资的竞争，应该会带来比较好的结果。

2008年北京那次会议上他就讲了这个理论。我记得他是这样说的：“这是我看到的最好的一个经济制度。”当然，现场很多经济学家也许不太能接受这个观点，当时会议安排我和张维迎在他演讲以后做一下评论。我说：“可以把这个‘最好的制度’改成‘最妙的制度’。”

原子智库：“最好的制度”和“最妙的制度”有什么差别？

张军：为什么这样改？“好”有价值判断，好坏之分，容易引起不同看法。“妙”就没这么多争议。只要想明白张五常分析的道理，就觉得太妙了，太精彩了。通过分税制改革，我们不经意当中把增值税作为中央、地方分成的税种，产生了意想不到的有效结果，导致90年代后中国经济反转。分税制是关键，需要理解的钥匙就在这里，所以我觉得称之“最妙”可能更好。

在张五常教授离开会场之后，吴敬琏教授紧接着演讲，他顺便评论了这件事情。他不同意张五常的判断。

吴老认为，这可能是一个比较糟糕的体制，因为这里面有腐败和权钱交易，资源分配上有很多扭曲。张五常认为自90年代形成的中国经济制度对经济发展应该有相当正面的作用。吴老认为这个制度带来了相当负面的东西。

其实直到今天，这可能依然是一个非常有争议的话题。中国经济制度的功过该怎么评判？

地方竞争的腐败和浪费

原子智库：张五常其实还说过，这个最好的制度表面有些沙砾，要把沙砾抹开才看得见好。沙砾指的是什么？

张军：我想他可能是说，不要老看到我们体制当中有这个问题、那个毛病，其实那些都是沙子。要多去关注沙子里面的金子。拿掉沙子后做一点修补或者调整，他认为这个体制对经济发展的激励效果还是非常好的，所以应该保留而不是推翻重来。

原子智库：地方竞争中的招商引资，难免有以权谋私、腐败受贿等现象。这恰恰是普通民众关心的东西，也是他们认为地方竞争非常杂污的部分。有没有办法消除以权谋私的腐败现象，让地方竞争体制更好地展现出优越的一面？

张军：理论上说我们可以在土地批租时，设计一些规则来防范和减少招商引资过程中的寻租机会。但是我们都知道，若要去堵住一个机会，其实要花费巨大的代价。有没有人评估过这个代价有多大？给定中国的官员治理方式和政治激励制度，分享增值税这样一个机制能够为地方政府发展增加动力，但也不可避免会给腐败制造机会。

20世纪90年代中后期，地方政府基建项目的腐败机会还相当普遍。按照张五常教授的想法，这个竞争体制很难得。从国际角度看，大多数国家的地方政府不见得有竞争动力，因此中国不要轻易扔掉现在这个体制，但需要将它改进得更好一些。

的确，金子在淘洗过程中还是有沙子，能不能清理沙砾，这是我们要做的事情。从理论上讲，如果经济增长与物质资本关联越来越小，而与技术、人力资本高度相关，腐败的机会就会大幅减少。拿人力资本去做交易是比较难的，而拿基建项目做交易相对就比较容易。包括印度在内的很多发展中国家，在这些领域往往容易产生腐败。中国的反腐一直没停过，当然这并不意味着已经完全消除腐败的机会。

我相信，官员腐败在一定阶段还是可以得到很大抑制，这需要长期的制度建设，而不是运动。我们都知道，很多经济不发达国家的腐败问题依然很严重，经济增长与腐败的关系在统计上变得相当模糊，似乎既不是正相关也不是负相关，两者之间的关系其实非常复杂。我想，在这个问题上中国的经验并不多见。

原子智库：除了腐败受贿，地方竞争还有一个争议：地方政府可能会滥用权力，胡乱作为，建造大量工业园、产业园。这些建设后来被证明是缺乏效率的。您如何看待这样的弊端？

张军：其实这跟我们看待经济发展的参照有关系。地方政府有上级考核的机制驱动，考虑到个人职业生涯和政治前途，横向之间一定会产生竞争，我们把它叫锦标赛。在这过程中，招商引资是非常重要的手段。

招商引资很大程度上要靠税收竞争，比如，我给你税收优惠政策，土地方面也可以给你比较低价的租金，甚至可以免收租金，等等。地方政府会用所谓特惠政策吸引投资者到当地办厂、搞生产。

如果所有地方政府都具有同样激励去干同样的事情，在总量上一定会出现所谓的过度竞争，也就是搞了太多开发区，给了太多优惠政策，出让太多土地，最终使得实际结果可能偏离社会最优的理想水平。

但是，具体到某一地区，投资者不仅仅看优惠条件和园区面积，他还看该地的投资回报，而这又跟政府效率、人才和劳动力市场的状况，还有融资成本、产业配套情况等有关系。如果企业到内地投资，所需中间品还要到沿海采购，当地缺失供应链，这就会让投资人没有信心。但因为竞争，很多地方政府难免有急功近利的冲动，不完全明白营商环境对投资者的重要性。

政府不应仅仅考虑给多少优惠，还得看有没有配备供应链、融资怎样、人才怎样，如果这些东西不具有相对优势，政府就不能在竞争当中胜出，甚至还可能欠债，无法吸引到投资者。

有一段时间里，中西部地区乱投资的现象较明显，但有时候就是这样，发现问题之后中央政府会采取一些限制性政策，事情才会慢慢得到控制。我觉得，浪费肯定是有的，甚至在一些地方非常严重，但应该说，因为我们总是有纠正，所以整体上它还没有到拖累经济发展的程度。

地方官员考核的秘密

原子智库：在您的《登顶比赛：理解中国经济发展的机制》这本书里，您有谈到中国官员任免制度。中央政府会给地方官员考核的压力，要求他们发展地方经济。这样的机制是如何形成的？

张军：我觉得这个机制不是改革开放或90年代以后引入的，它有很长的历史沿革。今天回过头去看很多事情是否有作用，都不能离开早期发展。中国搞计划经济的年代里也是如此，集权分权反复折腾。改革开放后要搞经济和推动市场化，中央把更多决策权下放给地方政府，地方政府再层层分权，掌握经济资源特别是土地资源的地方政府（通常在县区这一级）有一定的分配资源的权力。中央政府在总量层面上，大体可以看到地方的表现。

中央的组织部门和有关部委对各地方经济发展和官员的情况了如指掌。在中央任命、提拔和调配地方官员的政治制度下，经济上的分权很重要，没有它，就难以形成地方竞争和竞赛机制。

原子智库：地方官员如何看待发展经济的任务？

张军：我相信，绝大部分地方官员都非常在意考核，为官一任，自然要对当地经济发展有所贡献。中国人的文化也是这样。不仅地方政府，即便是一个事业单位负责人，让他在领导岗位上做一两届，他也希望有一个好口碑，得到同事的好评价。

组织部也会对地方官员进行考核。一个地方官员如果在一个地方做了七八年还没被提拔，难免自暴自弃。一些学者研究后也发现了这个现象，在县或市的基层政府，如果官员由于年龄、学历等自身条件，在晋升道路上处于劣势，他很可能就倾向于选择腐败机会，这是官场上的情况。

改革开放的税收竞争史

原子智库：地方竞争中非常重要的一点是税收竞争。很多人会认为，地方竞争造成国家税收流失。您可以评价一下税收竞争吗？

张军：税收竞争这词不是中国人发明的，它最早出现在西方发达国家的经济文献里。改革开放特别是90年代以后，地方有了横向的竞争压力，希望吸引外资到当地办厂创业，通常情况下首先想到的是给予税收优惠。这是非常普遍也是非常标准的特惠政策。

考虑到发展中国家或新兴市场国家，其市场环境和法律执行力比较欠缺，不如发达经济体，有各种各样的准入壁垒，以及各种各样的政策障碍和制度扭曲，不容易在短时间里进行全面改革，所以往往搞些特区或具有特殊政策的微环境来吸引投资，促进发展。这就是普惠制和特惠制的区别。做不到普惠，可以搞特惠，划出一片地方并创造比较优良的投资环境去吸引投资和产业落地，再慢慢通过溢出效应，逐步改进制度，推动经济发展。

原子智库：一开始地方政府手里的优惠措施其实也不多。

张军：一开始确实需要优惠政策。通常情况下政府也没有钱来支持，所以只好在政策上给予税收优惠。中央对地方也有这种做法。当年搞特区时邓小平同志讲过，中央没有钱，你们自己去搞，杀出一条血路来。中央给地方的就是政策，这个政策当中很重要的一部分是税收优惠。广东是最典型的例子，广东成立特区比较早，在分税制以后缴税也不是很多，因为中央对其依旧有很多税收支持。分税制以后，每年中央对一些中西部地区进行大规模税收返还，上海对此一直有怨言。

上海在计划经济时代缴的税最多，达到全国的1/6，改革开放后上海依然缴很多税。当时上海能挣钱，中央一直抓住上海不放。上海缴那么多税，自己就留一点点。80年代汪道涵在上海当市长时就说，上海城市基础设施一塌糊涂，老百姓生活特别苦，家里没有厕所，房子很小，每天早上都是拎着木头马桶，还要点火烧煤炉，所以上海空气污染也很厉害。上海的基础设施为什么没有做呢？自然是因为没有钱，钱都给中央了。分税制实施以后，上海缴的税也是大头，起码25%的增值税可以留在上海，扩大税基之后增值税就会越来越多。

90年代以后，税收竞争其实是一个非常有效的手段。当年外资大部分都是香港过来的，他们非常看重这个税收优惠政策。取消税收三减两免后，很多企业就离开了。据说英特尔当时也是因为没了税收优惠而离开上海，搬到西部。所以说，特惠制在中国经济发展中，还是扮演了非常重要的角色。

中国经济发展到今天，在特殊领域和行业中偶尔还有税收优惠，作为产业政策来讲的话，它可能会慢慢退出历史舞台。我们现在提倡国民待遇，要一视同仁，没必要再对外商采取税收优惠政策，但在某些领域给予税收优惠，还是有必要的。

原子智库：地方竞争过程中，除了土地和税收优惠，还有没有其他招商引资的手段？

张军：常用的基本手段就这些。一般来讲，外商们除了关注特惠政策，还看中当地基础设施和产业配套能力。进来的大部分都是加工制造业，供应链和产业链配套很重要，多数企业早期去广东，现在去长三角，就是因为本土民营企业发展得好，制造业所需的零部件、中间产品都能在当地找到供给方。现在深圳的硬科技产业需要大量零部件，这些零部件不是从海外来，而是从深圳周边县市像东莞、惠州这样的地方来。

长三角在计划经济时期有很多乡镇企业，这些企业经营者偷偷利用周末时间办厂，请上海的师傅、工程师在星期天骑自行车过来帮忙。改革开放以后，当地乡镇企业很发达，这些企业在90年代基本上都民营化了，日本、韩国、美国的公司到长三角投资就比较容易。这不仅仅是因为优惠政策，还因为当地制造业链条非常广。

原子智库：在我看来，近几年地方竞争变得不再激烈，中央财政部门要求清理“税收洼地”。张老师您认为现在中国地方竞争还有没有潜力？在这方面还有没有可以做的事情？

张军：中国经济发展的模式放到今天看，我觉得还找不到一个概念能比地方竞争来更好地刻画，以及更好地理解中国经济发展的基础。中国很像早期欧洲，每个城市之间有竞争，整体经济发展比较快，但在竞争基础上也会形成很多合作。过去竞争是按行政区划，整个经济分成一块一块的，早期美国经济学家把中国经济称为蜂窝经济。

市场发展有一个规律，有时它需要突破行政的壁垒，在空间上进行整合。过去一家公司在一个地方投资，这地方可能并不希望这个公司的东西再到另外一个地方。现在其实没有关系，比如汽车行业，上海的制造业企业在江苏、浙江、安徽都有投资，行政区划对它没有特别大的限制。如今空间概念越来越受关注，区域一体化、湾区经济等都是空间概念，市场力量大过政府之手时，就会出现空间聚集和超越行政权力的整合这一现象。

环保抑制地方竞争

原子智库：现在中国地方竞争的削弱因素有哪些？这个理论还有哪些应用的价值？

张军：现在出现了都市圈、城市群这些概念，让地方经济的合作多过竞争。但是我觉得，这依然没有改变中国经济发展中地方竞争的基础。我举个反面的例子吧。

这几年，中组部对地方官员加强了环保方面的问责制，不管地方经济发展得再好，若环保不达标，依旧要问责地方官员。你可以检验，这东西引入以后地方政府行为发生了什么变化。

我们最近做了个研究，很有趣的是，问责制是2014年引入的，引入以后，地方政府开始大幅下调地方经济增长目标，因为有环保考核，所以地方官员得把很多精力放在环保上，而搞环保会限制很多投资。很多投资商不来，经济增长就下来了，因此最好把增长目标调低，否则难以完成。

我们还发现，地方政府工作报告中的经济增长目标，基本上一致调低了，280多个地级市都是如此。此外，引入对官员的环保问责制以后，他们不仅调低了增长目标，而且实际上基本充分接近这个目标。

从20世纪90年代开始，地方政府增长目标都会高于全国增长目标，比如全国“两会”定的GDP增长目标是8%，到各省就会变成10%，因为在地方政府竞争的环境下，各地一般会超额完成目标，很多地方都超出好几个百分点，这就是典型的竞赛。

而现在，不难发现，一是目标充分调低了，二是地方政府不愿超额完成这个目标了，定6.5%就是6.5%，实际完成的结果就是接近制定的这个目标。

如今考核纬度的指标发生变化，GDP不像过去那样重要，而污染防控变得重要起来，政府官员得考虑污染防控。也就是说，在个人仕途发展的目标函数里有好多变量，以前最主要的变量是GDP增长，现在可能就是环保，问责制下环保权重特别大，因此竞争行为就改变了。

◎ 最好的补贴方式是支持上游产学研结合*

从全球范围来看，有关产业政策的讨论早已有之，半个多世纪以来发展经济学家一直在讨论产业政策问题。在产业政策层面上，大家好像还是各执一词，并没有明显的进展或形成共识。经济学家林毅夫和张维迎等在2016年就产业政策的辩论引发国内的广泛关注，其中，林毅夫认为经济发展有产业政策才能成功，而张维迎认为产业政策是披着马甲的计划经济。

产业政策引发了社会的广泛讨论，那么是否需要制定产业政策？如何制定？产业政策到底是利大于弊，还是弊大于利？

部委纵向扶持，地方横向竞争

《财经》：2016年，林毅夫、张维迎、田国强三位教授在产业政策上有一定的争论，您如何定义产业政策？

张军：关于产业政策问题，林毅夫和张维迎的看法似乎走向了反面。

张维迎认为政府难以比市场知道更多的信息，因为信息是不完全和不对称的，这是市场不完全的基本原因。如果信息完全了，政府跟市场就可以替换。信息不完全的情况下，政府不可能拥有信息上的优势，所

---

* 本文原载于《财经》2018年10月13日。

以必须要市场和企业家分散地做决策。在这个过程中，企业家寻找市场机会比政府自上而下地设定一些产业发展的方向更可靠、更低风险。

林毅夫是从市场不完全和外部性考虑的，因为市场不完全，像公共投资这些领域的外部性又比较强，在基础设施建设等一些领域往往需要政府参与、引导。所以他认为企业家跟政府之间，两者角色并不完全可替代，反而可能是互补的。

在经济学的发展史上，特别是发展经济学领域，半个多世纪以来发展经济学家一直在讨论产业政策问题。在产业政策层面上，好像大家还是各执一词，没有明显的进展，也没有形成共识。

《财经》：目前在产业政策问题上难以达成共识的关键点在哪里？

张军：谈产业政策时，我们基本上都是从国家层面出发的，即把国家作为分析的对象。问题在于，正常情况下，若要证明产业政策对一个国家的经济发展是否有必要，就该国情况的讨论毕竟是缺乏反事实证据的，因此无法对产业政策的效果进行有效评价。

也就是说，在一国范围内几乎没有相反的事实做比较。同样一个产业政策，一部分经济学家认为它对国家的发展非常重要，没有产业政策的话，国家很难取得今天的发展成就，而另一部分经济学家则相反，认为产业政策根本没有起到好的作用。

比如日本是战后发展的成功案例，它实现了从中等收入国家向高收入国家的转变。但是对于日本的成功是否跟产业政策有关这一问题，现在日本的经济学家和日本以外的经济学家分歧很大。在产业政策这个层面上，一部分人认为产业政策为日本的成功立下汗马功劳，而另一部分经济学家认为日本过去的成功并不是因为产业政策，相反产业政策让日本失去了20年的发展机会。

所以，有关产业政策的分歧似乎很难消除。针对一个国家的成功或者失败，因为没有相反事实做比较，大家会提出各种各样的理由去证明成败跟产业政策有关或无关。

《财经》： 中国政府也制定了很多产业政策，这些产业政策有什么特征？

张军： 中国在改革开放以来出台了很多产业政策，这些政策中有成功的也有失败的。中国的产业政策基本是针对某个地区的政策，即使那些看起来是关于发展某个产业的支持政策，基本上也是落实到地区层面的。这是很有意思的现象。

我国产业政策当然是自上而下制定的，产业政策的制定者和执行者都是政府的部门或者部委，它本质上是纵向的协调机制；但同时中国地方政府在经济发展方面扮演着更重要的角色，产业政策出台之后需要通过地方才能得到落实，而一旦由地方政府执行，各地会竞相争取这些政策落地，于是就形成地方政府之间的横向竞争关系。

所以在中国，尽管存在着由产业政策设定的纵向扶持或支持机制，但实际上发挥作用的是横向的竞争机制。

中国的产业政策大概有以下几个特征：第一，即使有产业政策的支持，并不是每个地方都能在发展某个特定的产业上有作为，某些地方的成功可能更多是市场筛选的结果；第二，它至少部分对冲了纵向的产业政策可能带来的负面效应，使得产业政策在很大程度上变成中性的；第三，因为地方政府的介入和支持，很多产业政策出台后可能会给该行业带来过度的进入和投资。我觉得，企业过度进入对产业发展有好有坏，坏的地方大家谈得比较多，但其实企业进入的学习过程以及技能和人力资本的积累是很有用的。

《财经》： 地方政府的竞争可能导致行业过度进入、产能过剩等问题，这种横向的竞争有什么积极作用？

张军： 举个例子，光伏产业政策导致了该产业的过度进入，因为很多地方都去发展光伏产业，后果是产能过剩，导致产业发展迅速进入整合阶段。代价很大，但也留下了该行业特定的人力资本、技能积累和学习能力，为日后该产业的再次崛起打下基础。

现在，各部委对高新技术产业、战略性新兴行业有很多支持政策。地方政府也会出台适用于本地产业的支持政策，地方之间就存在一种竞争关系，对产业政策原本可能产生的极度扭曲起到部分抑制作用。中国产业政策取得了良好效果，并不是因为比别人的产业政策设计得更好，而是因为中国有纵向协调跟横向协调相配合。总体来说，中国的产业政策在执行中更容易转变成竞争性政策。

直接补贴企业的方式越来越困难

《财经》：有什么实践的案例可以说明一个部委制定的纵向扶持机制，到地方层面成了一个横向的竞争机制，从而规避了纵向机制带来的负面效应？

张军：地方政府的竞争力量强大，纵向的产业政策很难限制横向的市场进入。比如早期制定汽车产业政策的初衷是希望在上海、长春、武汉这几个地方重点发展汽车产业，但最后的结果是广东、北京、四川等地也发展起来了。

又比如光伏产业，除了部委出台产业政策外，各地政府也出台了产业发展的政策。部委在政策出台后可能在财政上给予一些补贴，但是实际掌握的资源有限。产业政策最后要落到地方执行，比如规划产业园区，促进产业集聚，招商引资，吸引人才，这些都需要地方政府推动。纵向的产业政策出台后，它其实更像是一个行业发展的前景和规划，然后由地方政府具体落实。

还有一些产业政策在有意识地鼓励地方参与推动一些行业的发展。比如《中国制造2025》，2015年5月8日国务院通过该方案后，工信部等部门很快出台了支持相关产业发展的政策，紧接着还出台了关于市场公平竞争的一系列政策。《中国制造2025》并没有指定或者限制某个地方发展某一类产业，政策允许地方政府根据自身的条件，对《中国制造2025》中的某一个产业申请试点，据说目前试点城市已经有30多个。所以，在中国每一个产业只要有纵向的产业政策，总体上就会出现过度进入的现象。

《财经》：产业政策要关注约束条件，通过制定过渡性的条例解决产业过度进入问题。中国现阶段约束条件是怎么样的？如何进行过渡性调节？

张军：中国产业政策发布后，地方政府积极划定产业园区，招商引资，吸引人才，各个地区都参与到这些产业竞争发展中来。《中国制造2025》规划十大领域，地方可以根据自身条件发展某一领域。比如某地根据自身条件发展精密仪器，某地发展信息技术，某地发展交通运输，某地主攻装备制造……各地区都会寻找与自身条件相匹配的产业名录，并申请发展该产业。

但无论是发展智能制造、信息产业，还是推动互联网发展，中国产业政策不可能覆盖所有的产业。

比如互联网产业，当初政府对互联网驱动的电子商务产业没有任何规划，也没有相应的支持政策。然而，过去政府对互联网基础设施建设投入了很多，而且中国有巨大的消费市场，市场规模大；另一方面，金融监管对创新活动相对还比较容忍。企业家能嗅到发展电商和互联网经济的商机，自然会去实现梦想。

《财经》：中国的产业政策和德国、韩国、日本等国家的产业政策相比有什么异同？

张军：原本所说的产业政策本质上应该是限制进入的政策。比如韩国在发展电子、汽车产业过程中，有非常强大的纵向的产业政策，限制准入该行业的规制非常明确。因为它要给予某个地方或者某个企业独占一个产业的特权，然后政府对该地方或企业进行直接的支持，例如信贷支持，这种政策的目的是限制竞争。所以韩国在发展某一行业时，不鼓励横向的市场进入，更加不鼓励外商进入。

中国的产业政策跟德国、韩国、日本这些国家的产业政策相比，很难有交集。其他国家认可中国有产业政策，但对此又有很多不解。中国的产业政策就像是要发展什么就能把它发展起来，这就是为什么《中国制造2025》会引起美国人强烈反应的原因。他们认为中国通过举国体制发展一个产业时，该产业就能发展起来，其实这是误解。

《财经》：韩国、德国在产业政策出台后如何限制市场准入？

张军：这些国家主要是限制资本，资本限制是最容易的准入限制，因为进入高新技术产业、战略性行业等都需巨大的资本投入。如果没有政府给予信贷，企业家很难进入这些资本密集型产业。

韩国、日本的产业政策主要限制进入，目的是保护已有产业。但是韩国的产业政策在关键时候也会调整，如朴正熙时期，产业政策一开始完全是进口替代导向，就是要利用有限的资源在短期内发展重工业，奠定经济发展的基础。而到了一定发展时期，政策也做了方向性调整，实行市场开放，注重出口导向。

《财经》：中国的产业政策不少是直接补贴或减税，这在未来还可行吗？

张军：我认为中国这种补贴或者减税的方式将会越来越困难，特别是贸易摩擦案例中，不少指责提到的都是中国政府对贸易产品和产业发展的大量补贴有失公允。

但是在产业发展初期，政府提供企业一定程度的补贴对于降低企业进入成本是必要的，很多国家都有类似的做法，同时补贴也是最容易落实的一种方式，发展任何产业最简单的方式就是提供资金。

依照现有产业政策，很多创业项目都可以申请国家部委的补贴和基金。中央设立国家产业投资基金，地方也有相应的配套资金，但中央部委和地方自己并不管理这些基金，而是把产业投资基金委托给市场上的基金管理公司进行管理，由它们选择项目并支持产业发展。这是有道理的。

《财经》：有什么方式可以更好地对下游企业进行补贴？对消费者补贴可行吗？

张军：一种方式是政府采购，这其实也是一种产业政策。比如扶持新能源汽车产业，政府要求公共部门只能采购本地生产的新能源汽车，这种方式是争议比较小的产业政策，因为西方政府也会采购本国的产品或本地的产品。而直接补贴的争议比较大，未来直接补贴的空间会越来越小。

产业政策需关注产学研结合，人才资源是短板

《财经》：产业政策如何更好地和市场相匹配？

张军：理想的做法当然是政策对产业的发展起到锦上添花的作用。一个地区适合发展什么产业由市场和企业家决定，政府不过是因势利导，创造更好的投资和营商环境。中国很多地方在某一个产业上发展得好，不一定是政府预先规划设计的，这当中有市场选择的逻辑，有时候也有一定的随机因素。

张江地区很多年前发展进度慢，一度不被市场看好。但是这几年出现了一些积极的变化，医药研发平台慢慢地在张江形成集聚效应。一些海归带着他们的专利回国，还介绍朋友到张江发展，最后很多人都去张江发展医药产业。

必须要承认，中国也因为过度进入而付出了很大的代价。过度竞争导致产能过剩，比如10年前大家就开始讨论光伏产业产能过剩的问题。当然现在回过头来看光伏产业，可以发现我们在五六年时间里用过度进

入的代价，培养了一大批该领域人才，在产业重组之后，光伏产业发展上了新台阶。

所以总体上来说，对产业政策的效果进行评价是很复杂的，因为利弊会随时间而变化，不可轻易下结论。中国产业政策的影响更加复杂，因为中国经济体制的组织结构比较特殊。各地区条件非常不同，中央部委似乎很难在执行层面上限定性地支持或保护某个产业的发展。

但是，我觉得我们可能到了一个新的阶段，在这个阶段最好的补贴方式是支持更上游的产学研结合，而不是补贴下游。

《财经》：您刚刚提到激励产学研合作是最好的产业支持方式，如何建立科学合理的产学研体系？

张军：今天美国的产业政策更多是支持科研机构的基础研究，美国国家科学基金会等对基础研究的支持力度非常大，还有其他一些做法支持美国的大学与产业之间相结合。在这方面，美国发展得比较早，也相对比较成功，比如早期麻省理工学院参与的128号公路。

麻省理工学院率先跟市场结合，允许学校教授开设公司，教授可以在某个公司担任高管，还可以拥有公司的股份。如果产学研结合也算产业政策，那么把产业政策的范围扩大到基础研究和产学研结合，将会是更高级的做法。

《财经》：中国提产学研结合已有很多年，但是效果不明显，您怎么看待这个问题？制约因素有哪些？

张军：中国也在推动产学研结合，但是效果不尽如人意。现在最大的问题是我们的基础研究还比较落后，中国一流大学的基础研究还不太行。

一方面，过去经费投入有限，这些年985高校投入有所增多，但总体上中国大学的欠账比较多，硬件基础设施比较差；另一方面，人才严重不足，我国从20世纪90年代中期才高速发展，80年代还是计划体制，从恢复高考到现在的40年间人才培养还不足。再加上80年代后期的出国潮，年轻的优秀人才基本都选择到海外发展，只是过去这些年政府出台了一些人才回流的政策，情况才得以好转。

从人才流失到人才回归，这个过程现在才刚刚开始。与欧美发达国家相比，我们的大学在设备和硬件上有差距，整体研究水准依旧不高。

《财经》：香港科技大学李泽湘教授参与孵化很多项目，带领团队创业。由他任董事长而不实际参与工作，您觉得这种模式是否可以学习？

张军：中国什么模式都可以学，成功的模式可以快速引进，这个没有问题。现在的问题是，虽然有华中科技大学在武汉光谷参与孵化项目，还有上海理工大学和华东理工大学也在参与孵化项目，但是整体水平的提高还需要时间。

内地大学的基础研究还跟不上，在不少方面与香港科技大学、南洋理工大学等这类学校仍有差距，这些大学的教授大部分是从欧美招进来的，整体水平更高。再过10—20年，希望内地高校的骨干力量能像香港科技大学那样，招收来自北美最顶尖大学的博士到学校任教。

我们必须认识到大学的整体差距，目前大学里做一线研究的人员所受到的训练和拥有的视野还没有达到国外水平。这不难理解，毕竟中国还是中等收入国家，人才和科技实力受这个因素影响。

现在经济面临的最大问题其实是不确定性和信心的问题，如何尽快稳定市场预期和信心是当务之急。1989—1991年，美国联合发达国家制裁中国，实施贸易禁运，但那个时候国人有信心，邓小平南方谈话以后局面很快有了大的改观。即使美国提高关税，中国经济下降一个点，我们也能承受。关键就是在这种情况下，需要出台实实在在的政策来稳定企业家和投资者对我国经济发展前途的信心。

◎ 中国发展模式的经验与挑战，从“做对激励”到“做对价格”*

在市场不完全和远离世界技术前沿的基于投资的发展阶段，最重要的不是“做对价格”，而是“做对激励”，一定程度的“做错价格”反而有助于经济追赶。中国独特的发展战略、治理结构和全球化促成了中国迄今为止的经济奇迹。但在经济逐渐转向新的发展阶段时，中国需要的则是“做对价格”，以及新的发展战略和治理结构——这个大转型是中国未来面临的最大挑战。

诺贝尔经济学奖得主罗伯特·卢卡斯曾说，一旦开始思考经济增长问题，你就很难去想其他问题了。的确，经济增长这个问题吸引了很多经济学家的关注，而经济学研究的一个重要使命就是破译经济发展的密码。身为中国经济学家的我们，一旦开始思考中国的转型和发展，也很难去想别的问题了。

从1978年中共十一届三中全会至今，中国的改革开放刚好走过了40个春秋。在过去40年中，中国发生了翻天覆地的历史巨变，从世界最落后和封闭的国家之一，跃升为一个GDP居世界第二、高度开放的经济体。纵观第二次世界大战以来的世界经济发展史，真正成功实现经济赶

* 本文为复旦大学经济学院张军和王永钦在《经济资料译丛》2018年第4期上发表的文章。

超并进入发达经济体行列的，实际上只有日本和亚洲四小龙（韩国、中国台湾、中国香港和新加坡），大部分发展中国家和地区并没有步入可持续发展的轨道，经济上反而陷入了某种“发展陷阱”：要么是“贫困陷阱”（如非洲国家），要么是“中等收入陷阱”（如拉丁美洲国家）。因此，中国的经济改革和东亚的发展模式，可以为人类发展提供丰富的经验和理论素材。

张五常曾经说过，对于中国的发展，最应该问的问题也许是：“中国做对了什么？”由中国的经济学家来系统总结中国的经济改革经验和思考面临的挑战，是理所当然的。《大转型：中国经济改革的过去、现在与未来》一书旨在回答“中国做对了什么”这个问题，并在此基础上回答“中国还需要做什么”。

自20世纪90年代初苏联解体后，从计划经济到市场经济的转型问题，就和经济发展问题密不可分了。经济学家和国际机构为此提出了各种方案，其中一种代表性的方案是由总部设在华盛顿的世界银行和国际货币基金组织（IMF）等提出来的，被称为“华盛顿共识”。“华盛顿共识”有四个支柱：一是“私有化”，即界定私有产权；二是“市场化”，即让市场发挥作用，“将价格做对”（Getting Prices Right）；三是“稳定化”，即控制财政赤字和避免通货膨胀；四是“自由化”，即减少对国际贸易和资本流动的干预。这四个支柱看上去都非常合理。但今天基本尘埃落定，推行“华盛顿共识”的苏东（苏联和东欧）国家经历了经济衰退，其中有些国家至今仍未恢复元气。而选择了另一条道路的中国，造就了人类发展史上令人瞩目的奇迹。作为20世纪最重要的历史事件之一，中国过去40年在经历漫长的经济停滞后重新崛起，其背后的转型和发展路径值得探讨。

40年前，一个无比艰难的历史使命摆在中国人民和领导人面前：彼岸何在？如何到达彼岸？对这两个问题的探索长期贯穿于中国经济改革的历程。

计划经济是第二次世界大战后人类历史上一个前所未有的社会实验，但在中国和苏东都遭遇了挫折或失败；而从计划经济到市场经济的转变更是一个前所未有的大转型。1992年邓小平南方谈话之后的中共十四大上，中国正式确立了社会主义市场经济的改革目标，但在此之前，远在苏东剧变之前，中国向市场经济的转型就已经开始了。

理论上，现代经济学清楚地告诉了我们什么是“此岸”和“彼岸”：在计划经济中，没有市场和价格机制，经济组织按照中央计划来协调；而在理想的市场经济下，所有的市场（包括各种产品市场、要素市场和金融市场）都是完备的，只需价格机制便可以起到优化资源配置的作用，政府只需提供必要的公共产品。然而，没有一个现成的理论告诉中国的领导人该如何从“此岸”到达“彼岸”。

在我们看来，发展中经济体与发达经济体相比，有两个本质的区别。首先，与市场完备的发达经济体相比，发展中经济体的市场（尤其是金融市场）往往是缺失的，即使不是缺失的，也是高度不完备的；其次，从技术水平来说，转型经济体和发展中经济体的技术水平往往远离世界技术前沿。市场缺失意味着存在帕累托改进和政府干预的可能性；远离世界技术前沿意味着它们可以学习或者模仿现成的技术，而不需要通过自己的创新和研发活动来创造新的技术，于是更重要的任务是如何更好地组织资源、按照比较优势进行发展。这与早期的经济史学家格申克龙提出的“发展中经济体的结构和相应的经济组织方式应该不同于发达经济体”的思想也遥相呼应。

在这两个基本条件下，与苏东的“休克疗法”不同，中国在经济转型和经济发展上独辟蹊径，采取了截然不同的战略、策略和治理结构。

第一，在整体的改革战略上，中国采取了渐进式方案。这种实验式改革方法是务实和有效的。如前所述，从计划经济到市场经济的转型，在理论和实践上都没有现成的规律可循，所以中国这种试错式的改革也符合科学发现的规律。从这个意义上说，中国改革开放的40年，也是中国的政治家、企业家、学者和民众发现转型路径、发现市场、发现新世界和新生活的一个过程。

中国的经济改革最早是从农村部门的联产承包责任制开始的，这极大地促进了农业的发展，与此同时，还为1984年开始的城市部门改革打下了深厚的基础，因为农业发展为城市部门的改革提供了生活必需品、投入品、劳动力和市场。当然，农村的改革也可能是政治上最容易推进的。

价格双轨制作为一种价格改革的思想与方法，是在1984年的莫干山会议上被提出来的。不过，中国于20世纪80年代初在工业生产部门就经历了计划与市场两种体制并存的局面，所以双轨的体制其实贯穿了整个80年代，并几乎延续到了90年代上半期。这种帕累托式改革的双轨制，总体上保证了经济的稳定增长。1992年，中共十四大召开，90年代中期之后，市场化改革得到了全面的推进，尤其在财税、金融这两个领域取得了巨大的进展。

第二，在具体的发展策略上，中国采取了扭曲要素价格和产品价格（“做错价格”）的政策。市场不完全——尤其金融市场不完全，就意味着仅仅依赖市场是不能够有效实现经济中的资本和投资水平的。而政府压低工资和其他要素的价格，也是一种资本积累的方式。中国城乡二元结构压低了均衡的工资水平，城市政府压低了工业地价等，这些都促进了企业的资本积累。最近的经济学研究表明：在经济转型和追赶的发展阶段，这样的策略是给定约束条件（尤其是金融不完全这个约束）下最优的发展策略。值得指出的是，中国独特的政治治理结构特别有助于实施这种发展策略。

第三，迄今为止中国转型的成功与中国独特的政治治理结构密不可分。与俄罗斯等转型经济体相比，中国的分权是在大的政治架构不变、中央和地方政府不断地调整相互关系的过程中实现的。从20世纪70年代的放权让利，到80年代的财政包干体制，再到90年代的分税制改革，如何合理划分中央和地方的利益、调动地方政府的积极性，不仅始终是中国财政体制改革的要点，也是整个经济和政治体制改革的突破口。

学术界普遍认为，中国经济转型的成功，与中国独特的政治集权和经济分权相结合的治理结构分不开。从这种分权式改革中得到的更一般的经验是：对经济转型而言，最重要的可能不是“做对价格”，因为在市场不完备的时候，根本不可能存在正确的价格；在这个发展阶段，更重要的是“做对激励”（Getting Incentives Right），因为激励机制是经济发展中更为深刻的主题，价格机制只不过是激励机制的一种方式而已。

经济结构（如分权程度和整个经济体的组织结构）的差异造成了中国和俄罗斯经济改革绩效的巨大差异。分权式的改革（尤其是1994年分税制改革），不仅硬化了中央政府对国有企业的预算约束，还促进了地区之间的竞争。中国的M型经济结构（资源按照“块块”来配置）使得经济可以在局部进行制度实验，地区之间基于GDP单维度的标尺竞争，为中央政府提供了反映地方政府绩效的有效信息，并且使得经济体更容易抵抗宏观冲击；相反，俄罗斯的U型经济结构（资源按照“条条”来配置）则不具备这样的经济结构收益。这种中国式财政联邦主义解决了政治体系内部经济发展的激励问题，根据经济学中著名的蒂布特模型，它相当于创造了地方政府之间公共产品的竞争性“市场”，解决了公共产品提供不足的问题。的确，过去40年中，地方政府在完善基础设施建设，推进市场化、民营化和城市化方面功不可没。尤其值得一提的是，1994年之后，地方政府推进了大规模的国企民营化，中国经济才开始真正起飞，目前民营经济已成为中国经济的主力军。也许，正是基于这方面的表现，张五常称这是“中国最好（妙）的制度”。

第四，迄今为止中国转型的成功与中国独特的社会治理结构密不可分。在政治集权、经济分权这种治理结构下地方政府之间基于GDP的单任务锦标赛（single-task tournament），解决了中国公共产品的市场失灵问题；在私人合约和治理方面，基于重复博弈的自我实施的关系型合约，则缓解了市场缺失和中国法律体系不完善的问题。这种关系型合约主要表现为以下两个层次：

第一个层次的关系型合约是政治家和企业家之间的关系型合约。在市场不完全的赶超型经济体（如德国和东亚模式下的经济体）中，政治家和企业家之间都存在这种关系型合约（在东亚模式中表现为“产业政策”）。这种关系型合约作为一种“次优”（约束下的最优）的制度安排，可以弥补市场的不完全，促进经济发展。从早期的乡镇企业到后来的各种政企纽带，其实都是这种关系型合约的表现。

第二个层次的关系型合约，发生在不同的微观主体之间（如企业与企业之间）。近年出现的一些新文献研究了中国发展过程中的非正式制度基础。这些研究发现：企业之间的网络关系对于缓解信贷约束、分担风险、分享信息，都发挥了重要的作用。它作为一种次优的制度，促进了民营经济的成长。这些基于关系型合约的治理，由于不需要建章立制的固定成本，特别适合市场范围较小、相关市场缺失的情况。而中国根深蒂固的社会网络关系为这种非正式制度提供了天然的土壤。

有意思的是，回过头来看，中国改革的策略和治理结构暗合着经济中的次优理论。次优理论是指：如果经济中存在很多扭曲，那么消除其中的一个扭曲或者几个扭曲（只要还没有消除所有的扭曲），情况可能会变得更差而不是更好。举个形象的例子，某家的房子着火了，同时水龙头也关不上，一直在流水，这时候如果试图将水龙头修好关上，情况反而会变得更糟。对一个经济体来说，特别是对一个发展中经济体来说，亦是如此。经济中存在很多扭曲，很多市场都是不完美的。在这种情况下，出人意料的是，人为增加一个扭曲，反而可能会促进资源配置和经济发展。上面提到，当金融市场不完全的时候，再扭曲劳动力市场就是一个例子。在中国的发展过程中可以举出很多这样的例子。关于中国的问题，如果仅仅从“局部均衡”的角度来看，可以说是“只见树木，不见森林”。不管有意识地还是无意识地，中国的领导人似乎深谙一般均衡下的“次优理论”的逻辑。

第五，中国的经济奇迹与基于投资的发展阶段以及积极融入经济全球化也密不可分。我们前面提到的转型经济体和发展中经济体的两个结构性特征是：市场不完全，以及技术水平远离世界前沿。中国基于政治集权和经济分权的政治治理，加上基于关系型合约的私人治理，在一定程度上弥补了缺失的市场；而远离世界技术前沿则意味着中国可以学习或者模仿现有的技术，不需要通过自己的创新和研发活动来创造新的技术，这进而意味着在基于投资（investment-based）的发展阶段，最重要的是动员资源来发展经济，而非自己去从事研发。也就是说，在这种基于投资的发展阶段，关键问题是如何有效地动员和组织经济体系内的资源。在此阶段，由于市场的缺失和不完美，完全由市场来配置资源无法达成帕累托有效的配置，适当的政府干预可以改进资源配置，从而促进经济发展。

而中国独特的政治治理和私人治理尤其适合这种基于投资的发展阶段。2001年中国加入WTO和融入全球化，相当于为这种发展模式插上了翅膀，使中国可以在全球的分工体系中实现其劳动密集型产业的比较优势。中国在加入WTO的10多年后一跃成为世界第二大经济体和世界工厂，深刻改变了世界的经济格局。

根据我们对东亚模式的研究，政府干预的作用依赖于经济发展的阶段。成功的政府干预需要满足几个必要条件（未必是充分条件）：一，政府的目标函数应该是最大化社会福利的，而不是服务于少数利益集团；

二，政府应该有足够的能力和政策工具来实施必要的干预；三，政府政策干预的形式和幅度应该取决于经济体具体的发展阶段（比如市场的完备程度、与世界技术前沿的距离）。因此，政府决策需要根据不同的发展阶段而有所调整，尤其是在市场发育足够充分后，经济发展战略和政治治理也要进行适时的转型。在一个阶段被证明是成功的体制和政策，在下一个阶段可能就是经济发展的桎梏和障碍。

在过去40年中，中国独特的发展模式和治理结构促进了中国经济的发展；但这种发展模式正面临着日益严峻的挑战，政府应该适时加以调整，因为中国经济的发展阶段和全球经济的格局已经发生了很大的变化。

首先，经过过去40年的高速发展，中国经济已经离世界的技术前沿越来越近，从发展阶段上来说，已经从基于投资的发展阶段转变为基于创新的发展阶段。在这个新阶段，动员和组织投资已经不是经济发展的首要任务；早期促进投资的政策（如压低工资、强政府）会阻碍技术创新。在新的历史阶段，正如哈耶克很久之前就论证过的那样，更加分散化和市场化的资源配置方式（产品市场、要素市场和金融市场的成熟）会更好地汇集大众的智慧，促进基于创新的发展。中国是一个人口大国，如果将大众的智慧充分发挥出来，其力量会是惊人的。

其次，中国这种发展模式在其他方面的成本也越来越高。如压低工资和降低资本成本的发展策略，加上中国经济中其他的扭曲，造成了城乡之间、地区之间和不同群体之间巨大的收入差距，对社会的稳定和经济的可持续发展带来了挑战。从某种意义上说，中国的发展模式是一个加强版的东亚模式。中国组织和动员资本的能力远远超过当时东亚模式下的经济体，尤其考虑到中国政府控制着土地，这也造成了中国和东亚模式的一个重要区别：东亚模式下的经济体在经济起飞前，对土地市场进行了平等主义的改革，这种起点的公平有助于东亚模式实现共享式增长。如果将视野再放得更广一些，经济史学家的研究表明，北美洲和南美洲经济发展路径的分野，也是由初始要素禀赋的不平等造成的。北美洲的生产要素（特别是土地）的初始分布在社会上比较平等（自耕农为主），这使得人们有投资于人力资本的积极性；南美洲则刚好相反，土地要素的分布高度不平等（庄园制），这使得没有土地禀赋的群体在社会中的议价能力比较低，他们就缺乏投资于人力资本的激励，经济没有从基于投资的发展阶段转变到基于创新的发展阶段。长期以来，两者之间的发展差距就越来越大了。

最新的经济研究也表明，在经济追赶阶段完成之后，“亲商的”（pro-business）发展战略应该适时转变为“亲劳工的”（pro-worker）发展战略，因为人力资本相对于物质资本变得越来越重要，这种转变也有助于经济顺利地从基于投资的发展阶段过渡到基于创新的发展阶段，这种转变也是中国社会政策面临的一项重要任务。

再次，世界经济格局也发生了巨大变化。最近的一些经济学研究表明，中国这种“做错价格”的发展策略，虽然促进了中国经济的崛起，给世界带来了便宜和丰富的产品，改进了消费者的福利，但也给世界很多国家带来了巨大的经济和社会冲击。从这个角度来看，我们就更容易理解当前中国和美国之间的贸易摩擦了。

最后，2008年的金融危机也暴露了中国经济发展模式的脆弱性。在外部需求大幅缩减的负面冲击下，中国的GDP增速从长期以来的两位数，跌落至现在的个位数。这固然与金融危机有关系，但从历史上看，中国这种发展型经济体经过30年左右的高速增长，之后经济往往会进入阶梯式的下滑；而英美这种基于市场的经济体，可以在一两百年里，有持续稳定的经济增长。

2008年之后，中国推出了巨大的“四万亿”刺激方案，这种刺激方案以银行贷款的方式进入地方政府和企业，这些部门在短期内积累了大量的债务；同时，过去10多年影子银行的发展也加剧了地方政府、企业和家庭的债务问题。债务问题在短期内为中国的经济发展和金融稳定性带来了巨大的挑战。

2012年中国的GDP增速首次“破八”，这一年中国的利息支付总额也正好超出了名义GDP的增量，这意味着中国在宏观经济层面已经出现了债务积压问题。经济增速下降与债务积压问题交织下的恶性循环，是中国经济短期内面临的挑战，中国要避免日本那样的资产负债表式衰退。经济增速的下滑可能也与近年来中央政府对地方政府官员弱化GDP考核有关系。在新的经济发展阶段，如何激励地方政府官员，也成为中国政治治理面临的一项重要研究课题。

从中长期的角度来看，中国过去40年的发展战略和相应的治理结构，既可以解释中国迄今为止的成功，也蕴含了中国未来改革的空间和路径。随着中国经济离世界技术前沿越来越近，学习和模仿的潜力越来越有限，中国正面临着从基于投资的发展阶段转变到基于创新的发展阶段的关键历史时刻；同时，随着市场越来越完备，在从“做错价格”转变到“做对价格”（尤其是要素市场和金融市场的价格）的关键历史时刻，前期最优的治理结构和发展策略也应该不失时机地加以调整，这可能是下一阶段改革所面临的最大任务和挑战。

◎ 中国现有的经济制度是如何成型的*

我想过去40年我是走过了的，但是不像华生先生那样在20世纪80年代有很多参与改革的机会，那时的大部分时间里我还在复旦安静地念书。10年前即改革开放30周年的时候，我写过一本书，试图以第三者的视角记录一下20世纪八九十年代那些重大改革的精彩历程。现在又一个10年过去了，我最近刚刚对这本书做了增补和修订，很遗憾出版社没有赶在本论坛之前印出来，不过我想应该是可以赶在中共十一届三中全会召开40周年的日子之前出版的。

就在10年前的这个时候，为了纪念改革开放30周年，我应邀出席了在北京郊外举行的一个关于市场化改革的学术会议。那个时候正值坊间盛传吴敬琏先生是间谍云云，而吴老出现在那个会上了。会议邀请了张五常先生做主旨演讲，我和张维迎担任评论员。但是张五常先生在演讲中遭到在场某些经济学家的当面质疑，他自然非常不高兴，演讲完毕便拂袖而去。

2008年9月12日，南方网发表了关于那个会议的整版报道，不过，题目写的是“张五常：平生没有见过这么好的制度”。我记得张五常先生在那次演讲中确实讲了这样一句话，他说2005年他70岁的时候，写了一

* 本文为作者在2018年10月20日第四届复旦首席经济学家论坛上所做的演讲。

篇非常重要的论文。文章中他这样说：平生没有见过这么好的制度，其中的沙石可以修改一下。这个合约的结构，每一个地区都等于一个公司在竞争，通过层层承包，推动佃农分成。

张五常先生离开会议现场后，轮到吴敬琏先生演讲，吴老不认同张五常的这个判断。实际上，吴老在多个场合都表达过同样的看法，认为中国的这个经济体制非常糟糕。在吴老看来，中国的经济体制很不健全，不仅市场没有得到很好发育，更重要的是，大多数资源还掌握在政府的手中。一旦搞市场化，权力因为与市场之间没有阻隔而缺乏制约，就容易造成官商交易和腐败盛行，这对经济的负面影响非常大。

那么，张五常先生为什么会对这个经济体制评价这么高？我曾经建议说，张五常说到的那个“最好的制度”最好改为“最妙的制度”，我猜想这应该是张五常先生的原意，因为让他拍案叫绝的其实就是中央与地方各级政府分成增值税的体制，而这个体制非常类似于他60年代博士论文所研究的农业中的地租分成合约。这是他惊愕的地方。在他看来，租税同源，都来自土地。

对经济学家而言，这里有两个问题需要回答：第一，这个备受争议的经济体制是如何来的？第二，如果这个体制很糟，那为什么我们的经济还能在此之中增长这么快呢？

要回答这个经济体制是怎么成型的，我们必须回顾中国经济改革的历程。对大多数经济学家和政治学家来说，中国经济改革的战略在经历了第一个10年之后发生了非常大的变化。前几天我在德国碰到一些研究中国的政治学家时，也聊了这个问题。大家普遍认为1989—1992年是中国经济改革战略发生转变的关键时期。1992年初邓小平发表的南方谈话所表达的是非常激进的市场化改革思想，而且国家的确在1994年之后的四五年内大刀阔斧地推行了结构改革。可是，与80年代围绕中央向下分权的改革战略不同，1994年之后的改革更像是中央重新集中权力的改革。这听上去似乎是很矛盾的。西方的政治学家常常把这个看似矛盾的做法解释成中国党内的改革派与保守派之间达成政治妥协的结果，并体现在1993年11月中共十四届三中全会通过的要建立社会主义市场经济体制的决定里。实际上，“社会主义市场经济”这个提法的出现，体现了邓小平作为政治家的超高智慧。邓小平1992年的南方谈话超越了学术界的讨论，给计划与市场、社会主义与资本主义的关系定了调。确实，因为有了这个谈话，才能在1993年的决议中把市场经济纳入社会主义制度，并为无休止的争论画上了句号。

对于1989—1992年党内关于改革的争议和决策细节，我们不得而知，等待以后解密吧。但是政治学家和经济学家都意识到，1989年的政治风波以及苏联和东欧的剧变无疑极大地影响了中国最高领导层在改革思路和方式上的抉择。加州大学圣地亚哥分校巴里·诺顿（Barry Naughton）教授在他的《中国经济：转型与增长》这本书里曾经说道，由于保守派对改革前途的担忧和不同意见，改革派在20世纪80年代进行的改革非常小心谨慎，而且一旦经济因改革而遭遇恶性通货膨胀和宏观失衡，他们常常不得不后退一步以避免保守派的挑战，结果形成了比较明显的改革的政治周期现象。

而1993年中共十四届三中全会的决定清楚地表明，中国的改革开始告别了80年代的阶段，进入一个完全不同的阶段。在这个阶段，我们看到包括分税制在内的主要改革方案实际上重新把权力集中到中央，大大增强了中央的权威和对经济的管控能力，也强化了中央对地方官员的任命和调配的权力以及对大型国有企业领导人的人事控制权。

中国的经济体制也就是从这个时候开始逐步成型的。由于1993年后的经济体制实际上强化了政府的权威和政府在资源配置中扮演的角色，吴敬琏先生以及许多经济学家对在此基础上成型的这个经济体制显然持怀疑和批评的态度。

照理说，这样看似有着内在矛盾的体制不太可能对经济增长有什么帮助。可就是在1994年之后，中国经济仿佛涅槃重生那样，迅速从前几年的极其困难时期摆脱出来，开始转入高速增长，且长达20年之久。

怎么解释？这个问题困扰了我很多年。除了我在别处讲到的加强中央权威有助于实现宏观稳定之外，想来想去只有一个答案，那就是这个经济体制跟之后长达20年的高速增长很可能没有太大关系。因为如果有因果关系，那就挑战了经济学的很多常识。

那经济增长和什么有关系呢？我认为真正与GDP增长有关系的是各级地方官员面临的激励变化。换句话说，经济增长跟我们所推行的治理体系（governance）有关。若没有中国那种独特的治理模式，这个经济体制难以为中国高速增长20年提供高能激励，而一个市场主导的经济体制也做不到那样的激励。正是组织人事上把地方的经济增长纳入了上级对下级政府官员表现的考核，并以此来影响官员职位的晋升，才驱动地方官员在这20多年里为GDP增长亲力亲为，地区之间由此展开横向的基于增长绩效的竞赛。

这就很清楚了，如果从经济体制上去寻找解释增长的原因，我们就会陷入困惑和争议，而一旦关注治理体系和考核激励，增长的理由就清晰可见。其实20世纪90年代之后，随着中国的治理体系发生变化以及公司治理模式引入组织人事制度中，地方官员面临的激励发生了根本性变化，这在别的国家是不曾见到的，是独一无二的。

一些经济学家在过去10多年里已经关注到了治理体系和激励机制对经济增长的决定性影响。这个影响的最重要机制就是地方官员为争取相对更高的GDP增长率而推动的地方之间的竞赛。竞赛是一种竞争，而竞争对经济增长当然有非常积极的影响并会很好地利用市场，但竞赛跟竞争不同的地方在于它会有副作用，因为官员在竞赛中胜出的是极少数，极端的情形是类似体育比赛中的锦标赛，所以竞赛会是一种非常过度的竞争。比如，地方会层层放大中央制定的经济增长目标，但也会为了GDP增长而不惜牺牲其他应该有的社会福利目标，包括环境。

前几天我们请了上海交通大学的经济学者来做一个报告，他们用1995—2006年中国地级市数据库研究了什么样的官员更容易在竞赛中胜出，非常有意思。根据他们的数据观察，这10年里200多个地级市的市长中有1/4以上晋升为省级主要官员。这说明，竞赛是严酷的。考虑到竞赛的残酷和职位晋升的概率，大多数处于竞争不利条件的底层官员会把推动经济增长跟个人或家庭利益的“小目标”结合起来，这会导致官员与企业之间复杂的政商关系以及腐败在底层的蔓延。

说到政商关系，前不久加州大学伯克利分校巴丹（Pranab Bardhan）教授来复旦大学经济学院做报告，他说有统计表明，中国的矿难数量几乎是印度的15倍。对此有很多原因可以解释，其中一个重要原因是有学者通过实证研究，发现政商关系的存在可以部分解释矿难的发生概率，因为官煤勾结可以让安全标准不达标的矿主逃避安全监管。这就是竞赛的一个副作用或代价。

我们的治理困境就在这里。对官员的激励是经济增长的重要因素，但激励也存在副作用。很容易推测，为了消除副作用而减弱对官员的激励，会对GDP增长造成负面影响。最近我的学生们做了一个统计上的计算，发现这几年各地的增长目标逐年下调，但依然有相当高比例的地级市完不成自己制定的增长目标。从省级数据看，这几年，各省加权平均的GDP增长率跟全国的增长率目标非常接近，不再像2014年之前那样，前者远高于后者，以至于中央政府制定的增长率目标实际上成为全国经济增长率的下限。但现已不同了，各省加权平均的GDP增长率几乎就等于中央政府制定的增长率目标。我认为这跟中央对地方官员的激励减弱有关。现在中央不鼓励地方单纯追求GDP，组织部门把多个社会福利的指标纳入了对地方官员的考核，尤其在污染排放方面。这是治理体系和激励机制在这几年里的一个非常明显的改变，而这一改变已经显著影响了GDP的增长。这反过来证明，真正影响GDP增长的主要因素是我们的治理体系和对官员的激励，我们的经济体制并没有什么变化。

除了改变考核目标之外，这些年最高领导人呼吁地方政府官员建立一个亲清的政商关系以减少官员腐败，但反腐运动也使官员促进地方经济增长的动力明显减少。据报道，地方官员倾向于懒政且官僚主义作风有所加剧。若不再以GDP度量他们的相对表现，中央又该如何有效考核官员并实行有效的激励？这也说明GDP增长跟官员激励之间有因果关系。

在经历了几十年的成功追赶之后，中国经济正在进入不同的阶段，经济决策者越来越面临由日新月异的技术创新和市场快速变化引发的各种层出不穷的风险挑战。在这种情况下，已有的治理和激励模式也面临重大挑战，转型到一种更多地由市场来分散风险和纠错的机制越来越有必要。

从这个意义上说，2013年中共十八届三中全会通过的《中共中央关于全面深化改革若干重大问题的决定》非常重要，让经济学界充满期待，可以看成是超越40年改革遗产的一个正确方向。中国必须进一步改革经济体制以确保市场在资源配置中起决定性作用。该决定还首提改革治理体系。这两方面当然都是非常重要的改革方向。

要建立一个让市场在资源配置中起决定性作用的市场经济体制，那么资源的控制权或产权就需要明确，并得到政府的尊重和有效保护。产权的界定和保护就变得非常重要。如果私人部门的各类产权，包括土地的租用权、企业家精神和创造力，得不到有效界定、尊重和保护，市场机制就难以发挥决定性作用。而要改革治理模式，改变现在的这个“锦标赛”制度，首先需要市场经济体制能对经济增长产生决定性影响。

◎2008年为何成为中国经济实力反转的分水岭*

过去40年是中国经济迅速增长的40年。这40年取得的奇迹般的经济成就举世瞩目。但是，相对于欧美发达经济体，中国经济的实力发生反转则是在2008年之后的这10年。相对于前30年，在这后10年中，中国经济实力得到了意想不到的巨大提升。坦率地说，这10年来，我们能够感受到全社会的福利水平与之前30年不可同日而语。

2008年以来的10年，中国可统计的经济规模显著扩张，相当于原来的3倍，从2008年的30万亿元增加到90万亿元。2008年，日本的GDP几乎是中国的2倍，到了2016年，中国反而是日本的2.5倍左右。不过，这些数字仅仅是在提醒我们中国的经济总量在过去10年成倍扩大的事实，至于真实的规模，或许部分取决于我们的想象和推测能力。

过去这10年，最直观的变化是中国人比之前任何时候都有钱了。过去10年里，中国史无前例地出现了以亿级计算的中产阶级消费者群体。根据已有的估计，这个数字在2亿—3亿人。按照5万—50万美元的净财富标准，根据西南财经大学中国家庭金融调查（CHFS）的数据，2018年中国中产阶级成年人口占总成年人口比例约为20%，中产阶级成年人数量为2.04亿人，中产阶级成年人平均财富约为13.9万美元，中产阶级所

---

* 本文原载于“原子智库”2019年4月1日。

掌握的总财富则约为28.36万亿美元，超过美国的16.8万亿美元和日本的9.7万亿美元。而据阿里巴巴研究院的数据估计，中国中产阶级的规模在3亿人左右。

不管测算口径怎样，中国已拥有居世界榜首的巨大规模的中产阶级人口，并且每年购买了全球70%的奢侈品，这是不争的事实。2008年之后的10年里，中国迅速成为世界上汽车销量最大的国家。尽管人均汽车拥有量还仅及全球平均水平的一半，但自2009年起中国就连续每年超过美国成为世界上最大的汽车市场。2018年，中国汽车的销量达2800万辆，超出美国约1000万辆。2018年，中国有1.5亿人次出国旅游。当然，即使这样，中国还有9亿多人从来没有坐过飞机。

回顾一下，体现经济规模和实力的这些指标的变化在10年前根本没有人能想象到。我的基本观察是，尽管中国经济在之前维持了30年的高速增长，但相对于美国、欧洲等少数发达经济体，中国经济实力还没有真正得到展现，实力的提高还处在一个累计和缓慢的过程。真正反转的分水岭则发生在2008年。

有意思的是，2008年那一年对于中国来说并不是好兆头。除了雷曼兄弟倒闭和全球金融危机蔓延，中国国内的天灾人祸也接踵而来。2008年初，中国华南地区经历了罕见的冰冻灾害，造成相当严重的经济损失。3月14日，拉萨发生震动世界的严重暴力犯罪事件。5月12日，则发生了汶川大地震，7万人丧失宝贵的生命。尽管8月北京成功举办了举世瞩目的奥运会，但10月份中国A股从上一年的6124点一直跌到1664点，造成中国股市开市以来最为严重的股灾。

那为什么2008年会成为中国经济实力反转的分水岭？不仅是因为全球金融危机让美国等发达国家的经济受到重创而出现持续的萧条，更重要的是中国适时地改变了经济增长的战略。

最近，我在为世界报业辛迪加撰写的文章中说，尽管2008年对中国而言是很糟糕的一年，但并没有阻碍中国领导人适时改变经济增长模式的决心。相反，在全球金融危机破坏性地冲击着大多数发达经济体和新兴市场经济体之际，中国认为是时候把经济发展的重心从持续的出口扩张战略中转移出来了。

中国的领导层把这种转变说成是对战略机遇期的把握。2013年，时任中央财经领导小组办公室主任、习近平主席非常信赖的经济智囊刘鹤先生在发表的《两次全球大危机的比较研究》一文中就坦言：

> （两次全球大危机）比较研究的结论也可以告诉我们，我国所处战略机遇期的内涵已经发生重大变化。从经济意义来说，在本次危机前，我国的战略机遇主要表现为海外市场扩张和国际资本流入，我国抓住机遇一举成为全球制造中心。本次危机发生后，全球进入了总需求不足和去杠杆化的漫长过程，我国的战略机遇则主要表现为国内市场对全球经济复苏的巨大拉动作用和在发达国家呈现出的技术并购机会和基础设施投资机会。

尽管2008年推出的大规模内需刺激政策至今仍饱受争议，但没有它，今天的中国经济将是另一番图景。释放国内被抑制的巨大需求不仅让中国经济抵御了外部冲击，更重要的是，这一需求力量如此强大，可以说将中国的收入增长、经济规模的潜力发挥得淋漓尽致。因为内需力量释放会驱动经济增长，全社会福利水平也获得持续提升。

例如，得益于转向刺激内需的政策，2008年之后，旨在升级和优化大规模基础设施网络的投资使中国的通信和轨道交通网络获得快速发展的机会。2008年，在北京与邻近的天津之间建造了第一条时速350千米的高速铁路，当时中国人对高铁并无好感，而今天中国已拥有3万千米的高铁网络，20亿人次乘坐高铁出行。地区之间更加密集的经济往来以及受到鼓励的城市化进程，让更大规模的人口进入城市，特别是大城市，极大地释放了中国的消费能力。

有意思的是，在这期间得到更多扩张机会的并不是那些经受外部冲击的加工制造业，而是10年前还几乎不存在的新的商业形态。中国目前是全球电子商务和移动支付最发达的国家。2018年，中国网民数量超过8亿，移动支付的规模约为24万亿美元，是美国的160倍。2008年，入榜全球最高市值的中国公司还是国有银行或石化公司，10年后则被阿里巴巴与腾讯横空出世般取代。也就是在2008年之后的10年，中国一跃成为拥有全球最具竞争力的互联网企业和高科技公司的国家之一。不仅因为移动支付和网上购物，整个移动互联网的经济活动和传统经济活动的数字化让中国消费者获得了前所未有的体验和福利。

这一切看上去让人很意外。即使那时候制造业提供了中国大多数的就业岗位，但2008年之后制造业的表现并不亮眼。相反，由于鼓励内需的政策和就业者货币工资的超常增长，它反而遭遇持续的危机和挑战。而互联网和互联网赋能的新科技公司的蓬勃发展起初并不是政府规划中的议题，更没有产业政策的支持。仅仅因为监管者并不能很好地理解这些新的玩意意味着什么以及会有什么样的前途而放过了它们，就这样，它们意外地成就了2008年之后的中国经济。

不可否认，土地和房屋的估值也在这10年间快速飙升，超过10倍以上的不动产的价值增长几乎同时发生在那些特大城市。虽说大规模的信贷扩张和沿海特大城市的房价曾面临一度失控的风险并造成一些后来的问题，但客观地说，货币扩张总体上支持了基于内需支撑的庞大经济规模的迅速扩张。

更重要的是，这种情形的出现几乎从根本上改变了中国经济的结构。尽管GDP的统计方法无法真实捕捉这一结构性的变化，但不可否认，今天中国的互联网企业和科技公司每年创造着数以千万的就业机会，成为过去10年中国最具活力的经济成分。

具有讽刺意味的是，美国经济学家对质疑中国GDP数字比弄明白它的真实变化表现出更大的兴趣。前不久，布鲁金斯学会的研究报告说，中国这些年GDP平均每年被高估12%，意味着中国实际经济规模最多只有官方数据的70%。可是经济学家当中，又有多少人真正怀疑过去10年中国经济的实力骤然上升到前所未有的水平并直逼美国这个现实呢？想必持怀疑论者应是极少数。

我们真正需要弄清楚的是，中国经济如何在2008年全球金融危机之后的10年间跃上了它今天的量级。GDP数据或许只是中国真实经济实力的一个极不完美的代理量。

◎ 共同富裕不是平均主义，而是共享繁荣*

收入差距从何而来?

关于收入差距问题，原因很复杂，要区分差距究竟是合理的还是不合理的，有时候不是那么容易。但差距过大的话，那一定是有系统性原因的。我认为，在收入差距这一事实上，有些可以通过系列政策的改变或制度的调整来消除，但也要清楚一点，有些差距是客观的，不能消除。

我们是从计划经济时代过来的，计划经济体制下实施的是低工资低物价的政策。虽说低工资政策也把工资分为多个等级，但差距很小。总的来说，城市人群内部没有严格意义上的收入差距，不过城乡人群之间还是存在较大差距的。相对城里人，农民的收入很低，消费水平更低。

这个现象是制度造成的。当时国家学习了苏联的做法，采取城乡分割的制度，利用身份和户口等措施阻止了城乡间的人口流动，剥夺了农民选择居住地和工作岗位的自由，再加上那时候实行农业集体化和国家粮食统购政策，农民连自留地也被限制了，生存保障都受到威胁，更谈不上收入增长。

与此同时，城市人口虽然只拿低水平的固定工资，但在生活上还算

---

* 本文原载于《中欧商业评论》2021年9月1日。

享有基本的保障。国家通过定量配给的方式使其获得最基本的生活条件，包括免费的医疗、教育和住房等。很显然，城乡差距产生于城乡分割的制度。而这个制度的安排源于那时从苏联学来的靠牺牲农民来支撑工业化的战略。

改革开放放弃了那种工业化战略，在农村恢复了土地的家庭承包制，解除了束缚农民流动的障碍，加上国家上调了农产品价格而城市人口的工资仍然维持了原来的做法，这导致20世纪80年代城乡收入差距明显缩小。但好景不长，到了20世纪90年代，随着改革开放之风吹入城市，城市的经济活力被释放，工业化更多地由外资和民营企业的发展所推动，城乡收入差距又开始出现扩大的趋势，这个趋势总体而言延续到了现在。

实际上，可以预料，除了城乡差距扩大，区域之间的收入差距也开始拉大。改革开放以后，凭借区位优势，沿海地区的出口制造业、加工贸易和现代服务业获得增长的机遇，故沿海地区的经济得到先于内地的发展。而内地大多数还维持更大份额的农业和传统的重工业，经济发展速度缓慢，地区之间的差距便逐渐拉大。现在南北方收入差距也十分明显。此时的收入差距反映了地区之间在获得经济发展机会上存在的不均等，也反映了各地在生产率上的差别。这有必然性，也有政策不当所导致的问题。

除了城乡和地区差距，现在比较突出的还有人群之间的收入差距。这个差距也有合理的成分，毕竟人群之间在禀赋条件和获得知识与技能上会有差异，但也可能有不合理的成分，比如机会不均等就会造成不合理的收入分化。另外，同等条件下，如果在一个市场受保护的行业，收入就偏高；如果有条件和能力获得很多灰色收入，甚至腐败收入，就能拥有额外收入。即便是合理的过高收入，从国家来说，依然有必要通过税收来调节，防止整体的收入分配差距过大，这对于社会稳定和谐，对于经济稳定发展，也都是重要的。

在经济学家看来，一个社会的阶层收入长期保持过大的差距，必然导致财富向富裕阶层过度集中，会造成社会的总需求低迷，也会造成社会缺乏正义，不利于经济的稳定和持续发展。

消除过大的收入差距，需要确保收入流动通道畅通

在市场经济中，人群之间的收入差距多半是合理的以及客观存在的，也不可能消除。只要我们在一个正义主导的社会，合理的差距是会被大多数人接受的。另一方面，收入差距也没有必要完全消除，除非要劫富济贫，实行均贫富政策，但那样做对经济发展而言肯定是个灾难。

以经济学家的眼光来看，在市场经济下，只要保持人口流动和收入向上的流动性，减轻那些因起点不同造成的机会不均对扩大收入差距的影响，总体上就可以确保收入差距不至于过大。

可以看到，这30年里人口的流动在加强，农民离土离乡，进城务工，成了3亿农民工中的一员。人口在地区之间的流动也在加强，内地流向沿海、北方流向南方，这是大趋势，有助于弱化因地区或行业等因素造成的收入差距。但因个人因素造成的收入差距依然会存在。

我们要清醒地认识到，个人的条件是有差别的，不容易消除。对一个社会来说，重要的是尽量减弱一代人的条件差别对下一代人的影响。没有理由说，一个因受教育年限较少或因出生在农村而成为低收入阶层的人，他的后代也一定是这样。

最近，躺平话题受到热议，这是一个糟糕的信号，一个社会容易进入这样一个阶段：起点的差异不仅对收入有重要影响，而且会代际传递。这提醒我们，弱化不同起点对下一代收入的影响是很要紧的。这样才能让收入水平在不同人群间的流动更畅通。要让一个起点低的人能够看到希望，能够通过自己的奋斗和进取获得成功，能够向上进入中等乃

至高收入的阶层。所以，需要调整的是制度造成的收入差距，而不是个人禀赋造成的收入差距。

在这方面，国家要积极作为，通过有效的改革（如通过鼓励要素的流动、改善公共福利和公共服务资源的合理配置）清除那些影响收入向上流动的障碍，比如解决农民工子女在城市的身份转换问题，实现农民工居民化，让他们的子女享有同样平等的起点，包括与城里人同等的教育机会、医疗条件等，让其自身的人力资本也能够得到更好积累和提升。这对于帮助那些起点低的人群获得未来更高的收入至关重要。

如果不解决农村流动人口在城市中所面临的机会不均等问题，大概率会影响他们下一代的发展机会，导致未来不同人群的收入差距扩大。国家最近施行的“双减”政策，从这个意义上说也会起到弱化教育机会不均等的作用，但更重要的是解决大城市非户籍人口的身份及其子女的公平教育问题。

在大城市，外来人口由于政策上的障碍，很难享受到当地居民同样的机会和待遇，其子女难以获得公平教育的机会。而教辅机构则可能进一步强化这一机会不均等的后果。外来人口在经济能力上很难与当地人抗衡，经济条件优越的家庭将子女送往更好的教辅机构，这将导致下一代的起点差距继续扩大。这种起点不平等的问题将会代际传递，导致社会阶层的固化。

因此，中央财经领导小组提到，要畅通社会流动性，根本目的就是减少那些起点不利的人群获得高收入机会所面临的阻碍，让其通过努力和奋斗有可能进入到中等甚至高收入的群体中，只有这样才有助于真正扩大中等收入人群的规模和占比，形成一个橄榄型分配结构。

第三次收入分配，不单单是慈善捐赠

现在的确会有不少人认为，这个时候提出共同富裕和第三次分配，实质上是要实现均贫富。国际媒体也都是这样的报道。考虑到中国的现状，共同富裕这个概念的确很容易让人产生联想。但这是很大的误解。只有真正了解中国近现代历史的人，才会懂得共同富裕的内涵。

2021年召开的中央财经委员会第十次会议提到，要完善社会的第三次分配，让它发挥更好的补充角色。眼下很多人将第三次分配理解为一种公益慈善，即依靠富人或者企业家的社会责任感而产生的自愿行为。但仔细想想，成功人士的慈善捐赠行为不应是一个政治行为，它应该是一个社会行为，这样才能发扬光大，形成真正意义上的第三次分配机制。这就需要国家致力于基础性的制度建设，而不是仅仅要求富人和企业家将财富贡献出来以回馈社会。我说的基础性制度建设，是指整个社会的信用体系、正义观和财产保护等方面。

发达国家在这方面的做法值得我们借鉴和学习，比如发达国家有很多的私立大学，其生存和发展并不依赖政府，而是依赖社会捐赠或校友支持。比如，哈佛大学主要靠校友及企业家等著名人士的捐赠而拥有了雄厚的学校资产。

从中长期来说，第三次分配在中国社会的重要性的确需要重新得到认识，但同时也要清醒地意识到，目前我们还缺少这方面的基础制度。首先要在产权制度上有更好的建设，国家对私人产权的保护要更有力、更有效。

在经济发展的过程中，私产保护的制度势必会造就和催生出一代又一代创业者和企业家。这些成功的企业家在一个预期稳定、体制透明、财产安全并充满社会正义和信用精神的社会中，除了满足家族成员的财富传承之外，也一定会愿意把自己的财富分享一部分出来，帮助社会的弱势群体，这样做的同时也会增进成功者的利益。比如，西方发达国家上百年来兴起的家族信托基金在延续家族财富的同时，也是社会慈善的主要支持力量。

我们要明确一点，除了政府，还需要一个成熟和发育健全的社会组织系统，这个系统与政府组织一样，在服务社会和增进公平与正义方面可以发挥很重要的作用。这才是第三次分配机制的真正含义。社会的进步也体现在这个方面。

收入分配改革是一个系统工程，重点是做大中等收入人群规模

从国家来说，收入分配包括三次分配：第一次分配是由市场按照效率原则进行的初次分配；第二次分配是由政府按照兼顾公平和效率、侧重公平的原则，通过税收、社会保障和转移支付等进行的再分配；第三次分配是在社会正义力量的驱使下，通过个人自愿捐赠和资助而进行的分配。

中国要实现共同富裕的长远目标，就是要实现共享繁荣。在这方面，我们主要还是发挥第一次分配和第二次分配制度的作用。同时，要努力夯实有助于实现第三次分配的基础性制度。

我认为，初次分配的重心应加强对劳工权益的保护，提高工资，保持劳动收入与劳动生产率的同步增长。中国从计划体制走过来，虽然现在某些特定行业的工资水平较高，但整体来看工资水平仍然偏低。原因主要在于整个就业制度的改革不够彻底，直接或间接被国家部门（包括国有企业、政府机关和事业单位）雇用的人员规模可能占据整个就业人口的一半左右。

国有企业、政府机关以及事业单位的就业，也就是常说的体制内就业，规模相当庞大，而这些体制内的员工工资来自国家的财政预算，这是计划体制下存在的问题。如此庞大的群体在国家部门就业，也造成整个工资水平难以调整。政府财力有限，预算上便无法按照市场原则调整工资。而当体制内人员选择到体制外工作，且在劳动力市场具备一定的

议价能力时，工资也会大幅提升。所以，扩大体制外就业可以抬高整体工资水平，从而提升劳动收入在初次分配中的占比。

第二次分配则是在初次分配的基础上进行补充和完善。政府在税收、财政转移支付、基本养老金，包括覆盖农村社保等方面向底层社会提供更好的保障。近年来，政府的调节力度不断加大，对民生的关照越来越多、越来越好。但这并非意味着可以高枕无忧。第二次分配要考虑经济发展的阶段，量力而行，过高的税收会抑制人们的积极性，也会导致避税、逃税事件发生，提高政府监管成本，得不偿失。所以说，税收调节需要权衡利弊。

近些年，我们在税收制度改革的方向上非常明确，更多的是由间接税转向直接税，因为直接税相对透明，缴税人的心理预期也会比较偏向理性。在转向由直接税主导的税制时，尤其要注意权衡利弊，重点是要调节收入过高的少数人群，同时要减轻而不是加重中等收入人群的负担，加大对低收入阶层的补助。

中国现在中等收入人群大约有4亿人，占比为30%左右，如果未来能逐步提高到6亿人甚至8亿人，那么我们离共同富裕的目标就很近了。为了实现这一目标，我们要清醒地意识到，共同富裕不是要消除差别，而是要创造更多机会让大多数人能够通过自己的奋斗进入到中等收入的群体。

第六篇

底层逻辑：

中国经济的韧性来自哪里？

◎ 中国经济的韧性*

我觉得，大家在今天上午的演讲与随后讨论中有一个基本的共识，在中国经济市场化的方向上没有分歧，这可以作为一个前提来进行后面问题的讨论。对于中国过去30年的经济奇迹在未来是否能延续，大家显然有不同的看法。林毅夫刚才在经济收敛的框架里用中国与发达经济体的相对收入水平来推测中国未来的潜在增长率，并且认为这个增长率还是相当高的。我相信在这一问题上大家会有不同的看法，可以继续探讨。

事实上，没有人可以准确地预测出未来的经济增长率。但我仍然相信，东亚经济体在过去50年特别是前30年所经历的制度转型与结构变化过程，是我们研判中国经济未来发展前景的理想参照。我也始终认为，历史是最好的教科书，我接下来的发言就与“东亚经济奇迹”有关。

在中国经济的增长还能持续多久这一问题上，悲观者居多。持这种看法的学者想来是把注意力集中在了中国经济的问题一面，特别是过去五六年来出现的增长降速现象，以及伴随经济降速而产生的债务、产能过剩、房地产投资过多，还有某些地方出现“鬼城”等问题。它们的确都存在，但不可否认，这些问题也都不是第一次存在。回顾中国过去30

---

* 本文为作者于2014年10月11日在“《中国的奇迹：发展战略与经济改革》新一版出版座谈会暨中国的未来发展与深化改革对话”上所做的演讲。

年的经济发展，特别是过去20年，也多次出现了类似的问题，只是有些问题的出现方式有所不同而已。不仅中国如此，如果回顾一下东亚发展经历，特别是在其早期30年的经济转型与发展中，这些问题也屡见不鲜，比如在中国台湾和韩国，甚至在日本超常增长阶段，这些也是非常典型的增长现象。

观察中国和东亚发展现象时，比较有意思的问题应该是：为什么这些经济体可以持续发展这么久？中国在改革开放后走过了35年，实现了9.7%的年均增长率。韩国和中国台湾，从低收入阶段成功地跨入高收入阶段，也走了40年。为什么多数其他经济体，即使从最低的收入阶段算起，也许只经历了10年甚至更短的经济增长之后，基本就停滞不前了？为什么中国能保持30年的经济高速增长期？为什么亚洲四小龙，特别是中国台湾和韩国，能完成从低收入阶段向高收入阶段的跨越？如果这样来观察和思考问题，我们不免会猜测，这些成功的经济体当中一定有一些能越过这些阻碍而持续增长和发展的动力存在。

经济发展，特别是从低收入阶段向高收入阶段的经济发展，其实是充满挑战和风险的曲折过程，这个过程中会经历反反复复的经济起降，会经历外部冲击和震荡。一个经济体要成功地实现从低收入向高收入阶段的发展，一定要能成功地应对和处理这些挑战，化解这些风险，也要去不断解决经济发展过程中遇到的种种结构性问题。能做到这一切的经济体数量不多，东亚经济体和中国过去30年的发展经历都应算是成功的案例。就这一点而言，我们也许应该把中国和东亚经济体视为有“韧性”的经济体——而且我认为，“韧性”这个概念很可能是帮助我们理解中国在过去30年以及东亚（特别是韩国和中国台湾）在经济发展的头40年里取得成功的最重要原因。

在讨论有些经济体为什么会有韧性之前，首先我要简单描述一下，一个有韧性的经济体是如何实现经济发展的——这其实就是东亚经济体和中国过去30年的经济发展经验。回到前面我提到的那些经济超常增长的问题吧。由于经济快速增长，过度投资、产能过剩和债务的问题总是反复出现。当经济增长受制于这些问题的时候，东亚和中国过去30年的发展经验显示，它们在增长战略和政策上往往会作出很大的调整并且会推进制度改革，目的未必是直接去化解这些问题，而是希望通过这些政策的调整和制度的改革来诱导出更新的和更有效率的经济活动。一旦这些经济活动得到鼓励，新的增长现象就会发生，从而使得原来的债务变成资产，原来的产能过剩部分得到利用。

假如没能够鼓励出更新的和更有效率的经济活动，产出增长还主要依赖那些背负债务和产能过剩行业的话，我想这个经济体是不可能持续发展这么长时间的。从这个意义上讲，当我们看到这些经济体相对其他的经济体，比如拉美和南亚，能持续这么长时间的经济发展过程，一定是因为它们总能灵活地实现政策和体制的调整，总能鼓励和支持更新的和更有效率的经济活动，这就是经济的韧性。

对于有韧性的经济体，你会发现它们的经济发展过程实际上就是熊彼特讲的“创造性破坏”（creative destruction）过程：用更新的、更有效率的经济活动去冲销那些旧的、失去效率的生产和投资活动，这是让经济发展不至于“断流”的重要策略。

当然，不是所有的经济体在经济发展过程中都会形成这样一个创造性破坏的机制。但我个人觉得，东亚经济体做到了，中国在过去30年总体上也是做到了的。回顾一下我们过去30多年的经济发展，每次遇到波折的时候，每次走到十字路口的时候，尽管也要对债务进行重组，对国有企业进行结构性改革，对产能过剩做一些压缩，但政策改变的重点如果不是放在大力鼓励和创造更新的、更有效率的经济活动，使之取代或者冲销那些没有效率的、造成浪费的经济活动，那么中国是不可能持续发展到今天的。

林毅夫在与他人合著的《中国奇迹：回顾与展望》中正好也回顾和总结了中国在改革头20年的重要经验。我想这个改革经验就是所谓的“增量改革”，增量改革的结果必然是更新的、更有效率的经济活动并非从现存的部门里产生，而是通过改革体制和调整政策在这些部门之外被鼓励和创造出来。这本书里谈到的农业改革以及整个20世纪80年代乡镇企业的崛起，都是增量改革的结果，它为我们在80年代实现接近10%的年均增长率立下了汗马功劳。进入90年代以后，外部条件发生了改变，中国经济面临更大的挑战，除了国有企业的持续亏损，还遭遇90年代初的房地产泡沫，出现了大量的烂尾楼和银行的不良资产等。在处理这些问题上，中国并没有什么高明的手段，我们只是在政策和体制上作出了艰难的改变，去鼓励和创造了更新的和更有效率的经济活动，冲销和补偿了原来没有效率的那一部分经济活动。

我在前面所说的经济的韧性大概就是如此。一个有韧性的经济体就是其政策和体制总能在关键的时候作出适应性的改变，去激励一轮又一轮更新的、更有效率的经济活动，在价值上冲销上一轮增长扩张可能留下的代价。我在2012年一次演讲中曾提到，中国迄今为止经济发展的成功很大程度上是因为我们总能在恰当的时候成功地推进制度改革。2008年前后，由于经济超常增长，很多领域出现了过度投资现象，这些是上一轮增长扩张的结果。它们的确会变成经济发展的累赘，政府也应对其进行处理。但如果指望处理好这些累赘之后才能实现未来新一轮的经济增长，基本上没有太大希望。所以，既然是产能过剩和浪费，我们最好是把它毁坏，即在价值上用更新的、更有效率的经济活动去冲销这些累赘。如果是这样，我想经济的发展就可以延续下去。

我认为，若要让中国经济发展的奇迹得以延续到后面20年，保留住这个经济的韧性才是至关重要的。有了这个韧性，新兴的经济活动在每一次中国经济遇到挑战的时候，大概都可以通过政策和体制的适应性改革被激发出来。一个有韧性的经济发展就是熊彼特意义上的创造性破坏的动态过程。

那么，一个经济体如何才能做到有这样的韧性？我个人的看法是，一个经济体要变得有韧性，需要政府和市场形成良性的互动。这一点往往在我们讨论经济发展的成功案例时被忽视。相反，在讨论东亚经济体的成功经验时，就像我们今天讨论中国的成功经验一样，经济学家往往把政府和市场看成是完全对立的，而不认为这两者之间要有一个良性的互动关系。如果超越了把政府和市场完全对立起来的这种思维方式，认为政府和市场之间可以是一个良性互动的关系，我们就能找到东亚经济体在发展的前40年和中国在过去30年里值得总结的发展方面的宝贵经验。我认为这也应该是看待中国未来转型和发展的基本概念框架。

关于政府与市场的良性互动，在解释东亚经济体为何成功的文献里并不多见，但耶鲁大学拉尼斯（Gustav Ranis）教授于1995年发表过一篇文章*Another Look at the East Asian Miracle*（《对东亚奇迹的再审视》）。他在这篇论文里提到，不应该过分地强调在东亚的经济发展中到底是市场重要还是政府的产业政策重要，这是非常狭隘的看法。他认为，如果说东亚发展成功有什么秘诀，这个秘诀就是决策者在用持续不断的政策改革和一个有弹性的体制来应对不同发展阶段所产生的不同要求。这显然超越了把市场和政府对立的“两分法”思想。这样的思想之所以重要，是因为东亚经济体在发展过程中必须不断面对外部的挑战和冲击，必须不断面对内部的增长战略的转换，而如果没有政策上巨大调整的弹性，没有体制的适应性改革去满足更有效率的经济活动的需求，一段时期的超常增长或投资扩张所遗留下来的那些累赘就会越积越多，最终拖垮经济的发展，让经济增长失去动力和活力。

过去30多年，中国总体上保持了政府和市场之间相对良性的互动关系，这种关系维持了中国这个经济体到目前为止的韧性。这种互动关系体现在很多方面，经济学家对此可以做很好的研究。比如说中国的财政体制，改革开放之后中央力求向地方分权，高度的财政分权形成高度的地方化和地区之间的竞争，市场化的趋势得以形成。我觉得这是互动关系非常重要的一个体现。

刚才大家谈到了产业政策的问题，我一直觉得中国的产业政策在国家层面上体现得很弱，它基本是在地方政府层面上体现出来的。这是为何中国有竞争力的产业往往以产业集聚的方式在地方形成与扩张的原因。中国的产业发展不是以中央部委主导的产业集中的方式来推进的，这一点使市场的导向和力量得以在产业发展中保留下来。还要提及的一个互动是，地方政府始终保留了公共性资本支出的责任，若没有这样的责任，中国的基础设施不可能有这么大的改进。基础设施的改进实际上为私人的投资行为创造了非常好的条件，稳定了私人投资的回报。当然，地方政府始终希望帮助地方企业去连接全球生产链，这也是政府与市场良性互动的重要表现。比如，浙江、广东在这方面就做得非常出色，它们把地方企业成功地连接到全球生产链中，也成了今天中国经济最具活力的区域。

除此之外，地方政府都比较支持局部制度的创新，从当年的乡镇企业、财政包干，到20世纪90年代私营企业的崛起，包括国有企业的民营化，再到现在土地制度、户籍制度的改革，这些都是靠地方的局部改革试验来形成主流和共识的，由此不断克服经济面临的新约束。中国经济走到一定阶段，就要面临新的约束。没有任何一次改革可以解决所有的问题，需要不断克服各种各样的约束。这需要政府与市场的良性互动而不是对立割裂。

2008年以来，由于中国遭遇全球危机的影响以及前几年因刺激政策和投资过度而产生债务和产能危机，中国经济再次走到了十字路口。过去这几年，中国经济的增长率出现了显著的下降趋势。面对这个局面，推进政策的变革和体制的改革，鼓励更新的、更有效率的经济活动和经济部门的发展，以上很快就成了共识，这该是中国经济依然保持着韧性的证明。只要我们能够像过去那样保持政府和市场间的互动，能够继续保持经济发展的韧性，新兴的更有效率的经济互动就会不断地出现。目前，中国的人均GDP水平、人均资本存量水平还非常低，只有发达经济体的10%—20%。在这样的情况下，大家担心有没有需求以及需求能否被创造出来是没有太大必要的，因为在人均GDP还比较低时，消费结构会有很大的升级空间，经济结构的变化和产业升级的趋势也会不断创造投资机会。刚才华生先生讲到的城市化过程本身就代表了更新的、更有效率的经济活动所产生的巨大机会。

中国经济今天这个局面的确有令人悲观的一面，比如杠杆率和信贷密度过高，部分产能过剩以及国有部门的垄断问题，但是像过去一样，这个局面也往往会促使政策和体制作出适应性的改变以求得更有效率的经济活力的释放，实现创造性破坏下的新的增长，从而继续保持经济发展的主流。这一次看上去也没有例外，值得期待。如果是这样，我们也可以说，每次面临的冲击和危机都不会被浪费。

◎ 中国经济是如何成功飞跃的*

政府积极推动社会主义市场经济和结构改革是成功的最大秘诀

《文汇报》：新中国走过70年，特别是在改革开放之后，取得了从贫穷到温饱再到小康的跨越式发展，成长为世界第二大经济体。从比较经济学而言，您认为，中国经济成功的最大秘诀是什么？

张军：要知道，相对于大多数发展中经济体，中国在实现经济增长目标方面总是非常注意把市场经济中那些所谓最佳实践的做法跟中国本土的具体条件结合起来，探索符合自己的方式来推进结构改革、制定政策和促进经济发展。这是中国经济成功的真正原因和最大奥秘。

因为中国具有强大的国家力量（执行力的来源），西方人普遍认为，中国较大份额的国有经济、政府制定的产业支持政策以及政治上的强大执行力是中国经济成功的关键。这种看法让他们对中国正在发生的深刻的结构转型真相视而不见。而真正重要的是，过去10年，包括华为、阿里巴巴、腾讯、平安等越来越多的中国硬科技和金融科技公司正在变成全球性企业并拥有巨大的创造力。比如，在深圳成立不过9年的小米集

---

* 本文原载于《文汇报》2019年9月30日。

团，已经成为2019年《财富》世界500强中最年轻的企业。

如何理解国家力量与经济成功之间的关系？

在中国，国家力量既得益于繁荣的经济发展，又为经济的持续发展提供了支撑和保障。比如说，经济的持续增长创造了国有资本增值的巨大机会而不是相反。中国当然是拥有强大国家力量的国家，否则几千年来中国很难避免国家分裂。在实行改革开放政策和社会主义市场经济之后，得益于这一国家力量，中国在维护社会稳定和秩序、抑制民粹主义抬头和提供包括教育、科研在内的基础设施等方面，远远比大多数发展中国家做得好。

所以，首先，中国领导人很清楚中国尚未完成的结构改革和更全面的开放对于未来经济成功的重要性，也从未拒绝将全球最佳实践作为中国改革和开放的标杆。

其次，在中国的体制下，经济发展的权力下沉到各级地方政府，可以使中国的经济体制维持足够的灵活性和开放性。这种分权体制下，地方政府以及它们之间的竞争鼓励了开放进取的行为和企业家精神，这是中国经济持续变革的动力之一。正是从这个体制的底层不断崛起的公司、改革者和企业家塑造了今天中国经济的繁荣和全球的竞争力。

另外还有一点也不容忽视，中国经济的成功在于善于学习，在发展中不断总结、不断试错，对标国际最先进的标准，无论是技术、制度、政策，还是出口加工区、自贸区等从微观到宏观的各个领域。

《文汇报》：中国经济改革的发展，为世界政治经济学提供了怎样的实践样本？

张军：中国70年的经济发展经验，确实有推广的价值。我们可以和苏联、日本这些曾经的世界第二大经济体进行一番比较。

当年的苏联有庞大的中央计划系统、先进的科学研究、丰富的自然资源和优良的人力资源，但跟今天的中国相比，它没有市场制度、没有分权、没有竞争、没有货币激励、没有信息的横向扩散，缺少企业家精神，也缺少与发达经济体之间的贸易和通过学习而获得技术进步的开放政策。随着经济变得越来越复杂以及庞大的官僚组织的本能膨胀，经济运转失灵就为期不远了。

再看日本经济。日本经济在增长停滞之前从战后算起已经增长了将近40年。在1990年，若用2005年的美元购买力平价计算，日本的人均GDP已经达到了26000美元，几乎赶上了美国31000美元的水平，换句话说，日本在经济停滞前已经是世界上最富裕的国家之一，并且已经位居全球技术的前沿。再加上日本的人口老龄化特别严重，对储蓄率有显著的负面影响，而且日本政府在市场开放和结构改革方面缺乏共识，错失了转型的机会，日本经济在20世纪90年代之后的增长降速显然是可以理解的。而相对于发达的经济体，并且考虑到人口规模，中国还有很长的距离要追赶，因此发展的潜力和空间要比日本大得多。对于现有的各大世界经济体而言，中国在总结了各国发展的经验和教训后，走了一条适合自己国情的经济发展道路。这就是中国可以给世界政治经济学提供的实践启示。

在试验中不断试错前行，激发地方政府积极性，是转型成功的动力

《文汇报》：为什么从计划经济或政府主导的经济向市场经济转型成功的国家寥寥无几，而中国能避开经济崩溃、停滞不前的陷阱？

张军：从计划经济或政府主导的经济向市场经济转型的国家，一般都采取了比较彻底的方法。但是中国没有走这条路。

因为看不清前方的道路，中国始终在摸索中学，在干中学。因此，第一个经验是采用了实验主义的方式。对于许多创新的想法，中国总是先进行局部试点，再由点及面。1979年改革开放时设立的经济特区是一

个生动例子，2013年9月正式成立的中国（上海）自由贸易试验区也是如此，中国总是边试边改，稳健但又不失创新。再比如，中国承认在经济市场化程度方面的不足并致力于结构性改革，在2013年11月召开的中共十八届三中全会上，把“使市场在资源配置中起决定性作用”写入了全会公报，并承诺致力于供给侧结构性改革。

第二个经验，则是充分发挥了地方政府的积极性。通过分权，地方政府可以根据各地的条件进行改革，在地方之间实现了横向的良性竞争。由于各地资源禀赋不同，彼此之间可以相互取经。从中央到省、直辖市、自治区再到下面的市，三级经济极易被盘活。这就在一定程度上避免了推进改革时受到既得利益的掣肘。

一些经济学家的研究表明，在与全球产业链衔接完好的快速工业化进程中，地方政府（特别是县市）间的竞争作用明显。珠江三角洲和长江三角洲地区成为外国直接投资的目的地，制造业先后脱颖而出，多以县或县级市为推手。

这些年，鼓励科创企业落户和年轻人创业的导向越来越受到青睐。地方政府竞争的范围从对创业企业的一揽子支持政策扩大到了广揽优秀人才的系列政策，包括个人的税收优惠、购房补贴，不断改善当地营商环境，甚至还在医疗和子女教育等方面提供更多的便利。

持续寻找和保持比较优势，避开“中等收入陷阱”

《文汇报》：西方国家一直唱衰中国经济，认为中国无法跨过“中等收入陷阱”。目前，中国是全球化的大力提倡者，您认为，在此过程中，自贸区和“一带一路”在其中会扮演什么角色？未来中国经济最主要的风险是什么？我们需要做好哪些防范工作？

张军：所谓“中等收入陷阱”是指一个国家或地区发展到人均3000—10000美元时，会丧失原有优势，比如基本生产要素中的劳动力成本、土地成本都变贵了，那么比较优势就会消失。此时，必须有持续的结构改革动力。比如说，市场、企业要发展那些轻劳动力成本的产业，大力开发技术驱动的产业，包括服务业、高端制造业，形成新的比较优势，依靠各类人才，让高新技术产业产生、发展、繁荣，这样就可以顺利转型，升级到新阶段。

通常而言，达到中等收入，意味着经济改革发展的“上半程”结束了，很多国家满足于现有成绩而懈怠，不再追求新的比较优势，从而陷入“中等收入陷阱”。中国也面临这样的挑战。但是，中国对外提倡全球化，继续加大改革开放力度；对内发挥好市场力量在资源配置中的决定性作用，正在不断实现新的比较优势。

中国是全球化的受益者，一直在积极推动全球化。一方面，希望世界经济依然处在高度全球化中，这有利于中国经济释放出巨大的潜力；另一方面，中国也要在全球化经济中作出持续稳定的贡献，并向更多的全球优秀企业学习。所以，全球化的作用是双向的，中国参与国际交流并从中获利，同时也对世界经济作出贡献。

从这个角度来看，共建“一带一路”是我们新的比较优势，可以在全球范围内进行各种产能合作。自贸区的建设，能更好地推动改革开放，在上海举办的第二届中国国际进口博览会也有这样的探索意义。

到2035年，中国极有可能进入高收入国家的行列，这意味着中国在未来15—20年要确保平均每年6%或更高一点的经济增长。这个目标似乎不是太高，但中国在未来依然不可掉以轻心，因为还将会面临如下挑战：

第一，中国面临收入分配不平等的问题。虽然2008年之后中国的基尼系数连续7年下降至0.462左右，但这一数据仍然高于国际警戒线，更高于一些主要发达国家的区间值。

第二，中国还面临居民财产的差距。世界上绝大多数国家都未能解决好经济增长与收入分配不平等的矛盾，中国需要更加智慧地处理好这两个目标之间的冲突。

第三，中国极有可能变成一个严重老龄化的社会。根据联合国发布的《世界人口展望》（2015年修订版）预测，到2050年，中国60岁以上的人口占比将达到36.5%，人口老龄化程度高于多数发达国家。那时的总人口跟今天持平，约为13.8亿人，但0—14岁的儿童人口比例将低至13.5%，仅比日本高一个百分点。人口年龄中位数将高达49.6岁，接近日本53.3岁的水平，而瑞典、英国、美国等欧美国家才40岁出头。

高质量发展中注重创新，注意把握好政府与市场的关系

《文汇报》：进入高质量发展阶段，中国要特别注意顺应哪些新的经济规律？

张军：高质量发展也就是中国经济发展的“下半程”。我理解的高质量是指不再一味追求发展速度，当然如果能够达到这个质量，速度也无须放弃。这当中必须注意不破坏环境，要确保绿色经济，要注意收入和分配差距不宜过大，反之就会破坏“和谐社会”的理念。所以，应当注意遵循如下发展规律：

第一，一个地区接受考核的绩效势必要与增长的质量挂钩，而有质量的增长多数情况下是在生产要素向科技创新产业和现代服务业领域的聚集中实现的。这就要改变过度依赖上级激励的现状并引入向下问责的制度。

第二，要更注重政府与市场的关系。以深圳为例，改革开放以来，在几十年的探索中，政府成为创业企业家的“看门人”，不贸然干涉企业和市场，帮助培育创新型企业，助其快速发展、不断壮大，甚至跃升为跨国公司。

同样，上海多年来不仅始终承担着国家的重大战略任务，同时在这个过程中不断创新，日益探索出政府为市场服务的最佳模式，上海自贸

区就是一例，如今又有了上海自贸区临港新片区。

第三，保持以往政策可塑性的优点，避免思想僵化。在每个可以识别的增长转型的阶段，针对变化的需要而作出政策的改变。比如每10年有每10年的挑战，及时作出调整。

◎ 理解中国经济：上一程的终结与下一程的挑战*

很高兴第一次在国盛证券的年会上做分享，今天我要分享一些个人在发展经济和经济增长方面的研究心得，我会把这个问题放到当前中国经济下行的背景下。我希望能够告诉大家，经过40年的追赶，我国经济现在大概进入了什么样的阶段，未来的空间、前景大概会是什么样子。

我想特别强调的是，经济的发展过程其实没有一成不变的成功模式，一个在过去很成功的追赶模式并不是未来可以持续发展的保障。当然，最困难的问题其实是识别出改变发展模式的必要性，即如何得知经济已面临当前发展模式失效的制约，如何得知该去寻找其他的增长方式了。这个是最难的，东亚经济体在成长历史上曾经有经验，也有教训和挑战。

我今天分享的就是三个简单的问题，首先是我们经济的上一程将如何结束，其次是下一程会有什么不同，最后简单讨论一下如何走进下一程。我认为所有高成长的经济体都有上一程和下一程之分别，它们都经历过超常增长，但是也都会进入中低速增长阶段。从经验上看，有些国家或地区从超常增长阶段到中低速增长阶段的转换比较剧烈，有的转换则相对比较平稳。20世纪60年代，日本GDP增速高达两位数；70年代受

* 本文为作者在国盛证券2019资本市场年会上所做的演讲。

到外部冲击之后，GDP增速一路下滑至4%左右，这个降速的过程非常剧烈；80年代房地产泡沫破裂之后，又是剧烈的硬着陆。所以日本是一个典型的转换过程不顺畅的案例。韩国和中国台湾的情形要比日本好，它们的经济增速自20世纪90年代开始逐步震荡下滑，这种下滑不像日本那么痛苦。而中国呢？在抵抗住2008年全球金融危机的两三年之后，中国经济增速也还是下来了。大家一定想知道中国会像日本还是像韩国，下一程是否会走得更平缓一点，我想今天可以简单地来讨论一下这个话题。

有意思的是，无论是日本还是韩国和中国台湾，其告别上一程而进入下一程的这一过渡，似乎都跟遭遇的外部冲击有关系。这一点也许多半是巧合，毕竟告别上一程跟外部危机没有因果关系，但外部冲击有可能使一个努力维护正在失效的发展模式的经济体彻底告别上一程。

那么我们如何识别出一个经济体的发展模式将进入尾声呢？经济体告别上一程，走进下一程，其实跟增长模式的变化是有关系的。高成长经济体的上一程通常都是追赶模式，追赶模式有什么特点？追赶模式，也就是超常增长模式，实际上是一个出口驱动的工业化模式，所有的东亚经济体都是这样的。过去40年中国其实没有发挥大国市场的红利，它走的是小型开放经济体的外向型发展模式。如果不用出口导向、出口驱动的工业化模式，中国劳动生产率不可能增长那么快，资本也不可能积累这么快。如果让我给出一个关键词来刻画“追赶模式”，这个关键词一定是投资或者资本形成。在这当中，各地政府扮演着重要的角色，公共资本的积累，包括基础设施的改进等都是非常重要的增长原因；同时，又有国内竞争性的产业政策，包括不同的所有制企业在这个过程当中都积极地参与到工业化进程中。

还有一点，从东亚先行工业化地区的发展经验来看，追赶模式中，金融一开始没有开放，开放后就会形成扰动，这个时候金融要保持相对扭曲或抑制，日本和亚洲四小龙都是如此；另外，非贸易部门总体上受到政府的保护，没有向外部资本开放。当前，经济学家们在任何一个国际学术会议上讨论中国经济最常用的词是“资源错配”，这就提醒大家，未来中国经济发展的所有政策都要针对如何去校正在追赶阶段人为造成的那些扭曲，其中包括金融抑制、非贸易部门保护等。那个时候是用可贸易部门的开放、外资的流入、参与全球的供应链等来加速本土工业化，这是追赶模式中东亚提供的经验。所以从这个意义上讲，中国的增长模式并没有什么特色，跟我们早期看到的东亚经济体非常类似，这体现不出中国的“固定效应”。所以在下一程，我们所有的发展政策都要去考虑怎么样发挥中国作为大国这一巨大经济体的空间优势，而这个优势在过去40年还没有机会被利用起来。

下一程最大的特点就是开始朝前沿的国家或地区收敛，增长进入收敛的模式。这是两程的最大不同点。增长进入收敛的模式，也就是说与发达经济体的差距已经变小了，这时潜在的增长率下降了，而且此时人均资本存量已经积累到不低的水平，比如说现在我国人均资本存量已经接近OECD国家的一半，传统投资领域的回报率开始急速下降，这种情况应该是对中国正在进入收敛模式的提醒。在这种情况下，全要素生产率不可能像之前那样增长那么快。需要说明的是，中国全要素生产率的年增长率已经从之前的3%—4%降到了现在的1%，甚至更低。

正因为微观上的这些变化，当遭遇外部冲击时，经济就会遇到麻烦。面对外部冲击，国内的政策特别是货币政策一定会像过去那样发力，用宽松的政策去维持之前的总需求，但又发现效果远远不如之前，这就是中国现在正发生的事情。这就提醒政府，经济很可能已经在向下一程过渡了，原有的增长方式其实在逐渐失去效果。之前我说一个经济体从上一程走到下一程，虽然跟外部危机没有必然的关系，但是恰好都发生在遭遇外部冲击的时候，原因就在于此。

我个人认为，中国现已进入追赶模式的尾声，接下来我讨论几个主要指标。第一，我们主要制造品的贸易份额现在基本上都处在历史高位，而且已远远超过东亚小型开放经济体曾经达到的最高比例。现在看中国的工业增加值在GDP中的份额，也已超过了日本最高的时候。第二，劳动力供给条件已经发生了根本性改变，真实工资在持续上升，而劳动力供给条件的转变其实是识别追赶模式走向终结的非常重要的指标。第三，关于投资的回报率，大量的文献都发现一个问题，中国的资本回报率在持续恶化。最后就是我前面提到的全要素生产率，它从追赶阶段的每年平均实际增长3%—4%下降到现在的1%，甚至更低。

在追赶阶段，由于GDP增速接近两位数，全要素生产率（TFP）的增长率在最好的年份是4%左右。全要素生产率的增长为GDP的增长即实际产出的增长贡献了1/3的份额，其他则是资本形成的贡献，这方面我们已经做到最好。看向未来，生产率的增长不可能高于过去40年的平均水平。即使未来花不菲的代价去做研发以及推动技术的创新，TFP的增长也不可能超过之前的3%、4%。但是，因为产出的增长率也在快速下降，所以全要素生产率的增长虽然不会超过之前的水平，其在GDP增长中贡献的份额还是会持续提升。以美国为例，假如美国GDP增长2%，全要素生产率贡献份额约为70%，那么全要素生产率每年增长1.4%左右，可以看到美国虽然作为科技最发达、研发投入总量巨大的国家，其全要素生产率的增长也只有百分之一点几。

所以我觉得这是追赶模式和收敛模式最大的差别。在追赶模式阶段，因为可学习的东西很多，中国的技术进步远远超过发达国家。发达国家的技术进步要靠大量研发才能推动一个点的经济增长，而中国作为后进国家，可以引进技术，可以通过外国直接投资，可以学习，可以模仿。当你有巨大的模仿空间，当你可以引进和学习别人技术的时候，你的技术进步率便可以达到3%、4%。但此时TFP在GDP中的贡献并不高，中国最好的时候也只有30%。进入收敛模式之后，我们要清醒，技术进步只会更慢而不是更快，因为只有作为后进国家可以学习和模仿先行者的时候，技术进步才会更快。所以中国如果一旦告别上一程，技术进步只会更慢而不会更快。在收敛阶段，不再有足够大的模仿空间，如果不做研发、不做驱动，那么技术进步会更慢，这是一个非常有意思的事情。

除此之外，一旦进入增长的收敛模式，中国的资本积累速度也会大幅度放慢，例如今天资本形成已经不再是中国沿海地区推动经济增长的主要力量，这是一个巨大的变化。因为人均资本存量不断积累，到了一定程度之后，投资的边际回报率会下降。

在收敛模式下，相对于物质资本，人力资本的重要性会显著提高。另外，在收敛阶段，虽然人均收入的增长会放慢，但是社会的福利水平会显著提高。在追赶阶段，影响福利的最大因素是收入，但收入到了一定水平之后，就开始缓慢增长，这个时候我们可以享受的其他东西变得越来越重要。比如，生活节奏慢一点，环境好一点，人和人之间更友善一点，社会更文明一点，这些东西开始影响我们的福利。

最后要强调的是，在经济增长进入收敛模式之后，开放国内服务业和非贸易部门变得非常重要。在这点上，日本没有做好，所以日本的经济转换就不是很顺畅。现在中国也要开放非贸易部门和服务业，比如医疗、教育、文化娱乐、金融保险等，但我们需要想清楚为什么要开放。非常重要的一点是，就业创造会开始快速从制造业转移到服务业或非贸易部门。市场开放之后，中国的贸易余额会恶化，而且作为大国市场，将会永久恶化，但我们的贸易条件会显著改善。出口品的价格会上涨，而我们会因为市场规模优势享受到廉价的进口品。

接下来，我想跟大家谈谈怎么样走进下一程。我并不是说中国已经进入下一程，而是说，我们正接近上一程的尾声。一旦进入这个阶段，最麻烦的一件事情就是过渡期风险的识别问题。很多国家和地区在这个问题上都非常不从容，通常这种转换会面临巨大的宏观波动风险。日本就是这样，它第一次面对20世纪70年代石油危机时很久没恢复过来，到了80年代中期，美国又开始给它制造难题，也是从贸易战开始，日本作出反应，但当时因没有意识到本国经济早已告别上一程而仍然沿用上一程的政策，结果造成了国内巨大的资产泡沫和持久的需求紧缩。

所以我个人觉得过渡期最大的风险，其实是来自对宏观经济的管理。中国也面临整个体制适应的问题，所有支持追赶模式的那种体制，包括政府的治理，未来都面临根本性改变。要去迎接和走进收敛阶段，首先要容忍GDP增速下降这一事实。其次要非常小心宏观管理，在2008年金融危机以后，中国采取了相应的措施，出台了“四万亿”货币扩张的政策。此后不久就发现，似乎已经没办法再用之前的政策去对冲这些宏观经济拨动，我称这种现象为“货币陷阱”。所以这是一个提醒，即经济很可能已经走到了追赶阶段的尾声。

阶段变了，治理思路也要转变。“扩内需”我们讲了很久，其实扩内需并不是依靠信贷，而是要开放那些在追赶阶段受到保护的行业，这才是扩内需的真正途径。在追赶阶段，扩内需主要是扩大投资的需求，而今天随着资本回报率的下降，靠大规模的资本形成已经不适合了。因此在这种情况下，真正的扩内需是要开放大多数服务业和受到保护的非贸易部门，这样才有可能释放内部需求。

另外，我个人也认为，为应对收敛阶段的到来，需要推进体制改革。比如我们现在控制风险的模式，它是在追赶阶段行之有效的一套办法，但是未来在中低速增长的阶段，更需要市场主体去创新，而且资源配置会变得越来越分散化，这种情况下控制风险的模式就需要发生改变，此时沿用自上而下的办法去控制风险未必再有效。同样，官员治理的模式以及政商关系也会发生变化。

最后我要简单提及中国的规模优势。第一，中国在告别原有的追赶模式之后，在制定未来经济发展政策时都要把一个参数放进去，这个参数就是中国市场的规模。如果政策不去考虑这个因素，依然用小型开放经济体的那些政策，会给中国经济带来很大的问题。中国是个大国，根据发展经济学里非常重要的“万有引力”理论，即两个经济体进行贸易，贸易的流量跟两个经济体各自的规模成正比，跟这两个经济体距离的平方成反比。这意味着，中国最终应该更多地跟自己做贸易，因为中国太大，且跟美国的贸易距离太远，所以将来中国对美国市场的依赖也会下降。中国在亚洲的贸易重要性会显著提升。

第二，中国自身的贸易规模巨大，但过去是由一致对外的3000个县来推动的。未来经济的发展，特别是高质量发展，显然离不开地区之间更加紧密的“贸易”。要做地区之间的贸易，有些地方就不用自己生产它所需要的东西，因此地区之间的贸易很重要。“内向贸易”，也就是我们所说的区域一体化，对未来经济发展格外关键。在下一程，中国必须转变发展战略，发展政策和贸易战略必须让各区域从每一个独立的小块变成独立的彼此竞争的小型经济体，贸易政策必须充分发挥巨大国内市场的优势。所以未来一体化就变得非常重要，例如长三角如果不走一体化，未来它的重要性就会削弱。

第三，服务业和非贸易部门要充分发挥自身优势。很多小型经济体的服务业和受保护的非贸易部门，其劳动生产率很低，所以往往不开放，而越不开放，劳动生产率就越低。中国有巨大的市场规模，若开放这些部门，比如说医疗、健康保健、教育甚至娱乐文化，这些行业的劳动生产率依然会很高，因为市场太大了，可以容纳足够的竞争容量。

第四，中国有完备的供应链和城市群，这些都是未来在新的发展阶段要充分利用起来的固定效应，即大国效应。我们所有的政策现在依然是沿着过去追赶模式的理念在做，未来必须要有巨大的转变。

◎ 中国之治蕴含中国之“智”*

西方人眼中的“中国之谜”

记者：对于中国经济的高速增长，西方学界有一个提法叫“中国之谜”。这个提法的背景是什么？

张军：“中国之谜”说白了就是西方的学界，特别是经济学界，他们观察到中国经济在改革开放以后经历了持久的高速增长，对此觉得困惑。第一，他们的知识背景、他们受到的训练、他们所理解的经济增长，通常是需要一些条件的，这些条件比较典型，如西方国家的那种民主政治体制；第二，他们提倡私有制占主导的经济体制，认为国有企业不是那么重要；第三，他们通常会认为一个经济增长的现象要能发生，这个国家的法律体系也要比较独立，整个司法系统要独立于政府和政党，同时需要有一个相对发达的金融体系。

如果完全不了解中国的情形，通常都会有一种好奇：为什么中国可以从20世纪70年代末实行改革开放之后，经济开始发生巨大的转变，经济增长速度也非常快，而且不是昙花一现？所以我觉得所谓“中国之谜”，就是以西方现有的知识、理论来认识中国经济超常增长的现象是比

* 本文原载于“长江网”2019年12月11日。

较困难的，也是让人深感困惑的。

“中国之治”的成功，源自无数的基层首创首试

记者：您在《改变中国：经济学家的改革记述》一书中特别提到，中国的经济改革常常是先有了经验，之后有了思想的火花，再形成政策，然后上升为理论，最后受到世界的关注。这样的路径是不是跟国外的经验有很大差异？它会给经济发展带来怎样的新认知？

张军：20世纪70年代，一些国家特别是拉美国家，在发展经济上都需要经济学家或国际组织来给它们提供一些政策建议，关于怎样实现可持续的发展、怎样保持持久的增长。那个时候，包括世界银行在内的国际组织，组织了大批的经济学家来参与这些方面的研究，也希望给出一些实用的政策建议，指导它们应该怎么做。

但这些建议往往是基于我开头提到的所谓经济增长所发生的必备条件，所以都很难落地，比如要司法独立，要私有制为主等，这些东西在很多国家都不具备。不具备的情况下，要么这些东西不能落地，要么这些国家需要进行大刀阔斧的大手术，而手术能不能成功，没人知道。

中国从1978年开始经济改革，回过头来看，其实就是走了一条最实用的道路，即尊重个人的选择。在集体化的农业制度之下，农民吃不饱肚子、积极性不够，粮食产量达不到所需要的水平，无法解决温饱问题。这个时候只有把土地分到家，农民才有信心，像安徽、四川这些地方的农民便静悄悄地做了这些。这个不是政府指导的，也不存在一个理论去指导他们应该怎么做，其实就是出于最本能的生存需要。

中国的改革是没有什么国际组织参与的，无论是国有企业的厂长、工人还是村子里的农民，都是最基层的力量，他们迫切希望改变自己的境况。中国成功的地方，不仅在于这部分人选择了有利于自己的做法，而且这种做法得到了各级政府的认可，最后上升到国家层面，变成可以

向其他地方推广的经验。尊重基层的选择，愿意给予时间去看新事物的出现，不急于下结论，在这个过程中不断试错。

做好顶层设计，用制度固化成功的改革经验

记者：从经济学来说，在社会经济改革过程中，“摸着石头过河”和“顶层设计”必须结合在一起。自下，要有改革的需求和创造性；自上，要有强有力的引导。这样的改革是不是社会成本最低的和最行之有效的？

张军：为什么需要在一定的阶段，将积累的局部改革的经验用自上而下的方式在全国加以推广？因为完全自发的话，首先保证不了宏观上的稳定，到一定阶段的时候需要国家在宏观层面上维持整个转型期的经济平稳。此外，很多局部的经验还需要得到政府层面的认可，也就是说把地方自发的局部改变进行合法化，这样可以降低经验推广的成本。

像小岗村这种做法刚开始只在部分省市发生，这个时候如果中央能够对发生在局部的这些做法给予一个认可，以中央文件的方式来鼓励大家去做，那便真的是星星之火，可以迅速地燃遍整个国家。

应该讲，这是中国改革的经验。比较理论的说法就是，每一个局部的经济主体都面临很多约束条件，因此除了顶层设计，也要充分考虑局部约束条件，让面临约束条件的局部自己去做一些改变，这个成本比较小，也符合逻辑。认可好的做法，其他地方也都会根据自身的条件去寻找一些突破，我觉得这是我们成功的一个秘诀。

中国人不教条，心态开放

记者：从改革经验看中国之治，有没有能体现中国智慧的地方？

张军：研究40年改革的过程，其中的必然性，通俗地讲，就是中国人有智慧。这里有好几层意思：

第一，中国人不教条，很多理论上的东西到底行不行，我们并不是

先验地接受，而是要拿到中国来试一下。很多理论上说得很好的事物，在中国实践起来就会走样，原因是水土不服。很多来自国外的经验，可能我们觉得是对的，但放在中国用的话得充分考虑自身的现实条件。经济学家或者学者们觉得国内很多做法很本土，但实际上它们很管用。

第二，我们有比较开放的心态。中国是国际上很少见的、真正的开放，整个国民的心态都比较开放。虽然我们也希望在某些领域对自己有些保护，但总体上在引进外资、加入WTO等方面，中国都愿意承担相应的代价。比如农民愿意承担加入WTO后对农业造成的冲击，他们自己想办法来对冲这些冲击以及寻找新的出路。

在一个开放的国民心态之下，很多政策的社会阻力就比较小。有很多政策在印度没办法实行，在中国却可以很容易做到，原因就是我们国民的开放心态。

记者：从经济领域来看，您觉得用一个词来解释中国之治是什么？

张军：我觉得中国之治就是在中国整个经济社会的转型过程中，始终要保持中国智慧。治理的“治”和智慧的“智”是等价的，之所以有中国之治，就是因为我们在整个治理过程当中充分体现、充分保持中国的智慧。今天之所以提出中国之治，是因为在所有的改革过程中，我们可以用中国智慧应对挑战，而不是教条地照搬人家的东西。如果处处都照搬人家东西，那么就无法取得成功，也无须谈中国之治。

◎ 稳增长之下如何稳预期*

市场预期走弱是经济下行的主要原因

《新京报》：近年来，中国经济平稳下行。对此，有观点认为，当前经济增长已接近潜在产出水平。您是否认同这一判断？

张军：这些年经济放缓的压力一直没有得到缓解，有学者认为是潜在增长率的下降导致了经济下行。在我看来，这个说法夸大了中国经济持续放缓背后的趋势因素。还有一些类似的说法，比如人口红利减退导致了潜在增长率下滑。从趋势上说，人口增长放慢会影响增长趋势，但这跟我们现在看到的增长下行压力还不完全是一回事。当经济增速处于持续下滑的态势中，我们如何知道潜在增长水平在哪里？又怎么能证明潜在增长率在6%附近而不是7%？增长在持续放缓，似乎只有下行趋势，而没了经济波动，谁还能知道潜在增长率是多少？

我认为，经济下行压力之所以持续不减，除了有长期趋势性的因素，这些年市场预期走弱是主要原因。这么多年来，我们已经不怎么谈预期了，也没有人关注这个问题，宏观管理政策正在逐步丢掉市场预期这个锚。

---

* 本文原载于《新京报》2022年1月8日。

影响市场预期的最重要因素是政策，准确地说是政策在时间上的不一致、不连续性所导致的不确定性增加。这就会扰动市场投资者和企业家对未来经济的看法。近年来，我们出台了比较多的约束性或限制性政策，这些政策跟之前相比，在方向上发生了改变，比如说，之前鼓励的或准许的，现在又不准许了，甚至要强行改过来，这就影响很大。

约束性或限制性政策往往是阶段性的，对政府达到某个特定的目标而言是需要的。但这些政策大多数都是定性的，它的执行需要依靠政府的行政力量，具有强制性，甚至可能在执行中带有运动式的特点，比如供给侧改革、去产能、去杠杆、污染防控、防范金融风险、住房新政，还有教辅政策等。这些政策可能会对市场和企业产生较大冲击，而且会因其在时间上的不连续和不一致，对市场和企业家的预期造成扰动。因此，在制定这些政策时要做认真评估：如何能把新旧政策衔接得更好而不是急转弯？如何能跟市场做更好的沟通而不是单边操作？其实，鼓励性的政策也有类似问题。无论是鼓励性政策还是限制性政策，重要的不是对错，而是怎么样避免这些政策在时间上的不一致、不连续问题，这才是最关键的。

另外一方面，我认为，我们的宏观调控政策也有改进空间。这些年数量型政策用得多，价格型政策用得过少。比如，信贷政策就是数量型政策，信贷数量的多少，在短期内产生的结果会有很大差异，对预期的稳定也有影响。这么多年来，我们的货币环境一直不宽松，远低于市场预期，利率偏高的局面一直没有改变。可能是因为当时存在高杠杆、债务规模大等问题，央行希望收紧信贷来降低企业杠杆率，但这多半是数量思维和存量思路。如果我们多考虑价格型政策，把利息和融资成本降低，那么就能改善中小企业的状况和市场预期。如果我们继续多用数量型政策，即便释放了更多信贷，这些钱往往也是去鼓励地方政府的基建投资，未必能真正缓解大量中小企业的融资约束。

《新京报》：不过，央行这些年确实推出了一些结构性的货币政策。

张军：是的，央行这些年在货币总体较紧的前提下，的确在操作方面做了一些变通。所谓精准调控、跨期调控、有保有压等，这些都是操作上的新手段。不过，这样的话，货币政策是不是变成了产业政策？

《新京报》：央行近年一直强调要坚持不搞“大水漫灌”，强调精准调控，这些是不是对之前“四万亿”刺激政策的一个修正？

张军：在我们的语境里，“大水漫灌”这个说法就是在讲信贷规模，而信贷规模是个数量概念，它并不依靠市场机制来分配。这就是个问题。一旦扩大信贷规模，就会把更多的信贷通过银行和发改委渠道分配出去，去更多地支持地方政府的各种基建项目。所以，在数量型主导的货币政策里，扩信贷多数情况下就是扩基建。其实我们宏观经济中真正的问题是市场融资成本太高，严重约束了大量中小企业，而这些企业代表的又是最有竞争力的经济活动，由此导致经济学家所说的错配问题。货币政策要更多地往价格型调控政策转变，把融资成本真正降下去，这对市场预期的改善非常重要。我们若老是在数量框架里去考虑货币政策，是难以走出怪圈的。

市场预期应成为制定宏观政策的锚

《新京报》：您刚才还提到中国经济增速下行的更主要原因，和较多的约束性政策有一定关系，执行过猛就可能对市场预期造成比较大的冲击。您如何看待市场预期与制定宏观政策之间的关系？

张军：宏观经济政策是为了解决两个东西，或者说发挥两个功能：平稳市场预期，平滑经济波动。这两个功能比较重要，也是经济学家凯恩斯最早发现和提出来的，他看到了预期在宏观经济波动当中的重要性。预期来自市场，也就是市场上的经济主体，包括企业家、投资者，当然也应该包括消费者。

宏观经济状况就是受市场预期支配的，市场怎么看当下和未来，就决定了当前需求水平的变化方向。毫无疑问，预期会受很多因素的干扰，也会引起宏观经济在短期内出现高高低低的波动。现代市场经济中，金融市场和资本市场可能更容易受到情绪的影响，也对整个宏观经济的波动有很大影响，因此，对市场预期的管理就需要特别关注金融市场和资本市场的预期。宏观管理需要高度关注市场预期，需要应对预期的波动，稳定预期。其实中共十八届三中全会通过的《中共中央关于全面深化改革若干重大问题的决定》在讲到健全宏观调控体系时就有提到“稳定市场预期”这个任务。我记得这几年每次中央讨论经济形势，也都会强调预期管理的重要性，但现在需要把它落实到行动上。

在我看来，在制定宏观政策时，市场预期应成为一个锚、一个参照。这个参照由市场主体对经济前景的看法构成，尤其是企业家的看法。没有这个参照物，就像漂浮在海上的渔船，到底漂到哪里了，离岸边有多远，我们没法确定。政策要稳住市场预期这个锚，就是要高度关注市场主体的看法，特别是企业家的看法，这是短期内影响宏观需求的最主要因素。

如果在出台新政时充分考虑到对市场预期的可能冲击，我们就能减少政策在时间上存在的不够连续、不确定性变大等问题，这些会对经济造成持久冲击。比如说，近年来基建和企业投资增速都降下来了，这说明预期在弱化。在投资领域，房地产市场受到预期冲击的影响更大，这个影响一开始还显现不出来，最近能看出来了。而在中国，房地产问题也是金融问题，因为土地是抵押品，跟整个金融体系有个嵌套的关系。房地产政策变化冲击的不单是房地产行业本身，对整个金融体系都有大的冲击。好在管理层及时注意到了这个冲击，采取了相应措施，负面影响没有扩大开来。因此，在制定政策时，最主要的注意事项是要防止政策在时间上的不一致、不连续。若政策真要改变，也需要有缓冲和过渡期的设计。当然，中央也要想办法来避免政策被地方过度执行或粗暴执行，对地方要有一些约束。

《新京报》：前几年里扩张很快的一些企业当下由于金融紧缩出现了债务危机，而近年来监管部门一直在向市场释放“去杠杆”的信号。为什么这些信号没能让企业平稳“瘦身”、避免危机？

张军：这就是我前面说的单边的意思。政策此一时彼一时，企业难免会抱怨。企业在一些领域扩张过快，这在当时也是政策鼓励的。其实我们需要的预期管理是双边的，即政策与市场有双向沟通。过去我们在改革政策中常常用“老人老办法”来处理增量与存量的关系，这些智慧也需要用到政策与预期管理中去。

我们需要建立一个更科学的渠道来获取更真实的预期信息

《新京报》：我们注意到，现在央行每个季度会在官网上公开发布分别针对企业家、银行家、城镇储户的问卷调查报告。

张军：确实如此。我也曾就央行在预期管理方面的工作情况向券商的几位首席经济学家做过了解，他们也提到，每个季度央行会有问卷下来，偶尔也会召开座谈会，找一些代表性的金融机构，包括外资金融机构，还有企业界人士。央行在会上通报一下情况，并听听这些机构和人士的意见。但我们也都知道，大多数机构的问卷反馈带有随意性，其科学性值得怀疑，包括对宏观经济基本参数的预测，多是估计，现在很少用模型来做预测。

总体上，在宏观预期的管理方面，我们没有真正把预期管理放到整个宏观经济政策中心位置，同时，制定政策的部门和市场之间缺乏有效的沟通和可靠的信息渠道。其实，我并不知道央行是怎样获取市场预期的基本信息的，也不清楚市场是如何获得央行对经济的前瞻预测值。我没有留意央行是否公布过预测值，也没有看到央行根据市场机构预测值计算出来的中位值信息，比如GDP增速、M2（广义货币供应量）、CPI（消费者物价指数）等。

恐怕央行需要搭建一个科学的调研系统，定期公开有关宏观经济市场预测的中位值等信息。另外，国家统计局每月公布的宏观经济数据主要还是增长率数据，而且大部分都是同比增长。其实，对于市场预期而言，只报告一些月度或季度宏观统计指标的同比增长率是不够的，甚至是不必要的。市场需要知道跟预期相比缺口在哪里，缺口有多大，宏观管理当局如何行动。因此，除了官方渠道之外，我们需要建立一个更完善的体系来获取更真实的市场预期。市场上要有第三方独立的预测机构，它们可以帮助获取那些反映中小企业家预期的信息。

《新京报》：我们应该怎么做预期管理？还有哪些地方有待完善？

张军：在发达国家，金融稳定委员会或者公开市场委员会非常重要的一个功能就是做预期管理。做预期管理，就是要和市场进行非常好的沟通，要有比较高的政策透明度。全球金融危机之后，大多数央行还强调要做前瞻指引，这些动作都是为了应对预期可能出现的不稳定。

这些年我们也强调治理体系的现代化，我认为，预期管理就是其中一项重要内容。中国的央行跟资本市场和金融市场有沟通，但总体上在预期管理方面做得还不够。其中一个表现是，在央行的决策中还没有把市场预期放到更重要的高度。另外，反映市场预期的数据不透明，也没有公开，预期调研和反馈机制尚不健全。

当然，对预期管理而言，除了需要宏观上的政策，更重要的是在设计和出台中长期发展政策时更多关注如何保持政策在时间上的连续性和一致性，降低政策的不确定性。无论是金融机构还是实体企业，大家都对政策在时间上的不连续感到头痛，认为政策“多变”。也就是说，不断有新的政策出来取代老的政策，整个市场不断受到政策改变的冲击，这对市场主体的预期稳定有非常大的负面影响。在这方面，我们需要引起高度重视并找到解决办法。我觉得，宏观经济管理也好，中长期发展政策也罢，在中国的国情下，最需要解决的问题是如何避免政策多变，使其尽量在时间上保持连续，做好过渡和衔接。即便是监管政策要改变，什么可以做，什么不能做，也需要政策制定者花力气跟市场做好沟通工作，要尽量平滑预期。对于货币政策而言，我们的货币当局应该加强发挥价格型政策的作用，同时与市场主体之间建立双向沟通的透明渠道，做好前瞻指引。唯此，宏观管理部门才能真正稳定市场预期，宏观政策让市场主体保持信心的这一功能才能彰显出来。

其实说到底，稳定预期的最好方式就是保持政策在时间上的一致性、连续性，降低政策的不确定性。对于需要靠约束性政策来达到的某些公共目标，也要尽量少用行政强制力量，而多利用市场机制来实现。

比如，针对改善环境、化解风险而出台的政策措施，从大趋势上看无疑是对的。但问题在于，这些约束性政策是定性的，往往需要靠政府的行政力量来推行，它不是靠市场力量来实现的。尤其是，一旦执行起来简单粗暴，就很容易造成市场恐慌。要实现一个中长期的好目标，最好的方式还是要利用市场机制，在稳定预期中不断改善现状、逼近结果，这可能是代价最小的做法。比如关于碳中和的长远目标，我想碳配额的交易市场作为解决机制是应该大力鼓励的。

我对中国经济的未来并不悲观。假如我们的需求管理政策直面市场预期，找回宏观需求管理的锚，多用价格型调控政策，稳住企业家和市场主体对我国经济未来发展的预期，经济增长持续下行的压力是能消除的。

◎ 让经济的“子弹”飞一会儿*

2022年二季度的经济状况可能是全年最不好的一个季度，3月以来多地新冠肺炎疫情反弹，上海3月中旬出现疫情，3月底采取了封控措施，并持续了7周。这对上海、对长三角、对整个中国经济都有比较大的影响。所以，二季度的经济数据应该是全年最低的，增长率为2%—3%的概率比较高。

就业方面，大学生就业形势的确很严峻，很大程度上是因为经济确实受到了各种各样的冲击，尤其是疫情的冲击。据我观察，现在高校毕业生的就业，面临着一些变化。

首先是大学生的就业意愿发生了改变。过去我们的学生都希望毕业后马上找到工作，但现在相当多的学生对找工作并不急于一时，我们把这种现象称为“慢就业”。另外，他们可能暂时拿不到自己心仪的就业岗位的offer，尤其是在今年。过去我们很多学生手上同时有多个offer，现在这种情况很少了。

名校学生的情况相对要好很多，尤其是经济、管理、金融专业的学生，他们的就业机会更多一些。但在目前经济比较吃紧的情况下，他们也不见得能够很容易地拿到满意的offer。他们需要调低自己的预期，包

---

* 本文原载于“网易研究局”2022年6月9日。

括对薪水的预期。

但我们也看到，现在就业渠道确实变得更多样化了。过去10多年里，大学生的出国比例在逐步下降，大多数学生都优先考虑在国内一线城市或者南方的工作机会。可是这几年我感受到有些结构性的变化在发生，一些学生愿意升学，而且学历深造的机会比10年前更多。现在我们也开始吸纳更多的优秀学生继续进行研究生教育，这本身也提供了缓解就业压力的机会。

上海封控的2个月里，经济受到不小的影响。上海本地的就业机会明显吃紧，而上海的高校又多，这些高校毕业生面临比较大的压力。他们现在的工作签约率不像往年那么高，可能全国都开始出现一种情况，就是高校为自己的学生提供一些过渡性的就业机会，比如学校里有大量的实验室，它可以通过市场化的用工方式，释放一些研究助理的岗位，那么在市场上找不到满意工作的学生也可以选择在校内就业作为缓冲。

考虑到今年就业压力大增，前几天复旦大学也召开了一个全校会议，要求寻找多方渠道为毕业生提供就业机会，让更多的学生在今年这样一个比较特殊的环境里尽可能找到就业岗位。

如果把眼光放得远一点，现在一些学生延迟就业也不见得是一件坏事。无论是出国还是在国内攻读更高的学位，都是一笔对自己的投资，你的人力资本水平提高了，将来再就业的时候，起点也会更高一些。

我认为，对于一些家庭可以提供支持的学生来说，在市场不太好的情况下，与其去找一份不满意的工作，还不如暂缓就业，用这个时间进一步武装自己，可以去读一个自己喜欢的专业，或者修个双学位，或者是更高的学位，甚至借这个机会到国外读一个MSc（理学硕士）也行，能够开阔眼界，增长世面。从长远来讲，这是提升自己的一个机会，为的是将来在就业市场上有更好的选择，能够把握住更好的岗位。

当然，很多学生的家庭不具备这样的条件，支持他出国或者继续读一个专业硕士的学位，这确实是一笔较高的费用。在这种情况下，他可能会更看重眼前的工作机会。每个人的情况不一样，对时间的折现率不同，有些学生更看重当前，有些学生眼光看得更远，当然这受到个人、家庭、预算等各方面因素的影响。

由于经济表现在变差，当前城市调查失业率上升到了6%以上，比前些年5%左右的失业率要高出一个点。但在这6%中，年轻人的失业率比中年人的失业率高出很多，这有几方面的原因：

一是年轻人的就业意愿发生了很大改变。我们现在有大量的城市年轻人，包括高校毕业生，甚至硕士、博士毕业生，在大城市里不想就业的还是比较多的。那他们干什么呢？他们想自己创业，或者希望能有更灵活的就业机会，这样相对比较自由，自己可支配的时间更多，他们不希望是那种按部就班的工作节奏。

二是16—24岁年龄段的青年人包含了上千万的高校应届毕业生，他们的就业率现在确实掉下来了。统计显示，2022年4月我国的青年失业率在上升，有人估计在18%，而且这应该还不是峰值，到了6月、7月可能还会更高。16—24岁年龄段的青年失业率确实能反映经济的变化，值得引起高层高度关注。事实上，这两年的青年失业率确实比较高，说明经济下行对年轻人的影响更大。我们需要从改善经济基本面和保持经济增长方面来缓解就业压力，而且现在确实需要出台稳增长的政策。

不过，我们也不必对18%的失业率做过度解读，这当中包含暂时性的失业，比如有人没有找到满意的工作，就暂时不工作，继续寻找机会。还有很多年轻人在做微商、做自媒体，自己创业的这些人也会统计在失业率中。而且现在大城市的很多年轻人，特别是高校毕业生，他们可以在劳动力市场和非劳动力市场之间来回流动，高兴了就进入劳动力市场，不高兴就退出，选择在家休息一段时间。但其实他们也在做事情，做喜欢的事情，虽然没有被纳入统计意义上的就业。

谈到失业和就业，我们可以把眼光放远一些。随着中国经济持续发展，以及人均GDP水平不断提高，将来人均GDP达到3万美元的时候，劳动力的数量可能已经负增长了，但大城市里不愿意就业的人还会更多，失业率不见得能下来。他可能是在一段时间里不愿意就业，或者在一段时间里选择更灵活的就业方式，或者自己去创业。在发达国家，年轻人的失业率普遍都高，在日本也是这样。我想这恐怕是一个苗头，也是一个趋势。

当然在中国，我们毕竟还有大量从经济不发达的地方或是从农村出来的年轻人，他们的就业意愿是比较强烈的。中国正好处在一个大的社会转型期，来自城里富裕家庭的或者说家庭背景相对优越的年轻人对这种传统的就业观念会有一个颠覆性的反应。但是我们依然有大规模的年轻劳动力在不断进入劳动力市场，不断进入就业市场，因此，创造就业还是非常重要的问题。

从趋势来看，如果对比发达国家今年的经济形势，同时也考虑到中国发达地区的一些情况，现在的失业率统计就没有太大的参考价值，重要的是对于就业该如何定义和统计。就业正在变得越来越灵活，就业的方式越来越多样化，正规的就业部门、正规的岗位将来占比会越来越低。这种情况下，传统意义上的就业和失业统计就失去了原来的意义。

随着人工智能、信息技术的发展，整个就业市场会变得跟传统的就业市场完全不一样。比如今天我们有很多年轻人是在平台就业的，这跟传统的在公司就业完全是两个概念，在平台就业很灵活、很自由。在这种情况下，将来重要的是以什么方式就业，而不是失业。因此，我们要对更加灵活的就业有一个新的统计方法，而且这个统计的改变，会影响经济的很多方面，包括宏观经济政策。这是一个非常巨大的变化。

随着这个发展的趋势，现在已经跟过去不一样，比如社保不再跟你的单位捆绑那么紧了。你可以脱离单位，在社会上缴社保，这就放松了单位对劳动力的硬约束，意味着你进入和退出劳动力市场变得更加自由。

谈到发消费券或者发现金来刺激消费的问题，我的看法是一贯的，我认为可以发，但也不要指望这个能解决什么问题。其实在2020年疫情严重的时候，当时也讨论到底要不要发消费券，或者要不要给家庭发现金。后来政府没有采纳这样的建议，总体上还是对大量的中小微企业实施了财政上的纾困。所谓纾困，包含很多内容，但我一直觉得纾困政策制定得越细，中小微企业享受到这个政策利好的可能性就越小。为什么？因为太烦琐了，可能为了拿到几千块钱，企业要花很多精力去填表，还要跑很多部门，这样积极性就不高了。

对此，在经济学家里有人支持，有人反对，有人觉得发得少了也没意思。这些都是可以讨论的，但发与不发对经济的影响到底有多大，我还没有找到特别好的证据来说服自己。给大家发钱的做法，本身是有很大的成本的，但对整个经济而言能解决什么问题，我认为不太能给出确定的答案。

表面的事情做得太多会掩盖更重要的问题，现在经济最紧要的是松绑。我们要承认市场经济，虽说这个市场经济还不是那么成熟，还不够发达。既然很多经济活动都市场化了，每个市场主体有自己的想法，它应该有权力和自由去从事各种创造价值的活动。

但是我感觉，现在无论对于大企业还是中小企业，整个市场环境是不宽松的，各种行政约束太多，政府干预无处不在，包括营商环境等方方面面。要想让人们有积极性去从事创造价值的活动，市场经济的环境得特别简单和自由才行，而且要可预期、可预测，我认为这个最重要。

我们有企业家，有很多人愿意创业，有很多人有自己的想法，可是这当中有多少人可以将自己的想法变成财富创造活动？不能光看注册一个公司是否容易，更应该看一个公司要生存和发展是否容易，将小做大是否容易。我们要相信市场的筛选能力和纠错修复能力，不要处处干预。成熟发达的市场经济国家，虽然也面临自己的结构问题，但它们的市场经济有一个共同特点，就是环境比较自由，容易做事，也容易做大事。

经济当中的很多现象都是有它自己的变动规律的，比如在这个阶段上一些行业的杠杆率高了，过一段时间这个杠杆率也许就会慢慢地下来。杠杆率高可能是因为正好处在大家通过银行贷款去进行大规模投资的时候，等到投资形成产能和资本以后，那它就开始有回报了，所以也不见得说它一定是一个巨大的风险。我们对风险的识别需要更为科学，一个没有风险的市场经济是不可能存在的。过度瞄准风险、抑制风险，就会让我们的政策变得短期化，导致政策在时间上不一致，朝令夕改。

我们可能需要让经济的“子弹”飞一会儿。市场经济中每个人做自己的事情时，其实都有一个比较长远的目标。我们要相信市场经济，因为市场本身就有一个可以分摊风险的机制。很多风险并不见得是坏事，比如在一定的时点上爆发了一些局部的危机，其实并不都是系统性的，它本身有一个优胜劣汰的机制，这是市场机制的一部分。

有些企业进来了，有些企业淘汰了，我觉得没关系。我们要相信，市场经济发展的方向会越来越丰富，市场提供的机会也会越来越多。不用担心一个企业被淘汰了，就会造成社会不稳定等问题，因为市场会创造新的企业出来，机会就会变得更多。对商业银行而言，不能保证每一笔贷款都能拿回来，否则就不叫金融了。贷款放出去也有拿不回来的时候，但只要资产收益率有保障，有什么关系呢？关键的问题是金融机构和商业银行要有商业原则来指导，才能对实体经济活动的创造有贡献。

我们要有长期主义的指导思想，这也符合国家长期的发展目标。中国有很长远的发展目标，这是很难得的一件事情，有这么长远的目标，我们的政策也应该坚持长期主义才对。

◎ 后　记

过去这些年，中国经济出现了一些未曾有过的新现象，也经历了越来越复杂的内外部局面。从内部讲，高速增长的阶段已经终结，中国经济正在进入中低速增长时期。考虑到以下因素，这似乎是不可避免的走向。经历了30年的高速增长之后，中国经济结构发生了根本性变化，更多的农业人口进入城市和现代经济部门，人均期望寿命大幅度提高，生育率显著而持续地下降，市场经济也越来越成熟。逐渐地，中国与发达经济体之间的互补性开始下降，替代性越来越高，从而在对外贸易关系上开始出现摩擦，甚至冲突。所有这一切都推动中国经济不得不进入下一程。

对于这个新的发展阶段，我们一开始不够认同，之后是不太适应，最终必须要适应阶段变化的这一现实。但毕竟适应过程不太容易，政府对经济发展的认知和推动举措，包括稳定宏观的方式，都面临新的挑战。日本和其他东亚高成长经济体在高增长阶段末期都有类似的不适症表现。处理得好，就能成功达到更高的发展水平；处理不好，就可能经历相当时期的痛苦挣扎，错过发展机遇。

中国是个大国。尽管我们在追赶初期实行了类似小型开放经济体的发展战略，对外部市场和技术转移依赖更多，但经济发展越到后面，中国面临的问题越来越具有独特性，处理问题的方式也会迥异。不过，大国经济的最大优势就是回旋余地大。理论上说，更多地依赖国内的市场规模和需求水平，自然可以减少对国际市场的严重依赖，并强化国际市场对中国出口品的依赖。然而，这种做法其实会造成中国与国际上主要经济体之间更大范围的利益冲突和潜在风险。因此，中国在强调加快构建内循环的同时，也需要在战略上更突出如何让这一巨大国内市场为全球经济作出更大贡献这一议题。在有关贸易、投资和发展的政策上，中国需要将自己的角色从一个生产者转变成一个消费者。这么做并不会削弱中国的制造商地位，而是需要中国坚持再平衡的原则，开放国内更大的要素市场。

当前，美欧经济正在遭遇40年来最严重的通货膨胀，经济衰退的风险持续上升。在这种情况下，美国率先进入加息周期，且以一种前所未有的节奏进行货币紧缩。全球经济风云变幻，如同大海上汹涌的波涛，而那些新兴市场国家，特别是小型开放经济体，就如同漂浮在大海上的渔船，随时可能因债务违约等问题而倾覆。中国则不同，它更像一艘巨轮，有能力抵御侵袭而来的海浪。但这并不是说可以高枕无忧，大船的风险在于船体进水，就像泰坦尼克号邮轮，若不能及早发现并修复船体的漏洞，便很难在大海上行稳致远。所以我们要在经济发展的下一程找准自己的问题，妥善解决好这些隐患。尤其是在当下，我们要注意控制好通货膨胀的输入风险，并在此前提下，解决好我在本书中谈到的那些涉及经济长期发展的主要问题。

本书汇集了过去这些年我接受国内外媒体的专访以及在各种论坛、会议上所做的主题演讲等内容。坦率地说，寻找到这些相对分散的稿子并不是一件容易的事。好在我自己习惯于记录流水账，先从流水账中确定大致的时间范围，然后找出相关访谈和演讲的题目，最后再整理出这些文章。当然，这些工作非常耗时，浙江人民出版社的编辑们不辞辛劳，整理并最终确定了近40篇文稿。他们还依照题目和内容进行了分类，形成了几大主题。考虑到这些主题在很大程度上代表了我对中国经济现状和前景的看法，故以“大国经济：中国如何走好下一程”为书名也非常恰当。

本书的出版得到了浙江人民出版社王利波总编以及蔡玲平先生的支持。郦鸣枫和赖甜女士在整理原始文稿和编辑成书过程中投入了大量心血，没有她们的坚持和付出，这本书不可能做出来。在同我持续的交流与沟通中，她们所表现出的细致和耐心给我留下了深刻印象，在这里一并感谢。

我的同行和学界好友林毅夫教授、陈志武教授、郑永年教授和韦森教授还为本书的出版写了热情洋溢的推荐语，我深表感谢。

最后要特别感谢我的家人，尤其是我的夫人。在我投身于繁忙的工作时，是她给予我精心的照料，为我默默地奉献。

张军

2022年7月21日记于上海

图书在版编目（CIP）数据

大国经济 ：中国如何走好下一程 / 张军著． —杭州 ：浙江人民出版社，2022.10（2023.4重印）
ISBN 978-7-213-10677-4

Ⅰ．①大… Ⅱ．①张… Ⅲ．①中国经济-经济发展-研究 Ⅳ．①F124

中国版本图书馆CIP数据核字(2022)第116794号

大国经济:中国如何走好下一程

张 军 著

出版发行 浙江人民出版社（杭州市体育场路347号 邮编 310006）
市场部电话:(0571)85061682 85176516

责任编辑 赖 甜 郦鸣枫

责任校对 陈 春

责任印务 刘彭年

封面设计 王 芸

电脑制版 杭州兴邦电子印务有限公司

印 刷 杭州富春印务有限公司

开 本 710毫米×1000毫米 1/16

印 张 17.25

字 数 222千字

插 页 3

版 次 2022年10月第1版

印 次 2023年4月第4次印刷

书 号 ISBN 978-7-213-10677-4

定 价 58.00元